LEÇONS ÉLÉMENTAIRES

DE

COSMOGRAPHIE

8° V
3086.

Tout exemplaire de cet ouvrage non revêtu de notre griffe sera réputé contrefait.

DU MÊME AUTEUR

Leçons élémentaires de géométrie, rédigées conformément aux programmes des lycées et aux programmes pour l'examen du baccalauréat ès sciences et du baccalauréat ès lettres, suivies d'un traité élémentaire et pratique du levé des plans, d'arpentage et de nivellement. 2ᵉ édition. 1 vol. in-18 jésus avec figures, br. 2 25

Leçons élémentaires d'algèbre et de trigonométrie rectiligne, rédigées conformément aux programmes des lycées et aux programmes du baccalauréat ès sciences et du baccalauréat ès lettres. 2ᵉ édition, revue et corrigée. 1 vol. in-18 jésus, br. 3 50

Leçons d'arithmétique, rédigées conformément aux programmes des baccalauréats ès sciences et ès lettres. 1 vol. in-12, broché .... 2 »

LEÇONS ÉLÉMENTAIRES
DE
COSMOGRAPHIE

RÉDIGÉES

D'APRÈS LES PROGRAMMES OFFICIELS
DU BACCALAURÉAT ÈS SCIENCES ET DU BACCALAURÉAT ÈS LETTRES

PAR

M. L'ABBÉ REYDELLET

ANCIEN ÉLÈVE DE L'ÉCOLE DES CARMES
PROFESSEUR DE MATHÉMATIQUES

SIXIÈME ÉDITION

REVUE, CORRIGÉE ET AUGMENTÉE DE PLUSIEURS NOTES

PARIS

LIBRAIRIE CH. DELAGRAVE

15, RUE SOUFFLOT, 15

—

1880

LEÇONS ÉLÉMENTAIRES

DE

COSMOGRAPHIE

LIVRE PREMIER

DES ÉTOILES

CHAPITRE PREMIER

Étoiles. — Distances angulaires. — Sphère céleste. — Verticale. — Zénith, Nadir. — Horizon. — Axe du monde. — Équateur. — Cercles horaires. — Cercles parallèles. — Vertical, Méridien. — Culmination. — Étoiles circompolaires. — Distance zénithale d'un astre. — Hauteur du pôle. — Lois du mouvement diurne. — Jour sidéral.

1. Étoiles. — Si, pendant une belle nuit, nous observons le ciel, nous le voyons parsemé d'une multitude de points lumineux qu'on appelle *étoiles*. Ces points ne sont pas immobiles. Si, après le coucher du Soleil, nous nous tournons vers le point où cet astre était à son midi, des étoiles, d'abord invisibles, paraissent, s'élèvent vers la partie supérieure du ciel ; parvenues à une certaine hauteur, elles s'abaissent et finissent par disparaître. Si nous regardons du côté opposé, le spectacle change ; d'autres étoiles s'élèvent, mais ne disparaissent pas. Il en est même une, parmi ces dernières, qui semble immobile et autour de laquelle on dirait que les autres tournent.

Ce mouvement général, qui entraîne les étoiles de l'orient à l'occident, avec une vitesse apparente plus ou moins grande, s'appelle le *mouvement diurne* : il est commun à tous les astres.

2. Distances angulaires. — Sphère céleste. — Admettons que, peu de temps après leur lever, nous déterminions la distance angulaire de deux étoiles quelconques, c'est-à-dire, *l'angle formé par les deux rayons visuels menés à chacune d'elles* ; renouvelons l'observation, lorsque le mouvement diurne les a amenées l'une et l'autre à des hauteurs plus ou moins considérables ; répétons la encore lorsque les étoiles se rapprochent de l'horizon pour se coucher : la distance angulaire sera toujours la même.

Nous pouvons conclure, de cette invariabilité des distances angulaires, que le mouvement diurne s'opère tout d'une pièce, comme si les étoiles étaient fixées à une sphère dont nous occuperions le centre. Cette sphère a reçu le nom de *sphère céleste*. Elle n'a pas, comme les anciens l'avaient imaginé, une existence matérielle : elle n'est qu'une conception géométrique propre à représenter les apparences du mouvement diurne.

3. Verticale, Zénith, Nadir. — Attachons un poids suffisamment lourd à un fil très-flexible ; la direction de ce fil sera la même, quelle que soit la nature du poids. Cette direction s'appelle la *verticale* du lieu où l'on opère.

La verticale va percer la voûte céleste en deux points diamétralement opposés qui portent le nom de *zénith* et celui de *nadir*. Le zénith est au-dessus de nos têtes : le nadir, point invisible, est sous nos pieds.

4. Horizon. — Transportons-nous dans une vaste plaine ou sur la mer, notre vue sera bornée par un cercle dont nous occupons le centre : ce cercle s'appelle *horizon sensible*.

Mais si, par notre œil, nous menons un plan perpendiculaire à la verticale, ce plan coïncidera sensiblement avec l'horizon sensible : c'est *l'horizon rationnel*. En astronomie, l'horizon rationnel est supposé passer par le centre de la Terre.

5. Axe du monde. — Nous appellerons *axe du monde* la ligne idéale autour de laquelle la sphère céleste semble tourner. L'axe du monde perce la sphère céleste en deux points appellés *pôles* : l'un, visible en Europe, est le *pôle boréal* ; l'autre, invisible, est le *pôle austral*.

6. Équateur. — Si, par le centre O de la sphère céleste, nous concevons un plan perpendiculaire à l'axe du monde PP', ce plan coupe la

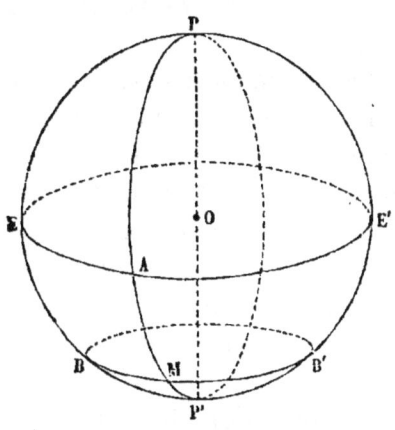

Fig. 1.

sphère céleste suivant un grand cercle EAE', que l'on nomme *équateur*. Ce grand cercle partage la sphère céleste en deux moitiés ou hémisphères : l'hémisphère boréal, qui contient le pôle boréal P, et l'hémisphère austral, qui contient le pôle austral P'.

7. Parallèles. — Supposons que par une étoile M nous menions un plan perpendiculaire à l'axe du monde et, par conséquent, parallèle à l'équateur ; il coupera la sphère céleste suivant un petit cercle BMB, qui a reçu le nom de *parallèle* de l'étoile M.

8. Vertical. — Méridien. — Si nous considérons le plan passant par la verticale de l'observateur, il coupe la sphère céleste suivant un grand cercle qu'on appelle *vertical* du lieu. Or, un pareil plan pouvant tourner en tous sens autour de la verticale, il y a une infinité de verticaux pour un même lieu. Mais, si ce même plan est assujetti à passer aussi par l'axe du monde, sa position est parfaitement déterminée, et il prend alors le nom de *plan méridien* ou simplement de *méridien*.

Nous pouvons donc définir le méridien d'un lieu, *le plan mené par la verticale du lieu et par l'axe du monde.*

Le méridien passant par la verticale d'un lieu est perpendiculaire à l'horizon de ce lieu. Nous verrons bientôt (**17**) que les courbes décrites par les étoiles dans leur mouvement diurne sont des circonférences de cercle. Le méridien jouit de la propriété de partager ces courbes en deux parties égales, puisque, leur centre se trouvant sur l'axe du monde, elles sont coupées suivant un diamètre par le méridien qui passe par cet axe.

L'intersection du méridien d'un lieu avec l'horizon s'appelle *méridienne* de ce lieu. Cette ligne perce la sphère céleste en deux points diamétralement opposés, dont l'un, situé du côté du pôle austral, est le *sud* ou *midi* ; l'autre, situé du côté du pôle boréal, est le *nord* ou *septentrion*. Si, dans le plan de l'horizon, nous traçons une droite perpendiculaire à la méridienne, cette perpendiculaire va aussi percer la sphère céleste en deux points dont l'un s'appelle *est* ou *orient*, l'autre *ouest* ou *occident*. Ces quatre points ont reçu le nom de *points cardinaux*. Lorsqu'on regarde le nord, on a le sud derrière soi, l'est à sa droite et l'ouest à sa gauche.

9. Cercles horaires. — Imaginons que, par les diverses étoiles et par la ligne des pôles, nous fassions passer une série de plans PEP′, PAP′, PBP′, etc., il en résultera une suite de grands cercles aboutissant aux deux pôles : chacun de ces grands cercles est incliné vers l'orient, depuis le moment du lever de l'étoile jusqu'au moment du passage de cette même étoile au méridien : l'inclinaison aura lieu vers l'occident, depuis ce même moment

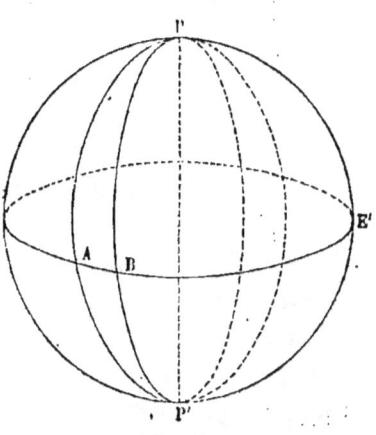

Fig. 2.

du passage au méridien, jusqu'à celui du coucher de l'étoile. Il est évident que ces divers cercles coïncideront entièrement avec le méridien, lorsque l'étoile par laquelle ils passent sera elle-même dans ce plan. Venant ainsi se confondre avec le méridien à des heures différentes, ils ont été, pour cette raison, appelés *cercles horaires*. Nous pouvons donc dire que *le cercle horaire d'une étoile est le grand cercle suivant lequel la sphère céleste est coupée par le plan qui passe par cette étoile et par l'axe du monde.*

10. Théodolite. — La simple inspection du ciel nous a fait connaître le mouvement général des étoiles ; mais, pour déterminer avec précision les lois de ce mouvement, on se sert de quelques instruments et principalement du *théodolite*. Voici en quoi il consiste essentiellement.

Imaginons un cercle horizontal O, au centre duquel 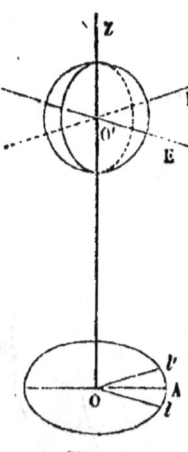 est implantée une tige OZ qui lui est perpendiculaire et peut tourner sur elle-même, sans l'entraîner avec elle. A cette tige est fixée un autre cercle O' dont le plan est vertical et qui porte une lunette mobile autour de son centre O', lequel centre se trouve sur la tige elle-même, de manière que les deux centres O et O' sont rigoureusement sur la même verticale. Le centre O' est fixé invariablement à la tige OZ : celle-ci, dans son mouvement, entraîne le cercle O' dont le plan reste toujours vertical.

Fig 3.

Près du cercle O est fixée à la tige OZ une règle O*l* faisant corps avec elle et qui est située dans le plan du cercle vertical : elle peut, par conséquent, être considérée comme la trace du plan du cercle vertical sur le plan du cercle horizontal. De plus ces deux cercles O et O' sont gradués.

11. Détermination du méridien. — Cette opération se fait au moyen du théodolite. Considérons, en effet, une étoile E (*fig.* 3) lorsqu'elle a atteint, quelque temps après son lever, une hauteur quelconque au dessus de l'horizon. Dirigeons vers elle la lunette du théodolite et fixons cette lunette sur le cercle vertical : la règle O*l* marquera la trace du plan du cercle vertical sur le cercle horizontal. Pendant un certain temps, l'étoile continue à s'élever, puis elle redescend du côté opposé ; il arrivera, avant son coucher, un moment où elle sera revenue précisément à la même hauteur au dessus de l'horizon. Qu'à ce moment, nous fassions tourner la lunette autour de l'axe vertical OZ; alors, avec cette lunette qui a conservé sa position sur le cercle O', nous apercevrons de nouveau l'étoile : soit Ol' la seconde position de la règle Ol. Répétons ces observations sur la même étoile ou sur d'autres, nous reconnaîtrons que les angles lOl' sont tous divisés en deux parties égales par une droite OA. Le plan qui passe par cette droite et par l'axe OZ est le *plan méridien*. La méthode que nous venons d'employer pour déterminer sa position est dite *méthode des hauteurs correspondantes* : c'est la méthode usuelle.

12. Culmination. — Le méridien, avons-nous dit (8), jouit de la propriété de partager en deux parties égales les cercles décrits par les étoiles dans leur mouvement diurne; les deux points où les circonférences de ces cercles coupent le méridien sont, l'un le plus élevé, l'autre le plus bas de ces courbes; ils portent le nom, le premier de *passage supérieur*, le second de *passage inférieur* de l'étoile au méridien. Le premier s'appelle aussi *culmination*.

13. Étoiles circompolaires. — Nous avons vu (1) que certaines étoiles, après s'être levées à l'orient, disparaissent à l'occident, tandis que d'autres restent constamment au dessus de l'horizon. Ces dernières ont reçu le nom d'*étoiles circompolaires*. L'une d'elles est appelée *la Polaire* : c'est la plus voisine du pôle boréal. Sa position, facile à reconnaître, indique à la vue ce point dans le ciel.

14. Détermination de l'axe du monde. — Le méridien étant connu, nous pouvons également déterminer la position de la droite idéale que nous avons appelée *axe du monde*.

Prenons une étoile circompolaire A et plaçons le cercle vertical du théodolite dans le plan du méridien : observons le passage de l'étoile dans ce plan, et soit L*a* la position de la lunette dirigée vers l'astre, à son passage supérieur. Attendons que l'étoile revienne au méridien et observons-la de nouveau : soit L′*b* la position de la lunette, au passage inférieur. En répétant l'observation, nous verrons toujours passer l'étoile en *a* et en *b* et ces deux passages se reproduire périodiquement : si nous divisons l'arc *ab* en deux parties égales, et si nous marquons le milieu M de cet arc, la droite OM sera bissectrice de l'angle *a*O*b*. Les mêmes observations faites sur d'autres étoiles montreraient que le point M et, par suite, la droite OM, ont toujours la même position : cette droite est l'*axe du monde*.

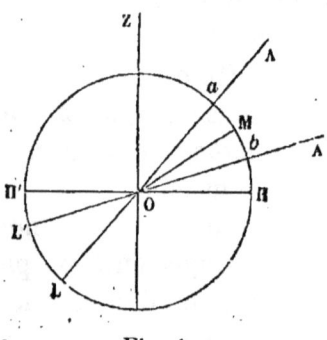

Fig. 4.

15. Distance zénithale. — Hauteur d'un astre. — L'angle MOZ que l'axe du monde fait avec la verticale OZ (*fig. 4*) s'appelle *distance zénithale du pôle*. En général, *la distance zénithale d'un astre est l'angle que fait avec la verticale le rayon visuel mené à cet astre*.

L'angle MOH, que fait l'axe du monde avec l'horizon, est la *hauteur du pôle* au dessus de l'horizon : cet angle est complémentaire de la distance zénithale du pôle. En général, *la hauteur d'un astre est l'angle* que fait avec l'horizon le rayon visuel mené à cet astre; quand ce dernier est au méridien, cette hauteur est dite *hauteur méridienne*.

16. Hauteur du pôle à Paris. — La hauteur du pôle étant, comme nous venons de le voir, le complément de sa distance zénithale, on déduit de là une méthode facile pour avoir la hauteur de ce point en un lieu donné. Soit, en effet, A (*fig.* 4) une étoile circompolaire : ZOA, ZOA′ seront ses distances zénithales à ses deux passages au méridien. Appelons φ la hauteur du pôle et posons pour abréger :

$$ZOA = Z; \quad ZOA' = Z'.$$

Nous aurons d'abord pour la distance zénithale du pôle

$$MOZ = \frac{Z + Z'}{2},$$

et pour sa hauteur

$$\varphi = 90° - MOZ = 90° - \frac{Z + Z'}{2};$$

d'où nous voyons que, *pour avoir la hauteur du pôle en un lieu donné, il faut prendre la demi-somme des distances zénithales d'une étoile circompolaire à ses deux passages au méridien, puis retrancher cet angle de* 90°. A l'Observatoire de Paris la hauteur du pôle est de 48° 50′ 11″.

17. Lois du mouvement diurne. — La position du méridien et de l'axe du monde étant déterminée, il nous reste à reconnaître si, comme nous l'avons supposé (8), la courbe décrite par les étoiles dans leur mouvement diurne est réellement un cercle, et quelle est la nature de ce mouvement : nous emploierons pour cela la *machine parallatique* ou *équatorial*.

Cet instrument présente la même disposition que le théodolite, savoir, un limbe CD muni d'une lunette FG et tournant autour d'un axe fixe AB. Un second limbe, fixé dans un plan perpendiculaire à l'axe AB, sert à mesurer les angles décrits par le limbe CD. L'axe AB est placé dans une direction qui coïncide parfaitement avec l'axe du monde, de sorte que le limbe HI se trouve précisément dans le plan de l'équateur ; de là vient que l'instrument a été appelé *équatorial*.

Pour observer avec l'équatorial le mouvement d'une étoile, on la vise avec la lunette FG ; puis, au moyen d'une vis de pression, on fixe cette lunette sur le limbe CD. On voit alors, qu'en faisant tourner le limbe CD autour de l'axe AB, on peut suivre le mouvement de l'étoile : ce qui prouve que le rayon visuel mené à l'étoile décrit un cône circulaire droit autour de

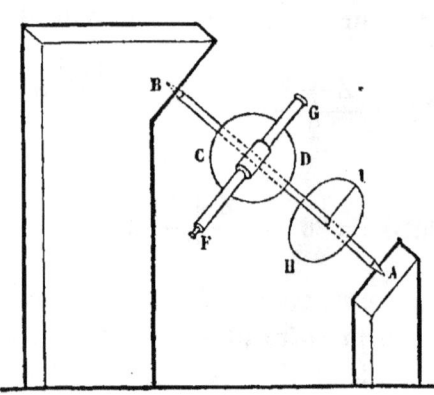

Fig. 5.

l'axe AB; et, comme il est naturel de penser que la distance de la terre à l'étoile ne change pas, on en conclut que l'étoile décrit dans le ciel un cercle dont le centre est sur l'axe du monde et dont le plan est perpendiculaire à cet axe : donc, *la courbe décrite par les étoiles est un cercle.*

Pour connaître la nature du mouvement, on adapte à l'instrument un mouvement d'horlogerie qui fait tourner la lunette d'un mouvement uniforme et lui fait faire un tour entier en un jour. Lorsque la lunette a été dirigée vers une étoile et fixée au limbe, elle se trouve, pendant tout le cours de son mouvement, dans la direction de l'étoile ; ce qui prouve que *cette étoile se meut d'un mouvement uniforme*.

Le sens du mouvement diurne est *rétrograde*. En astronomie on distingue deux sortes de mouvements : l'un *direct*, l'autre *rétrograde*. Le premier a lieu d'occident en orient. Pour l'observateur qui regarde vers le sud, le mouvement direct s'opère de sa droite vers sa gauche et le mouvement rétrograde, au contraire, de sa gauche vers sa droite.

18. Jour sidéral. — Nous connaissons maintenant la nature de la courbe décrite par les étoiles ; nous savons de plus que leur mouvement est uniforme : si, pendant plusieurs jours de suite, nous observons les passages supérieurs d'une même étoile au méridien, et si nous notons les instants de ces passages indiqués par une horloge parfaitement réglée, nous reconnaîtrons que le temps qui s'écoule entre deux passages consécutifs a une durée *rigoureusement constante pour cette étoile, et que cette durée est la même pour toutes*. La durée de la révolution d'une étoile est donc invariable; elle peut par conséquent être prise pour unité de temps : c'est cette unité que l'on nomme *jour sidéral*.

Le jour sidéral se divise en 24 heures sidérales, l'heure en 60 minutes et chaque minute en 60 secondes. Les astronomes le font commencer à l'instant où un certain point de l'équateur, appelé *point vernal*, passe au méridien : il s'agit ici du passage supérieur.

CHAPITRE II

Mouvement de la Terre autour de l'axe du monde.

19. Nos premières impressions nous ont montré les étoiles tournant autour de nous d'un mouvement circulaire et uniforme, et nous avons été conduits à supposer la Terre immobile au centre de la sphère céleste. Mais cette immobilité de la Terre n'est-elle pas une illusion de nos yeux ? et, pour que les mêmes apparences aient lieu, est-il nécessaire que les étoiles se déplacent ? ou bien ces apparences ne peuvent-elles pas s'expliquer en admettant le mouvement de la Terre de l'ouest à l'est autour de la ligne des pôles ?

Remarquons d'abord que, dans l'une ou dans l'autre hypothèse, les apparences restent les mêmes. Supposons, en effet, ces étoiles immobiles et la Terre tournant sur son centre d'occident en orient, dans le sens indiqué par la flèche ; et soit a un observateur placé à sa surface. Une étoile E semblera se lever lorsque le plan de l'horizon HH′ viendra passer par son centre, par suite de la rotation de la Terre. Notre globe, continuant à tourner, emporte avec lui l'observateur a et l'amène en a', a''....., mais, en même temps, son horizon se déplace dans la même direction et vient prendre les positions H″H‴, H^{iv}H^{v}..... en s'éloignant de plus en plus de l'étoile E qui semble s'élever au-dessus, jusqu'à ce que le plan du méridien, perpendiculaire à l'horizon, vienne passer par son centre : elle est alors au méridien. A partir de ce moment, l'horizon de l'observateur, tournant toujours avec lui, se rapproche de l'étoile, jusqu'à ce que, l'atteignant par son bord occidental, il la fasse disparaître : c'est l'instant du coucher de l'étoile.

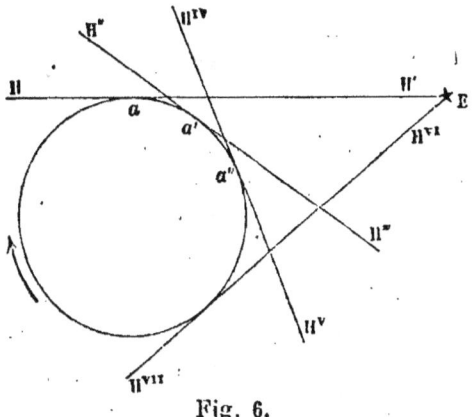

Fig. 6.

Ainsi donc, tandis que l'observateur a tourne avec la Terre de l'ouest à l'est, l'étoile lui semble tourner de l'est à l'ouest ; et, comme il se croit immobile, parce que son horizon est toujours borné par les mêmes objets, il attribue aux étoiles le mouvement qu'il possède lui-même. C'est ainsi que le voyageur, qui descend une rivière en bateau, croit voir les arbres du rivage se mouvoir en sens inverse : l'illusion est complète si aucune secousse du bateau n'avertit de son mouvement.

20. Que ce soit donc la Terre ou les étoiles qui tournent, les apparences restent les mêmes. Examinons

quelle est l'hypothèse la plus simple et la plus conforme à la saine logique.

1° La Terre, dont nous apprendrons plus tard à mesurer les dimensions, a en nombres ronds 9000 lieues de circonférence. Si elle tourne autour d'un axe, un point de son équateur parcourt environ un dixième de lieue en une seconde. Cette vitesse est considérable sans doute, mais elle n'a rien qui doive nous étonner, si nous la comparons à celle qu'il faudrait attribuer aux étoiles, en supposant la Terre immobile. Car nous verrons que ceux de ces astres les plus rapprochés de nous sont à une distance qui vaut plus de 200000 fois 37 millions de lieues ; leur vitesse de rotation devrait donc dépasser 500 millions de lieues par seconde.

2° La Terre est un corps solide, dont les molécules adhèrent les unes aux autres; les eaux et les gaz qui existent à sa surface y sont maintenus par la loi de la pesanteur. On comprend que cette masse puisse tourner autour d'un axe d'un mouvement commun à toutes ses parties. Mais la sphère céleste est une fiction; les étoiles sont à des distances fort considérables, et fort différentes les unes des autres ; aucune force sensible ne les retient dans leurs positions relatives; il faut donc, si elles tournent, que leurs vitesses soient rigoureusement proportionnelles aux circonférences qu'elles décrivent, ou à leurs distances à l'axe de rotation, puisque leurs révolutions s'accomplissent toutes dans le même temps. La même loi doit exister pour tous les astres visibles, et même pour ceux en plus grand nombre que nous ne découvrons que dans les télescopes. Quelle complication d'un côté, quelle simplicité de l'autre !

3° L'analogie vient à l'appui de ces preuves. On a

observé des mouvements de rotation dans presque toutes les planètes; et ces mouvements sont dirigés d'occident en orient, comme celui que le mouvement diurne de la sphère céleste semble indiquer dans la Terre. Jupiter, beaucoup plus gros qu'elle, se meut autour de son axe en moins d'un demi-jour; un observateur à sa surface verrait le ciel tourner autour de lui dans cet intervalle de temps. Ce mouvement du ciel ne serait cependant qu'une apparence. N'est-il pas naturel de penser qu'il en est de même de celui que nous observons sur la Terre? Ce qui confirme d'une manière frappante cette analogie, c'est que la Terre, ainsi que Jupiter, est aplatie à ses pôles. On conçoit, en effet, que la force centrifuge, qui tend à écarter toutes les parties d'un corps de son axe de rotation, avec une intensité proportionnelle au carré de la vitesse, a dû abaisser la Terre aux pôles, et l'élever à l'équateur. Cette force doit encore diminuer la pesanteur à l'équateur terrestre, et cette diminution est un fait parfaitement constaté.

4° En outre, on a observé que, lorsqu'un corps pesant tombe d'une hauteur assez considérable, sa chute n'a pas lieu exactement suivant la verticale, mais qu'il se dévie un peu vers l'est, déviation qui ne peut s'expliquer qu'en admettant que la Terre tourne sur elle-même d'occident en orient. Concevons, en effet, un corps pesant B, placé à une certaine distance de la Terre, à 300 mètres par exemple. Si notre globe est immobile, ce corps, abandonné à lui-même, suivra dans sa chute la verticale AB et viendra tomber en A. Si, au contraire, notre globe a un mouvement de rotation sur lui-même, dans le sens indiqué par la flèche, le corps pesant B participera à ce mouvement; et, comme, dans le même temps, il doit parcourir une circonférence dont le rayon est plus grand que celui

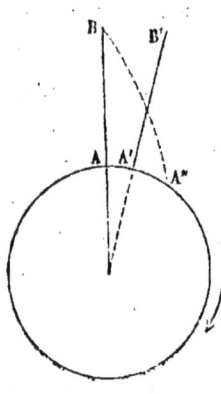

Fig. 7.

de la circonférence parcourue par le point A, sa vitesse de rotation sera aussi plus grande que celle du point A; il conservera, pendant toute sa chute, cet excès de vitesse; et, tandis que le point A viendra en A', ou que la verticale AB viendra prendre la position A'B', le corps B ira tomber en A'', un peu à l'est de cette verticale. Des expériences faites dans un puits de mine, avec tout le soin possible, ont donné une déviation de $28^{mm},3$ pour une hauteur de $158^{m},5$.

5° Enfin, dans ces derniers temps, un physicien français, M. Foucault, a doté les sciences de deux expé-

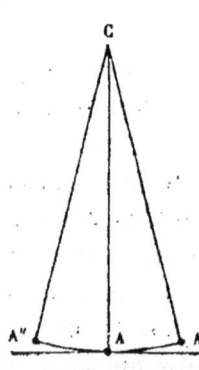

Fig. 8.

riences qui sont une démonstration matérielle de la rotation diurne de la Terre. La première de ces expériences repose sur le déplacement apparent du plan d'oscillation du pendule. On appelle *pendule* un corps pesant A suspendu à l'extrémité d'un fil sans torsion CA. Si ce corps est écarté de la verticale, amené dans la position CA' et abandonné à lui-même, il revient en A, s'élève en A'', puis

revient en A' et ainsi de suite, pendant un temps d'autant plus long que le pendule est plus pesant et que le frottement du point de suspension est moins considérable. L'arc complet A'A'' décrit par le pendule se nomme *oscillation* et le plan, déterminé par la verticale et la tangente au point A de l'arc A'A'', est dit *plan d'oscillation*.

Ceci posé, transportons-nous par la pensée à l'un des pôles de la Terre, pour y établir un pendule, de façon que le point de suspension soit placé exactement sur le prolongement de l'axe terrestre, qui, aux pôles, coïncide avec la verticale. Ce point de suspension pourra alors être considéré comme un point fixe dans l'espace ; par conséquent, si on écarte le pendule de sa position d'équilibre et qu'on l'abandonne à lui-même, sans lui donner aucune impulsion latérale, il oscillera de part et d'autre de la verticale et le plan d'oscillation conservera évidemment une direction invariable. Mais, si la Terre tourne autour de la verticale, l'observateur placé à sa surface sera entraîné avec elle ; et comme il ne s'apercevra pas de son propre mouvement, le plan d'oscillation devra lui paraître tourner en sens contraire et effectuer un tour entier dans un temps égal à celui que la Terre mettra pour accomplir une rotation complète.

Sous nos latitudes, à Paris par exemple, la verticale sur laquelle est placé le point de suspension ne sera plus, dans l'hypothèse du mouvement de rotation de notre globe, une droite fixe dans l'espace ; elle décrira, chaque jour, un cône autour de l'axe du monde. Le plan d'oscillation ramené sans cesse par la pesanteur à passer par la verticale se déplacera également, et le phénomène ne sera pas aussi facile à expliquer. En nous appuyant sur un principe connu de mécanique, concevons le mouvement de rotation de la Terre autour de son axe décomposé en deux rotations, l'une autour de la méridienne (8), l'autre autour de la verticale. La rotation autour de la méridienne déplacera la verticale, et, par suite, le plan d'oscillation Cette première rotation étant commune à la Terre et au plan d'oscillation, ne produira aucun mouvement apparent ; nous pouvons en faire abstraction. Il restera donc seulement à considérer la rotation autour de la verticale. Cette seconde rotation ne se communiquera pas au plan d'oscillation qui, relativement, conservera une direction invariable. Le plan de l'horizon tournant sur lui-même de l'ouest à l'est, l'observateur emporté par la Terre verra donc le plan d'oscillation tourner en sens contraire. Le phénomène sera encore le même qu'aux pôles : toutefois, il sera moins marqué, car il sera produit, non plus par la rotation totale de la Terre, comme aux pôles, mais seulement par la composante verticale, qu'on démontre être égale à la rotation totale, multipliée par le sinus (*) de la latitude. A mesure qu'on s'avancera vers l'équateur, le phénomène sera moins considérable ; sur l'équateur même, il sera tout à fait nul. L'expérience confirme de la manière la plus complète tous ces résultats du raisonnement.

Si, au lieu d'un corps oscillant, nous supposons un corps librement suspendu par son centre de gravité et pouvant tourner autour d'un de ses axes principaux, son plan de rotation, c'est-à-dire, le plan perpendicu-

---

(*) *La latitude d'un lieu est*, comme nous le verrons plus tard, *l'angle que fait la verticale de ce lieu avec l'équateur.* Cet angle se mesure par l'arc de méridien compris entre l'équateur et le lieu considéré. La latitude se compte de 0° à 90° en allant de l'équateur vers les pôles. Or, on appelle *sinus* d'un arc, dans un cercle dont le rayon est égal à 1, la perpendiculaire abaissée de l'une des extrémités de cet arc sur le diamètre passant par l'autre. Lorsque l'arc croît de 0° à 90°, son sinus croît de 0 à 1.

laire à l'axe de rotation et passant par le centre de gravité, semble se déplacer comme le plan d'oscillation du pendule. La figure 9 représente l'appareil dont M. Foucault s'est servi pour sa seconde expérience.

Cet appareil, auquel on a donné le nom de *gyroscope*,

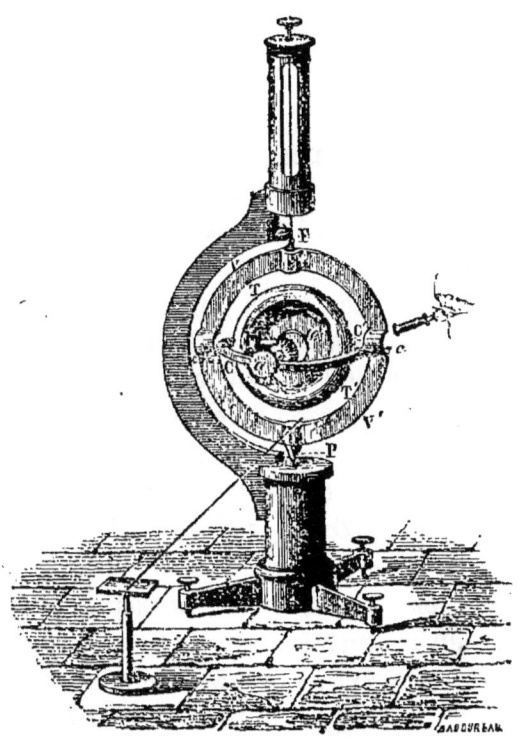

Fig. 9.

se compose d'un tore en bronze TT', monté dans l'intérieur d'un cercle métallique horizontal CC' dont l'un des diamètres est figuré par l'axe de rotation aa' du mobile. Le cercle CC' et le tore sont installés dans un autre cercle métallique vertical VV', sur lequel le cercle horizontal repose par deux couteaux c et c'. Le cercle vertical VV' est supporté par un fil sans torsion F et s'appuie très-légèrement sur un pivot P. Le centre de gravité de tout le système peut être amené sur le prolongement du fil de suspension au moyen de pièces que nous ne décrivons pas.

Pour faire fonctionner l'appareil, on enlève d'abord le cercle horizontal CC' avec le tore et on les place sur un tour ; puis, à l'aide d'une manivelle et d'un système de roues dentées, on imprime au tore un mouvement de rotation extrêmement rapide ; ceci fait, on remet les couteaux c et c' en place. On constate facilement le déplacement apparent du plan de rotation, soit en regardant avec un microscope installé à côté de l'appareil le passage des traits d'une division tracée sur le cercle vertical devant le fil d'un réticule (26) adapté à ce microscope, soit en suivant sur un arc horizontal gradué les mouvements d'une longue aiguille attachée au même cercle vertical.

De toutes les preuves qui précèdent, nous pouvons conclure que *la Terre tourne réellement, autour de l'axe du monde, d'un mouvement uniforme et dirigé d'occident en orient, en vertu duquel elle accomplit un tour entier en 24 heures et nous découvre successivement les diverses parties de la sphère céleste.*

21. On a fait à l'hypothèse du mouvement de rotation de la Terre sur elle-même une foule d'objections qui restent sans valeur devant les faits qui l'établissent. Voici les deux principales.

On a dit d'abord que, si la Terre tournait sur elle-même, chaque point de sa surface parcourant environ une lieue en 40 secondes, il suffirait de s'élever en l'air pendant ce laps de temps pour retomber ensuite dans un lieu plus occidental que le point de départ d'une lieue entière. On aurait ainsi, comme on le voit, un moyen de voyager de l'orient à l'occident avec une vitesse beaucoup plus considérable que celle que donnent sur les chemins de fer les locomotives les plus puissantes.

La réponse à cette objection est d'une extrême simplicité. La Terre, dans son mouvement de rotation, entraîne avec elle son atmosphère et tout ce qui s'y trouve ; les choses se passent donc en réalité comme si ce mouvement, que nous n'apercevons pas, n'avait pas lieu.

D'autres, s'appuyant sur l'autorité de la Bible, ont prétendu que Josué n'aurait pu commander au Soleil de s'arrêter, si cet astre avait été immobile. En raisonnant de la même manière, nous pourrions affirmer que les astronomes d'aujourd'hui ne croient pas au mouvement de la Terre, car ils disent généralement : « *Le Soleil se lève, le Soleil se couche.* » Leur langage est d'accord avec les apparences ; sans cela ils ne seraient pas compris. Si Josué s'était écrié : *Terre, arrête-toi !* aucun des soldats de son armée n'aurait certainement su ce qu'il disait. Il faut d'ailleurs remarquer, ajoute Arago, que la Bible n'est pas un ouvrage de science, et que le langage vulgaire a dû souvent y remplacer le langage mathématique.

CHAPITRE III

Ascension droite. — Déclinaison. — Lunette méridienne. — Cercle mural. — Micromètre.

22. Ascension droite. — Déclinaison. — Pour distinguer les étoiles les unes des autres et fixer d'une manière précise leurs positions relatives sur la sphère céleste, on emploie deux *éléments* ou *coordonnées* que l'on nomme l'*ascension droite* et la *déclinaison*.

Concevons tracé sur la sphère céleste l'équateur ADE

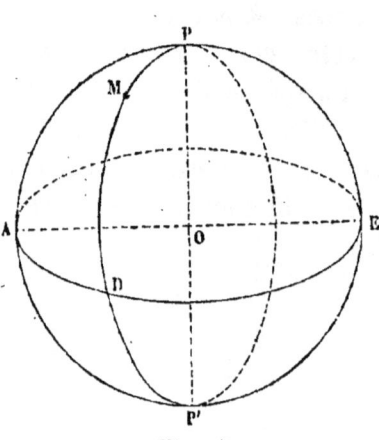

Fig. 11.

et le cercle horaire PAP′ passant par une étoile connue et que nous appellerons *cercle horaire origine*, c'est-à-dire celui auquel tous les autres seront rapportés. L'*ascension droite* d'une étoile M *est l'angle que fait son cercle horaire* PMP′ *avec le cercle horaire origine, cet angle étant mesuré par l'arc d'équateur* AD *compris entre les deux cercles horaires*. L'ascension droite varie de 0° à 360° et se compte de l'ouest à l'est.

La *déclinaison* d'une étoile M *est l'arc* MD *du cercle horaire de cette étoile mesurant sa distance à l'équateur*. La déclinaison varie de 0° à 90°; elle est *boréale* ou *australe*, suivant que l'étoile appartient à l'un ou à l'autre hémisphère. Pour distinguer une déclinaison boréale d'une déclinaison australe, on regarde la première comme positive et la seconde comme négative. En jetant les yeux sur la figure 11, nous voyons que la déclinaison MD d'une étoile M est le complément de sa distance polaire MP.

23. Il est évident que toutes les étoiles, situées sur un même cercle horaire, ont la même ascension droite, et que toutes celles qui sont sur un même parallèle ont la même déclinaison. La position d'une étoile M sur la sphère céleste est donc parfaitement déterminée, lorsqu'on connaît son ascension droite et sa déclinaison; car il suffit, pour l'y placer, de porter sur l'équateur, à partir du cercle horaire origine et de l'ouest à l'est, un arc AD égal à son ascension droite, puis de tracer le demi-cercle horaire PMP' sur lequel on prend, à partir de l'équateur et dans le sens convenable, un arc MD égal à la déclinaison; le point M est le lieu de l'étoile.

24. **Mesure de l'ascension droite.** — Nous savons (17) qu'une étoile met 24 heures sidérales à accomplir sa révolution diurne, c'est-à-dire, à décrire une circonférence de cercle ou 360°; elle en décrit donc la 24ᵉ partie en une heure ou 15°. Il est facile de voir que, dans chaque minute, dans chaque seconde de temps, elle décrit 15 minutes, 15 secondes de degré.

Ceci posé, plaçons le cercle vertical du théodolite

dans le plan méridien, observons le passage de l'étoile qui fixe le cercle horaire origine (*) et notons l'instant de ce passage. Nous attendrons que l'étoile, dont nous voulons connaître l'ascension droite, soit au méridien; supposons qu'elle y passe 2ʰ 15ᵐ 17ˢ après l'étoile connue, ce temps multiplié par 15 donne la distance angulaire du cercle horaire origine à celui de l'étoile considérée, et telle est la valeur de l'arc équatorial compris entre les deux cercles horaires. Or, cet arc mesure l'*ascension droite* de l'étoile. Dans le cas supposé, elle serait de 33° 49′ 15″.

Ce n'est pas ordinairement de cette manière qu'on exprime l'ascension droite d'une étoile; on évite de la convertir en degrés et l'on dit simplement qu'elle est de 2ʰ 15ᵐ 17ˢ. C'est comme si la circonférence de cercle décrite par l'étoile, dans son mouvement diurne, avait été divisée, non en 360 parties égales nommées degrés, mais en 24 parties égales nommées *heures*, chaque heure se subdivisant en 60 minutes et chaque minute en 60 secondes.

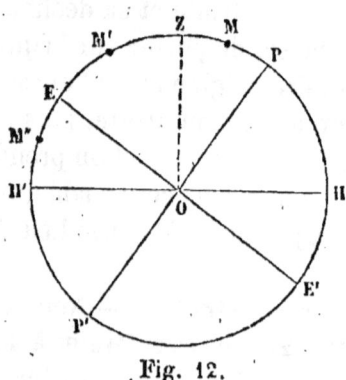

Fig. 12.

25. Mesure de la déclinaison. — Plaçons encore le cercle vertical du théodolite dans le plan méridien et mesurons la

---

(*) Les astronomes prennent pour cercle horaire origine celui qui passe par le point où le soleil rencontre l'équateur à l'équinoxe du printemps. Ce point appelé *point vernal* n'est pas visible sur la sphère céleste; nous apprendrons plus tard à le déterminer avec précision.

distance zénithale de l'étoile à ce plan. De cette distance zénithale et de la hauteur du pôle supposée connue on déduit facilement la déclinaison de l'étoile.

Soient, en effet, PP′ l'axe du monde, Z le zénith, EE′ la trace de l'équateur sur le plan du méridien et HH′ celle de l'horizon. Nous remarquerons d'abord que les deux arcs PH et ZE sont égaux comme étant tous deux complémentaires du même arc ZP. Trois cas peuvent se présenter :

1° L'étoile passe en M entre le zénith et le pôle ; dans ce cas, nous avons

$$EM = ZE + ZM = PH + ZM,$$

c'est-à-dire que *la déclinaison égale la hauteur du pôle, plus la distance zénithale de l'étoile.*

2° L'étoile passe en M′, entre le zénith et l'équateur, nous avons

$$EM' = ZE - ZM' = PH - ZM',$$

c'est-à-dire que, dans ce cas, *la déclinaison égale la hauteur du pôle moins la distance zénithale de l'étoile.*

3° L'étoile appartient à l'hémisphère austral, elle passe en M″, entre l'équateur et l'horizon : la déclinaison est australe et nous avons

$$EM'' = ZM'' - ZE = ZM'' - PH ;$$

en d'autres termes, *la déclinaison égale la distance zénithale de l'étoile, moins la hauteur du pôle.*

Si donc nous représentons par D la déclinaison d'une étoile, par Z sa distance zénithale et par φ la hauteur du pôle, nous avons la formule

$$D = \varphi \pm Z,$$

2

le signe + s'appliquant aux étoiles qui passent entre le zénith et le pôle, le signe — à celles qui passent entre le zénith et l'équateur. La formule convient aussi aux étoiles de l'hémisphère austral, mais alors la déclinaison est négative.

26. Lunette méridienne. — Cercle mural. — Le théodolite nous a servi à déterminer l'ascension droite et la déclinaison d'une étoile. Dans les observatoires, on emploie, pour le même objet, deux instruments d'une grande dimension et qui ont une disposition toute spéciale.

Le premier de ces instruments est la *lunette méridienne*, qui sert à déterminer les ascensions droites.

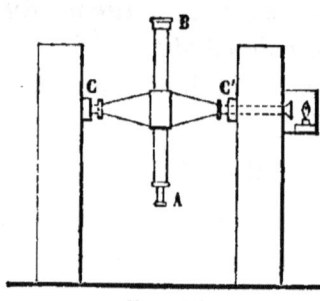

Fig. 13.

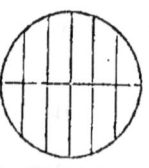

Fig. 14.

Elle consiste en une lunette astronomique AB, dont l'axe de rotation repose sur deux coussinets C et C' établis sur des piliers verticaux et inébranlables. L'un de ces coussinets est muni d'une vis au moyen de laquelle il peut être élevé ou abaissé lentement, ce qui permet de donner à l'axe de rotation une horizontalité parfaite; l'autre peut se mouvoir en avant ou en arrière, de façon à amener la lunette dans une position telle que, lorsqu'elle tourne, son *axe optique* décrive le plan méridien du lieu où elle est installée.

Dans l'intérieur de l'instrument, au foyer de l'objectif, est un appendice nommé *réticule*. Il se compose d'une petite plaque métallique, percée d'une ouverture circulaire dans laquelle sont tendus deux fils très-fins, perpendiculaires entre eux. L'axe optique de la lunette est indiqué par la ligne qui joint le centre de l'objectif au point d'intersection des deux fils, et c'est dans la direction de cette ligne qu'il faut amener l'astre dont on veut déterminer l'ascension droite. Pour rendre l'observation plus précise, d'autres fils perpendiculaires partagent ordinairement le fil horizontal en six parties égales (*fig.* 14). L'instant du passage d'un astre au méridien sera alors la moyenne arithmétique entre les instants de ses passages derrière chacun des cinq fils verticaux du réticule.

A côté de la lunette méridienne, se trouve toujours une pendule sidérale, ou horloge dont le cadran est divisé en 24 parties égales et dont la petite aiguille accomplit sa révolution en un jour sidéral.

Le *cercle mural* consiste en un limbe gradué, dont le plan coïncide avec le plan méridien et auquel est adaptée une lunette mobile autour d'un axe horizontal mené par son centre. Dans son mouvement, l'axe optique de la lunette reste constamment dans le plan méridien. Le mural est fixé contre un mur d'une grande solidité, établi sur des fondements inébranlables : c'est de là que lui vient le nom de *mural*. On trace la ligne des pôles sur le limbe du mural, et, cette ligne étant déterminée, il suffit, pour connaître la déclinaison d'une étoile, d'observer un seul de ses passages au méridien.

Soient, en effet, PEP'E' le limbe du mural, PP' la ligne des pôles et EE' la trace de l'équateur. Supposons qu'au moment où une étoile A passe au méridien, LA soit la position de la lunette dirigée sur elle. L'angle

POA est complémentaire de AOE', puisque la ligne des pôles est perpendiculaire à l'équateur ; mais l'angle AOE' est la déclinaison de l'étoile A. Donc, pour obtenir au mural la déclinaison d'un astre, il suffit d'observer l'angle que fait, avec la ligne des pôles, la lunette dirigée sur cet astre, au moment de son passage au méridien, et de retrancher cet angle de 90°.

27. Micromètre. — Dans les mesures astronomiques, surtout lorsqu'il s'agit de déterminer le diamètre apparent des astres, c'est-à-dire, l'angle sous lequel nous les voyons, on se sert d'un instrument appelé *micromètre :* c'est un réticule à deux fils parallèles, l'un fixe, l'autre mobile. Ce dernier est attaché à une plaque qu'entraîne une vis, au moyen de laquelle il peut être placé

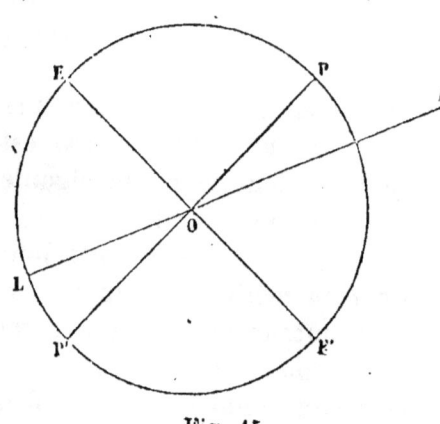

Fig. 15.

à toutes les distances possibles du premier. Si la vis est bien régulière, si ses filets sont également espacés, à chaque tour de vis, le fil mobile, que la plaque entraîne avec elle, s'éloignera du fil fixe de la même quantité. Il ne restera plus qu'à déterminer expérimentalement, à l'aide de mires suffisamment éloignées, la valeur angulaire de l'espace dont le fil mobile se déplace parallèlement au fil fixe, à chaque tour de la vis qui l'entraîne.

Quand l'astre, dont on veut connaître le diamètre

apparent, passe dans le champ de la lunette, par un mouvement convenable, on maintient l'un des bords de cet astre tangent au fil fixe, tandis qu'au moyen de la vis on amène le fil mobile à être tangent au bord opposé. Le nombre de tours qu'on a fait faire à la vis donne le diamètre apparent de l'astre.

CHAPITRE IV

Description du ciel. — Constellations. — Étoiles de diverses grandeurs. — Étoiles périodiques, temporaires, doubles, colorées. — Révolutions des étoiles doubles.

28. Description du ciel. — Déterminer les situations relatives des corps célestes, construire des globes et des cartes qui en représentent fidèlement les configurations naturelles, des catalogues qui en fixent numériquement les positions au moyen des ascensions droites et des déclinaisons, est ce qu'on appelle *faire la description du ciel*.

Pour construire un globe céleste, on trace sur une sphère de bois ou de carton un grand cercle destiné à représenter l'équateur : les pôles de ce cercle sont les pôles du monde. On prend sur l'équateur un point qui sera l'origine des ascensions droites. On trace un grand cercle passant par ce point et par les pôles : ce sera le cercle horaire origine. Puis, partageant l'équateur en 24 parties égales, à partir du cercle horaire origine, on mène par les points de division les cercles horaires correspondants aux différentes heures sidérales. On divise aussi l'un de ces cercles horaires en parties égales, à partir de l'équateur; et, des pôles comme pôles géométriques, on trace, par les points de division, les petits cercles qui représenteront les parallèles célestes.

Chaque étoile se place alors à l'intersection du demi-cercle horaire que détermine son ascension droite et du parallèle, boréal ou austral, que donne sa déclinaison, positive ou négative. Si ces deux cercles ne font pas partie du réseau déjà tracé, on les construit ou bien on place l'astre approximativement dans le trapèze formé par les cercles voisins.

Quant aux cartes célestes, nous donnerons les principes de leur construction en parlant des cartes géographiques (Livre II, chap. III).

29. Étoiles de diverses grandeurs. — Le nombre des étoiles qui brillent au firmament est très-considérable; mais à l'œil nu, nous n'en distinguons aisément que 5000 environ, dont 1000 à peu près ne paraissent jamais sur l'horizon de Paris. Les astronomes les ont réparties, d'après leur éclat, en diverses classes qu'on appelle *grandeurs :* les plus brillantes sont dites de première grandeur; puis viennent celles de deuxième, de troisième grandeur..... On compte :

```
  20 étoiles de 1re grandeur.
  65     —    de 2e      —
 190     —    de 3e      —
 425     —    de 4e      —
1100     —    de 5e      —
3200     —    de 6e      —
```

Ces dernières sont les plus petites que nous puissions apercevoir à l'œil nu ; les autres, jusqu'à la 16e grandeur, ne sont visibles qu'à l'aide de télescopes : on les appelle pour cette raison *étoiles télescopiques.* Jusqu'à la 9e grandeur on en a catalogué plus de 200000.

30. Constellations. — Pour aider la mémoire dans l'étude des étoiles dont le ciel est parsemé, les anciens les avaient partagées en groupes distincts nommés *constellations,* ou *astérismes,* qu'ils désignaient par le nom de l'homme, ou de l'animal, ou enfin de l'être inanimé dont leur imagination croyait y reconnaître la figure ; puis ils indiquaient les étoiles les plus remarquables de chaque constellation suivant la place qu'elles occupaient : ainsi on disait : *l'œil du Taureau, le cœur du Scorpion, l'épaule droite d'Orion, le cœur du Lion, l'épi de la Vierge,* etc. Les modernes ont conservé les noms des constellations : mais, abandonnant les figures arbitraires, ils désignent les étoiles d'un même groupe, dans l'ordre de leur grandeur, par les lettres de l'alphabet grec. Ainsi la principale étoile d'une constellation s'appellera α ; la plus belle, après celle-ci, sera ϵ... Quand l'alphabet grec est épuisé, ils emploient l'alphabet romain, en suivant les mêmes principes. Enfin, quand celui-ci fait défaut, ils se servent de numéros d'ordre.

Les étoiles de première grandeur ont reçu des noms particuliers, les uns tirés des Grecs, les autres empruntés aux Arabes : 15 d'entre elles sont visibles sur les horizons de l'Europe, on les appelle :

Sirius	α du Grand Chien.
Arcturus	α du Bouvier.
Bételgeuze	α ou l'épaule droite d'Orion.
Rigel	β d'Orion.
Wéga	α de la Lyre.
Procyon	α du Petit Chien.
Aldébaran	α ou l'œil du Taureau.
Antarès	α ou le cœur du Scorpion.
Altaïr	α de l'Aigle.
L'Épi	α de la Vierge.
Régulus	α ou le cœur du Lion.
Dénébola	β du Lion.

LIVRE I. — DES ÉTOILES. 33

La Chèvre	α du Cocher.
Fomalhaut	α ou la bouche du Poisson austral.
Castor	α des Gémeaux.

Les quatre suivantes sont invisibles en Europe :

Canopus	α du Navire.
Achernard	α de l'Éridan.
α	de la Croix du Sud.
α	du Centaure.

31. Principales constellations. — Les astronomes comptent 117 constellations qui toutes ne sont pas visibles dans l'hémisphère que nous habitons. Voici les noms des principales, que nous apercevons, avec leurs diverses relations de position et de forme. Nous prendrons, pour base et pour point de départ, la constellation de la *Grande Ourse* appelée aussi le *Chariot*. Nous supposerons que le spectateur regarde le nord.

Grande Ourse. — Cette constellation se compose de sept étoiles de 2e grandeur. Les quatre $\alpha, 6, \gamma, \delta$ forment à peu près un rectangle ; les trois autres ϵ, η, ζ sont sur une courbe qui part de 6 ; elles composent la *queue* ou le *timon* de la Grande Ourse. Les deux premières α et 6 sont appelées ses *gardes*.

Petite Ourse. — *Polaire.* — Prenons, sur le prolongement de la ligne qui joint les gardes de la Grande Ourse, une longueur d'environ cinq fois cette ligne, et nous tomberons sur une étoile de deuxième grandeur, la plus brillante d'une constellation qui se compose, comme la Grande Ourse, de sept étoiles et a, à peu près, la même figure : cette étoile est la *Polaire*, et la constellation s'appelle la *Petite Ourse*. A quelque instant du mouvement diurne qu'on observe l'étoile, elle paraît occuper le même point du ciel ; parce que, n'étant qu'à 1°28' du pôle, elle ne décrit autour de ce point qu'une très-petite circonférence de cercle. La Polaire termine la queue de la Petite Ourse.

Cassiopée. — En suivant une ligne droite qui de δ de la Grande Ourse passe par l'étoile polaire et se prolonge au delà d'une quantité égale, on traverse une constellation composée de cinq étoiles de 2ᵉ, de 3ᵉ et de 4ᵉ grandeur : on la nomme *Cassiopée* ou la *Chaise*.

Céphée. — Entre la Petite Ourse et Cassiopée, on aperçoit la constellation de *Céphée*, reconnaissable à trois étoiles de 3ᵉ grandeur, formant un arc dont la concavité est tournée vers Cassiopée.

Pégase. — La droite qui, en passant par les gardes de la Grande Ourse, nous a conduits à l'étoile polaire, prolongée au delà de Cassiopée, va passer par une étoile de 2ᵉ grandeur qui, avec trois autres de même grandeur, forme un carré désigné sous le nom de *Pégase*.

Andromède. — L'étoile α de Pégase est en même temps α d'*Andromède*, constellation composée de trois étoiles à peu près équidistantes. La réunion de Pégase et d'Andromède forme une figure assez semblable, mais en grand, à la Grande Ourse.

Persée. — Sur le prolongement γ α de la Grande Ourse se trouve *Algol*, la plus brillante étoile de *Persée*. Elle est comprise entre deux autres plus petites qui forment un arc concave vers la Grande Ourse, et presque à angle droit sur Andromède.

La Vierge. — Vers le côté opposé de l'hémisphère, et à peu près sur le prolongement de la même diagonale de la Grande Ourse, se trouve une étoile de 1ʳᵉ grandeur : on l'appelle l'*épi de la Vierge*.

Le Lion. — Le prolongement de la ligne des gardes de la Grande Ourse traverse le trapèze du Lion dont la base inférieure contient deux belles étoiles, le *cœur* ou *Régulus* à l'occident, *Dénébola* à l'orient.

Les Gémeaux. — Sur le prolongement $\delta\epsilon$ de la Grande Ourse, se trouvent deux étoiles qui occupent les sommets d'un des petits côtés d'un parallélogramme appelé les *Gémeaux*. Ces deux étoiles ont reçu les noms de *Castor* et de *Pollux*. Castor, qui est de première grandeur, occupe le sommet occidental; Pollux, le sommet oriental du parallélogramme.

Le Grand Chien. — En suivant cette même diagonale, on rencontre plus loin *Sirius*, l'étoile la plus brillante du ciel; elle fait partie de la constellation du Grand Chien qui se compose, en outre, de cinq étoiles de 2e grandeur.

Le Petit Chien. — La ligne, menée de la Polaire à Castor, rencontre *Procyon*, étoile de 1re grandeur et la seule remarquable dans la constellation du Petit Chien.

Le Cocher. — Le prolongement de la ligne qui joint γ d'Andromède à α de Persée passe non loin d'une étoile de 1re grandeur appelée la *Chèvre* : c'est α de la constellation du *Cocher* dont la forme est un grand pentagone régulier.

Orion. — La ligne qui joint la Polaire à la Chèvre rencontre un trapèze nommé *Orion* : c'est la plus belle des constellations. Le trapèze est formé par quatre étoiles dont deux de 1re grandeur et les deux autres de 2e. Des deux premières, l'une α s'appelle l'*épaule droite* ou *Bételgeuze*; l'autre ϵ s'appelle *Rigel*. Dans l'intérieur d'Orion sont trois étoiles rangées en ligne droite entre elles et avec Sirius : c'est le *Baudrier* d'Orion.

Le Bouvier. — La queue de la Grande Ourse prolongée va rencontrer une belle étoile rougeâtre de 1ʳᵉ grandeur : c'est *Arcturus* α du Bouvier. Cette constellation forme un pentagone au N.-E. d'Arcturus.

La Lyre. — Qu'on joigne l'épi de la Vierge à Arcturus, la ligne prolongée passera un peu au-dessous d'une étoile de 1ʳᵉ grandeur : c'est α de la Lyre ; on l'appelle *Wéga*.

Le Cygne. — A côté, un peu à droite et au-dessous de celle-ci, est le *Cygne*, constellation composée de cinq étoiles, dont l'une de 2ᵉ et les quatre autres de 3ᵉ grandeur. Elle est opposée au pôle par rapport aux Gémeaux.

Le Taureau. — La ligne qui va de α de la Grande Ourse à la Chèvre, étant prolongée rencontre une belle étoile de 1ʳᵉ grandeur, *Aldébaran* ou *l'œil du Taureau* : c'est α de cette constellation.

32. Étoiles périodiques. — Il existe un certain nombre d'étoiles dont l'éclat varie périodiquement : on les nomme, pour cette raison, *périodiques* ou *changeantes*. Ainsi Algol, ou β de Persée, est habituellement de 2ᵉ grandeur. Elle reste dans cet état pendant $2^j 14^h$; puis son éclat diminue tout à coup, et elle passe à la 4ᵉ grandeur. Elle reprend peu à peu son éclat et le recouvre entièrement après 7 heures, pour recommencer cette période de lumière pâlissante qui dure en tout $2^j 20^h 48^m$.

Dans la constellation de la Baleine, il y a une étoile plus singulière encore, connue sous le nom de *Mira*. On la voit d'abord pendant 15 jours comme étoile de 2ᵉ grandeur ; puis elle décroît pendant 3 mois, en passant par les ordres inférieurs, devient invisible pendant 5 mois et, pendant 3 autres mois, elle apparaît de nouveau, avec un éclat toujours croissant. La durée de la période totale est de 334 jours.

On peut encore citer, parmi les étoiles périodiques, δ de Céphée qui varie de la 3ᵉ à la 5ᵉ grandeur et dont la période est de $5^j\ 8^h\ 37^m$; 6 de la Lyre, qui varie également de la 3ᵉ à la 5ᵉ grandeur, dans une période de $6^j\ 9^h$: la 34ᵉ du Cygne, qui est tantôt de 6ᵉ grandeur et tantôt complétement invisible : la durée de sa période est de 18 ans.

On a cherché à expliquer le changement périodique d'éclat qu'éprouvent les étoiles, dont nous venons de parler, en admettant que ces étoiles ne sont pas également lumineuses dans toute l'étendue de leur surface et qu'elles tournent sur elles-mêmes, de manière à présenter successivement à la Terre des hémisphères entièrement lumineux et des hémisphères plus ou moins parsemés de taches obscures. D'autres ont pensé que ces changements apparents d'intensité devaient être attribués à l'interposition plus ou moins complète, entre l'astre périodique et nous, de quelque corps opaque circulant autour de l'étoile, comme les planètes de notre système circulent autour du Soleil. Mais ce ne sont là que de simples conjectures auxquelles il ne faut attacher que peu d'importance.

33. Étoiles temporaires. — On appelle ainsi des étoiles qui apparaissent tout à coup, quelquefois très-brillantes, et qui disparaissent un certain temps après, sans laisser de traces de leur passage. La plus mémorable des apparitions de ce genre est celle qui fut observée, en novembre 1572, par l'astronome suédois Tycho-Brahé. Un soir qu'il était occupé à considérer la voûte du ciel, dont l'aspect lui était si familier, il vit tout à coup, avec un étonnement indicible, près du zénith, dans Cassiopée, une étoile radieuse, d'une grandeur extraordinaire et aussi brillante que Vénus, quand cette planète est le plus près possible de la Terre. Pendant quelque temps elle fut visible en plein midi. En janvier 1573, elle devint moins brillante que Jupiter ; puis elle passa successivement par l'éclat des étoiles de 2°, 3° et 4° grandeur : enfin elle cessa d'être visible à l'œil nu, en mars 1574.

Cette étoile de 1572 est loin d'être le seul exemple d'apparitions soudaines. Nous pouvons citer, entre autres, l'étoile qui se montra subitement dans le ciel 125 ans avant Jésus-Christ, et qui, ayant fixé l'attention d'Hipparque, lui inspira la pensée de dresser un catalogue des étoiles alors existantes ; une étoile qui parut en l'an 389 de notre ère, près α de l'Aigle, et qui eut pendant trois semaines un éclat pareil à celui de Vénus et disparut ensuite ; enfin l'étoile, presque aussi belle que Vénus, aperçue, en 1604, par Képler et Galilée dans la constellation du Serpentaire et qui resta visible pendant quinze mois environ.

La cause de ces apparitions soudaines est encore inconnue : les astronomes n'ont pu, jusqu'à présent, en donner une explication satisfaisante.

34. Étoiles colorées. — La lumière des étoiles est généralement blanche comme celle du Soleil. Quelques-unes cependant présentent une coloration assez prononcée. Nous pouvons citer *Bételgeuze, Arcturus, Aldébaran*, qui sont rougeâtres ; la *Chèvre* et *Altaïr*, qui sont légèrement jaunes. Parmi les étoiles d'un moindre éclat, il y en a qui ont une teinte verte ou bleue.

35. Étoiles doubles, multiples. — Beaucoup d'étoiles observées à l'œil nu, ou bien à l'aide de lunettes d'un faible grossissement, paraissent comme de simples points lumineux, tandis que, vues dans de fortes lunettes, elles se dédoublent. Chacune d'elles se compose de deux étoiles très-voisines qui se confondent de manière à donner l'apparence d'une étoile unique, tant qu'on n'a pas recours à de forts grossissements. Ce grand rapprochement des étoiles dans le ciel peut n'être qu'un effet de perspective ; il peut se faire que deux étoiles ne paraissent voisines que parce qu'elles sont à peu près sur une même ligne droite, aboutissant à la Terre, tout en étant réellement à une grande distance l'une de l'autre ; mais ce n'est que très-exceptionnellement qu'il en est ainsi ; on a reconnu que, dans la plupart des cas, les deux étoiles que l'on voit l'une près de l'autre sont réellement voisines dans l'espace. Herschell avait compté près de 500 étoiles doubles ; Struve a porté leur nombre à plus de 3000.

L'observation suivie d'un certain nombre d'étoiles doubles a fait reconnaître à Herschell que les deux éléments, dont chacune d'elles se compose, tournent l'un autour de l'autre, en obéissant aux lois qui régissent notre système solaire ; de sorte que ces deux étoiles sont dépendantes l'une de l'autre.

Il existe encore dans le ciel des étoiles triples et quadruples, c'est-à-dire, formées par la réunion de trois ou quatre étoiles situées réellement à de petites distances les unes des autres. Leur nombre est bien moins considérable que celui des étoiles doubles. On ne cite que 52 étoiles triples, parmi lesquelles se trouve α d'Andromèd .

Presque toujours les étoiles qui composent une étoile multiple présentent des intensités et des colorations différentes. Ainsi, dans les étoiles doubles, la plus brillante est ordinairement rougeâtre ou jaunâtre ; la plus faible a plus souvent encore une nuance d'un vert ou d'un bleu assez prononcé.

CHAPITRE V

Distance des étoiles à la Terre. — Mouvements propres des étoiles. — Translation du Soleil dans l'espace. — Nébuleuses. — Voie lactée.

36. Distance des étoiles à la Terre. — La distance qui nous sépare des étoiles est prodigieuse. Pour la mesurer, ou tout au moins pour s'en faire une idée, on emploie la méthode qu'indique la géométrie, quand on veut trouver la distance d'un point B à un point inaccessible A. Cette méthode consiste à prendre sur le terrain une base BC, dont on détermine avec soin la longueur, puis à évaluer, au moyen d'instruments convenables, les angles ABC, ACB que font avec BC les rayons visuels BA et CA. On connaît ainsi, dans le triangle ABC, le côté BC et les deux angles adjacents à ce côté ; la trigonométrie permet alors de calculer la distance AB.

Fig. 16.

Toutefois, le calcul ne donnera le résultat avec une approximation désirable que si le triangle existe, c'est-à-dire, si le point A n'est pas assez éloigné pour que les droites BA et CA soient sensiblement parallèles. La base BC doit donc avoir une longueur comparable à la distance à mesurer. Or, lorsqu'on applique le procédé que nous venons d'exposer à la recherche de la distance d'une étoile, on trouve que, quelle que soit la base choisie sur la terre, fût-ce même son diamètre qui a plus de 3000 lieues de longueur, les deux droites BA et CA font avec BC des angles supplémentaires et, par suite, sont parallèles. Il a donc fallu chercher une base plus grande encore : l'astronomie la fournit dans le diamètre de l'orbite que la Terre, comme nous le verrons plus tard, décrit en un an autour du soleil. Le diamètre vaut plus de 74 millions de lieues et, à six mois d'intervalle, la Terre en occupe les extrémités. Si, à ces deux époques, on évalue les angles que font avec lui les rayons visuels menés à une même étoile A (*), on trouve que ces rayons sont parallèles, ou du moins, que si la somme des angles à la base diffère de deux angles droits, la différence n'égale pas 1″.

37. Il est facile de calculer au-delà de quelles limites ce résultat place les étoiles. Concevons, en effet, qu'on ait pris pour base celui des diamètres de l'orbite terrestre qui est perpendiculaire à la distance de l'étoile au Soleil, et soient TT′ ce diamètre, A et S les positions respectives des deux astres ; le triangle TAT′ est isocèle et l'angle A est le plus grand possible. La moitié de cet angle ou l'angle SAT, sous lequel un observateur placé dans l'étoile verrait le rayon de l'orbite terrestre, est ce qu'on appelle la *parallaxe annuelle* de

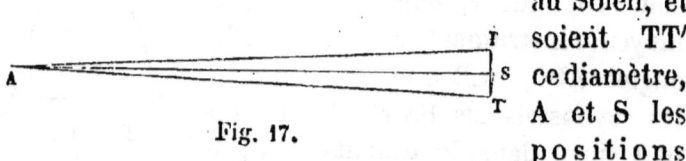

Fig. 17.

(*) Les formules de la trigonométrie sphérique permettent de déduire la valeur de ces angles des coordonnées de l'étoile.

l'étoile : supposons cette parallaxe égale à 1″. On démontre en trigonométrie que, lorsqu'un angle est très-petit, la corde qui sous-tend l'arc qui le mesure peut, sans erreur sensible, être considérée comme ayant la même longueur que cet arc ; par conséquent, quand nous verrons à distance un objet sous un angle de 1″, nous pourrons identifier l'objet et l'arc qui mesure l'angle sous lequel nous le voyons.

Ceci posé, soit d la distance AT de l'étoile à la Terre ; la circonférence décrite avec d comme rayon a pour expression $2\pi d$; puisqu'elle contient 360° ou 1296000″, la longueur de l'arc de 1″ est $\dfrac{2\pi d}{1296000}$; d'ailleurs, cet arc se confondant avec le rayon de l'orbite terrestre que nous désignerons par R, nous avons

$$\text{arc } 1'' = R = \frac{2\pi d}{1296000};$$

d'où nous tirons

$$d = \frac{1296000 R}{2\pi}.$$

Mais $\dfrac{1296000}{2\pi} = 206265$, à une unité près ; donc

$$d = 206265 R.$$

Ainsi, si une étoile avait une parallaxe annuelle de 1″, sa distance à la Terre serait 206265 fois celle qui nous sépare du Soleil, c'est-à-dire, 206265 fois plus de 37 millions de lieues ; et, comme aucune étoile connue n'a une parallaxe aussi considérable, toutes sont encore plus éloignées de nous.

Pour avoir une idée de pareilles distances, nous pouvons les comparer au chemin que la lumière fait en un an. Nous verrons plus tard qu'elle franchit en $8^m 18^s$ ou en 498^s la distance du Soleil à la Terre; elle mettrait donc, pour nous arriver de l'étoile la plus voisine, 206265 fois 498^s ou 3 ans $\frac{1}{4}$ environ; de sorte que, si cette étoile s'éteignait tout à coup, nous la verrions encore briller pendant plus de trois ans. Or, la lumière parcourt 77000 lieues à la seconde. Si d'autres étoiles sont mille fois plus éloignées, leur lumière met donc plus de trois mille ans à nous parvenir !

38. A l'aide de procédés différents de celui que nous venons d'indiquer et fondés sur des *mesures héliométriques* (*), on est parvenu à déterminer la parallaxe annuelle et, par suite, la distance correspondante de quelques étoiles à la Terre. Le tableau suivant renferme les noms de celles qui ont donné les résultats les moins incertains. Leurs distances sont exprimées en rayons de l'orbite terrestre; nous avons de plus marqué le temps que leur lumière mettrait à nous parvenir.

NOMS des ÉTOILES.	PARALLAXE.	DISTANCES EN RAYONS de l'orbite terrestre.	RETARD de LA LUMIÈRE.
α du Centaure....	0″,91	226400	3ans,622
61e du Cygne....	0″,35	589380	9 429
Wéga de la Lyre.	9″,26	785600	12 570
Sirius..........	0″,15	1373000	21 968
Arcturus........	0″,127	1624000	25 984
La Polaire......	0″,106	1946000	31 136
La Chèvre.......	0″,046	4484000	71 774

39. Le vif éclat des étoiles, à cette immense distance, prouve qu'elles n'empruntent pas leur lumière au So-

(*) Voir la note I, à la fin du volume.

leil, comme les planètes et leurs satellites, mais qu'elles brillent par elles-mêmes; de sorte qu'on peut les considérer comme autant de soleils disséminés dans l'espace et qui, semblables au nôtre, échauffent et vivifient autant de systèmes planétaires. Le Soleil lui-même n'est sans doute qu'une simple étoile dont l'éclat et la chaleur sont relatifs à la distance qui nous sépare de lui. Transporté à la place de α du Centaure, il ne brillerait plus que comme une étoile de troisième grandeur.

Nous ne savons rien de certain sur les dimensions des étoiles, puisque, observées à l'aide des lunettes les plus puissantes, elles nous apparaissent toujours comme des points lumineux, que le fil du réticule de la lunette méridienne cache entièrement, quand elles passent derrière lui. Mais, pour être encore visibles à une distance si prodigieuse, il faut que leur volume soit immense. La Lune, qui n'est qu'à 96 000 lieues de la Terre, nous apparaît avec un disque aussi grand que celui du Soleil, parce que ce dernier est 400 fois plus éloigné. Or, nous verrons plus tard que la Lune n'est que la 50e partie de la Terre, laquelle est elle-même 1 300 000 fois plus petite que le Soleil. Si donc, à une distance de 37 000 000 de lieues, le disque du Soleil n'est pas plus grand que celui de la Lune, bien qu'en réalité le Soleil soit 65 millions de fois plus gros qu'elle, on ne sera pas surpris que la plus petite des étoiles, vue à des milliards de lieues, soit incomparablement plus grosse que l'astre qui nous éclaire.

40. Mouvements propres des étoiles. — Nous avons dit (2) que les étoiles conservaient invariablement entre elles leurs positions relatives. Cette fixité n'est pas absolument vraie, et il est maintenant établi que certaines étoiles ont un mouvement propre angulaire appréciable, qu'elles ne gardent pas les mêmes positions les unes par rapport aux autres, qu'elles finiront à la longue par sortir des constellations où nous les voyons aujourd'hui, que la dénomination de *fixes* ne leur convient pas. Voici quelques-unes de celles dont les mouvements propres annuels sont constatés avec le plus d'exactitude :

1° Dans la Grande Ourse, une étoile de 7° grandeur se déplace de 7″ par an.

2° La 61ᵉ du Cygne se déplace de 5″,3.

3° α du Centaure se déplace de 3″,58.

Si nous calculons en lieues, d'après les distances à la Terre que nous avons données précédemment pour ces mêmes étoiles, la vitesse de translation qu'elles possèdent, nous trouvons :

Pour la 61ᵉ du Cygne, 18 lieues par seconde.

Pour α du Centaure, 5 lieues par seconde.

« Ainsi, remarque Arago, auquel nous empruntons
« ces résultats, les corps que l'on avait cru pouvoir
« considérer, dans l'univers où tout s'agite, comme un
« exemple de fixité, sont précisément ceux qui pré-
« sentent les plus grandes vitesses dont on ait trouvé
« jusqu'ici la matière animée. » A cause de leurs distances énormes, les effets des déplacements des étoiles restent inaperçus.

41. Translation du Soleil dans l'espace. — Le mouvement propre des étoiles une fois constaté, les astronomes se sont demandé si le Soleil occupe une place fixe dans l'espace. Herschell, par une étude convenable de la question, reconnut que cet astre marche vers un point situé dans la constellation d'Hercule. Des observations postérieures ont pleinement confirmé le résultat obtenu par l'astronome anglais. D'après ces mêmes recherches, la vitesse de translation serait d'environ 2 lieues par seconde, soit plus de 63 millions de lieues par an, et cela depuis des siècles !!!

42. Nébuleuses. — On donne le nom de *nébuleuses* à des taches blanchâtres disséminées çà et là dans le ciel et qu'on aperçoit comme de petits nuages lumineux immobiles, dans les régions les moins riches en étoiles.

Parmi les nébuleuses, il en est qui ne sont autre chose que des amas stellaires, des mondes trop éloignés de nous pour qu'aucune vue puisse distinguer les soleils qui les composent. Mais, observées à l'aide de puissants télescopes, on les voit se résoudre en une multitude d'étoiles : on les nomme pour cela *nébuleuses résolubles*. D'autres, au contraire, ne donnent jamais la moindre apparence de décomposition en étoiles, même quand on les examine avec les plus forts grossissements : celles-là s'appellent *nébuleuses non résolubles* ou simplement *nébuleuses*. Elles paraissent constituées par une matière diffuse répandue dans l'espace.

La première nébuleuse, qui ait attiré l'attention des astronomes, est celle d'*Andromède*, située dans la constellation qui porte ce nom et observée en 1612 par Simon Marius. Depuis cette époque, les découvertes de ce genre se sont multipliées et le nombre des nébuleuses qu'on a cataloguées dépasse aujourd'hui 5000.

43. Nébuleuses résolubles. — Les nébuleuses résolubles se présentent sous les configurations les plus variées ; les unes, à la fois très-allongées et très-étroites, pourraient presque être prises pour de simples lignes lumineuses, droites ou serpentantes ; d'autres, ouvertes en forme d'éventail, ressemblent à l'aigrette qui s'échappe d'un point fortement électrisé; on en voit encore qui sont annulaires ou contournées en spirale. Mais la forme circulaire ou plutôt sphérique est celle qu'elles affectent le plus ordinairement. On remarque alors que l'intensité de la lumière va en croissant des bords au centre, le rayon visuel côtoyant un nombre d'étoiles d'autant plus grand qu'il s'éloigne plus de la circonférence.

Le nombre des étoiles contenu dans une nébuleuse globulaire peut être très-considérable ; on est parvenu à s'assurer qu'une nébuleuse, dont le diamètre est d'environ 10′, n'en renferme pas moins de 20000.

44. Nébuleuses non résolubles. — Les formes des nébuleuses ne paraissent pas susceptibles de définition ; elles n'ont aucune régularité. Il en existe à contours rectilignes, curvilignes, mixtilignes ; quelques-unes se terminent brusquement d'un côté, tandis que, sur le côté opposé, elles se fondent dans la lumière du ciel par une dégradation insensible ; d'autres projettent au loin de très-longs bras ou présentent, dans leur intérieur, de grands espaces obscurs. Toutes les figures fantastiques qu'affectent des nuages emportés, tourmentés par des vents violents et souvent contraires, se trouvent, dit Arago, dans le firmament des nébuleuses non résolubles.

Leur lumière est, en général, très-faible et uniforme ; quelques points particuliers, seulement, sont un peu plus brillants. Cette augmentation d'intensité semblerait être l'effet d'une force attractive qui condense la matière nébuleuse et l'amène peu à peu à l'apparence sidérale ; de sorte que nous assisterions, comme le dit encore Arago, à la formation de véritables étoiles.

45. Nébuleuses planétaires. — Herschell appelait ainsi des nébuleuses qui, par leur forme, ressemblent aux planètes de notre système ; elles sont circulaires ou légèrement elliptiques ; quelques-unes ont des contours nettement définis, d'autres semblent entourées d'une légère nébulosité. Leur lumière est également vive sur toute l'étendue du disque. La plus remarquable des nébuleuses planétaires est celle découverte par Méchain près de β de la *Grande Ourse*.

46. Étoiles nébuleuses. — Enfin, on désigne sous le nom d'*étoiles nébuleuses*, des étoiles proprement dites, entourées de nébulosités ou atmosphères lumineuses dépendant d'elles, faisant corps avec elles. Herschell supposait, qu'en se condensant graduellement, ces atmosphères peuvent se réunir aux étoiles centrales et augmenter leur éclat. Dans sa pensée, le premier état de la matière cosmique est celui des nébuleuses partout également brillantes ; le second état se manifeste par des condensations locales progressives, dont le résultat est, à la longue, une étoile nébuleuse ; puis la condensation, continuant à se produire, amène l'étoile nébuleuse à l'état d'étoile proprement dite.

C'est à l'avenir, ajoute M. Garcet, qu'appartient la solution de ces grandes questions. La science dira sans doute un jour s'il faut adopter ou rejeter les vues sublimes de l'astronome anglais.

47. Voie lactée. — Dans les nuits sereines et quand la lune n'est pas sur l'horizon, on aperçoit une zone lumineuse blanchâtre qui fait le tour entier de la sphère céleste et la partage du nord-ouest au sud-ouest en deux parties à peu près égales : c'est la *voie lactée* plus vulgairement appelée le *chemin de saint Jacques*.

La voie lactée est considérée comme une simple nébuleuse résoluble, comprenant notre soleil avec ses planètes et les étoiles distinctes que nous voyons de tous côtés. Herschell, à qui nous en devons une étude complète, a constaté que le champ de son télescope, qui embrassait une étendue d'environ 15′ ou le quart du disque de la lune, renfermait 300, 400, 500 et même 588 étoiles. Dans les parties où la lumière paraît plus condensée, l'œil appliqué à l'oculaire de l'instrument en voyait passer, dans le court intervalle d'un quart d'heure, le nombre prodigieux de 116000! C'est donc par milliards qu'il faut compter les étoiles de cette immense nébuleuse.

LIVRE DEUXIÈME

DE LA TERRE

CHAPITRE PREMIER

Phénomènes qui donnent une première idée de la forme de la Terre. — Parallèles, équateur, méridien terrestre. — Longitude et latitude géographiques.

48. Phénomènes qui donnent une première idée de la forme de la Terre. — Quelques auteurs de l'antiquité, ne considérant que l'apparence que présente la surface de la Terre, ont pensé qu'elle était plane. Cependant, une observation bien simple suffisait pour détruire cette erreur : c'est que les peuples des différentes parties du globe ne voient pas la Lune et les astres se lever au même instant, ce qui aurait lieu si la Terre était plane. Aussi n'a-t-on pas tardé à la regarder comme un corps à peu près rond : tout concourt d'ailleurs à prouver qu'elle a cette forme.

Lorsqu'un navire apparaît au loin à l'horizon, il n'est visible, même en partie, qu'à une certaine distance de l'observateur; au delà, il disparaît totalement. Supposons-le entré dans notre rayon visuel, nous ne l'apercevrons pas d'abord tout entier : les sommets des mâts se montreront avant la voilure et la voilure avant le corps du vaisseau; puis les différents étages apparaîtront successivement, à partir du plus élevé.

Pareillement, si le navire quitte le rivage et gagne la pleine mer, de la côte S, nous le verrons pendant un certain temps dans toute sa hauteur ab; mais bientôt

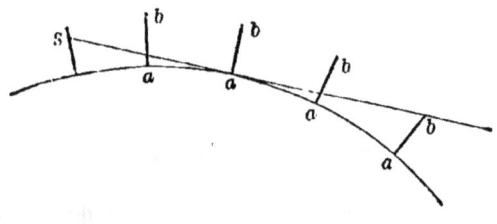

Fig. 18.

sa base a ne sera plus visible; puis, à leur tour, les voiles et les mâts sembleront s'abîmer dans les flots.

Il en sera de même des côtes à l'égard du navire : les hommes de l'équipage verront d'abord les hautes montagnes, puis les collines, les édifices les plus élevés avant de découvrir le rivage. En pleine mer, l'observateur monté sur un navire n'aperçoit d'abord que le haut de la mâture d'un autre navire qui s'approche : les voiles et le corps du bâtiment se montrent successivement à ses regards.

Ces phénomènes, se reproduisant partout de la même manière et avec les mêmes circonstances, prouvent que la surface des mers est convexe; car, si le navire se mouvait sur une surface plane, s'il ne disparaissait que par suite d'un affaiblissement de la vision causé par l'augmentation de distance, on perdrait de vue tout à la fois les ponts, les voiles et le sommet des mâts. D'un autre côté, nous pouvons conclure que la surface des continents a la même forme, puisqu'un phénomène analogue se présente lorsqu'on s'avance dans une vaste plaine. L'objet le plus lointain qu'on puisse apercevoir se confond dans le ciel : le sommet des montagnes se découvre avant leurs pieds, les clochers et les toits avant les édifices qu'ils surmontent.

49. Une nouvelle preuve de la convexité de la Terre est que l'étoile polaire semble s'élever de plus en plus au-dessus de l'horizon, à mesure qu'on s'avance vers le nord, et s'abaisser, au contraire, quand on marche dans une direction opposée.

Soient, en effet, O la position d'un observateur à la surface de la Terre, HH' son horizon et P l'étoile polaire : l'arc de cercle mP mesurera la hauteur de cette étoile au-dessus de l'horizon. Supposons maintenant que notre observateur s'avance en A, dans la direction du nord : son horizon, toujours perpendiculaire à la verticale, viendra prendre la position H"K ; mais la hauteur de l'étoile polaire devient PmH" ; ainsi, par l'effet du mouvement de l'observateur vers le nord, l'étoile polaire fait avec son horizon un angle qui va en augmentant. Il serait facile de voir que cet angle irait, au contraire, en diminuant, si l'observateur marchait vers le sud. Ceci résulte évidemment de la convexité du sol et ne peut s'expliquer qu'en admettant que la Terre est arrondie du nord au sud.

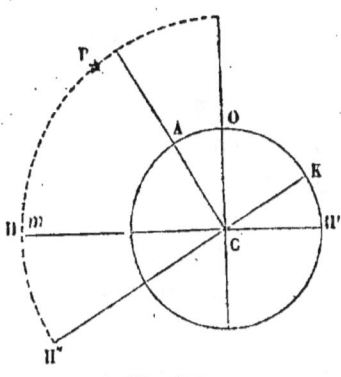

Fig. 19.

50. Les voyages de circumnavigation prouvent qu'il en est de même de l'est à l'ouest. On a fait mille fois, et on fait encore tous les jours le tour du monde en

marchant constamment dans cette direction. Le premier qui tenta cette entreprise hardie fut le capitaine portugais Magellan. Parti d'Espagne, il traversa l'Amérique par le détroit qui porte son nom, aborda aux Moluques où il perdit la vie; puis ses vaisseaux revinrent en Europe en se dirigeant toujours de l'est à l'ouest.

51. Enfin, lorsque nous étudierons les éclipses de Lune, nous dirons qu'elles ont pour cause l'ombre portée par la Terre du côté opposé au Soleil. Or, l'échancrure déterminée sur la Lune par cette ombre dans une éclipse partielle est toujours circulaire : il faut conclure de là que le cône d'ombre est aussi lui-même circulaire; mais il n'y a qu'un corps sphérique, ou à peu près sphérique, qui puisse porter un cône d'ombre ayant toujours cette forme. Concluons donc de tout ce qui précède que la Terre est convexe et cherchons maintenant quelle est sa forme précise.

52. On a remarqué qu'à partir de l'équateur, soit qu'on marche vers le nord ou qu'on s'avance vers le sud, les chemins parcourus sur un même méridien sont proportionnels aux variations qu'éprouve la hauteur de l'étoile polaire. Or, les chemins parcourus sont des arcs, puisque nous venons d'admettre la convexité comme forme générale de la Terre, et les variations de hauteur ne sont autre chose que les variations d'un angle. La géométrie élémentaire nous apprend que, dans ce cas, les chemins parcourus doivent être des arcs de cercle ou, en d'autres termes, que la Terre est *sphérique*. Toutefois, comme nous le verrons plus tard, il faut apporter une certaine restriction à cette conclusion.

53. Les inégalités que nous voyons à la surface de la

Terre, les grandes montagnes qui nous paraissent si énormes, n'altèrent pas sensiblement sa forme sphérique. Les aspérités dont la peau d'une orange est recouverte n'empêchent pas que pour tous la forme de ce fruit ne soit globulaire. Or, les plus hautes montagnes, si nous les comparons aux dimensions de la Terre, sont plus petites que les rugosités de la peau d'une orange.

54. Pôles, équateur, méridien, parallèles terrestres. — Nous venons d'admettre que la Terre est à peu près sphérique ; d'ailleurs, à cause de l'énorme distance qui nous sépare des étoiles, elle peut être considérée comme un point dans cette immensité, et nous pourrons supposer que son centre coïncide avec celui de la sphère céleste.

Ceci posé, l'axe du monde deviendra l'*axe terrestre*, et nous appellerons *pôles de la Terre* les deux points où cet axe perce la surface de notre globe.

L'*équateur terrestre* sera le grand cercle suivant lequel l'équateur céleste coupe la Terre ; ou, ce qui est la même chose, un grand cercle perpendiculaire à l'axe terrestre.

Nous définirons le *méridien d'un lieu* le grand cercle passant par les pôles de la Terre et par ce lieu : c'est encore l'intersection de la Terre avec le méridien céleste de ce lieu.

Si nous imaginons des cônes ayant leur sommet au centre de la Terre et pour bases les différents parallèles célestes, les intersections de ces cônes avec la Terre seront de petits cercles parallèles à l'équateur : on les appelle *parallèles terrestres*.

55. Latitude et longitude géographiques. — La position d'un point M à la surface de la Terre sera parfaitement déterminée, si nous connaissons l'arc d'équateur CA compris entre un certain méridien fixe PCP' et le méridien du point M, et l'arc de méridien AM compris entre ce même point et l'équateur. Le premier arc est la *longitude* et le second la *latitude géographique* d'un lieu M. L'arc AM mesure, comme nous le voyons, l'angle que fait la verticale OZ du lieu M avec l'équateur ; et l'arc CA mesure l'angle dièdre du méridien du lieu M et du méridien fixe PCP'; donc :

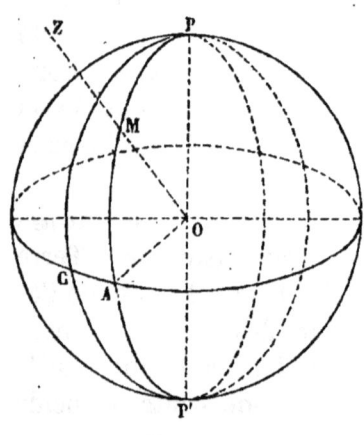

Fig. 21.

La latitude d'un lieu est l'angle que fait la verticale de ce lieu avec l'équateur, cet angle étant mesuré par l'arc de méridien compris entre ce lieu et l'équateur. La latitude se compte de 0° à 90°, en allant de l'équateur aux pôles ; elle est *boréale* ou *australe*, ou bien *positive* ou *négative*, suivant que le lieu considéré est dans l'hémisphère boréal ou dans l'hémisphère austral.

La longitude d'un lieu est l'angle dièdre du méridien de ce lieu avec un méridien fixe ; angle mesuré par l'arc d'équateur compris entre les deux méridiens. La longitude peut varier de 0° à 180° ; elle est *orientale* ou *occidentale*, suivant que le lieu se trouve à l'est ou à l'ouest du méridien fixe.

La latitude et la longitude forment les *coordonnées géographiques* d'un lieu : elles sont analogues aux coordonnées célestes que nous avons appelées la déclinaison et l'ascension droite et qui nous ont servi à fixer la position des étoiles dans le ciel. La latitude correspond à la déclinaison et la longitude à l'ascension droite.

56. Le méridien fixe PCP′, à partir duquel nous avons compté la longitude, se nomme *premier méridien*. Autrefois, tous les pays avaient adopté avec Ptolémée un premier méridien unique qui passait par l'île de Fer, la plus occidentale des Canaries ; et, comme le monde connu des anciens ne s'étendait pas au delà, toutes les longitudes étaient orientales. Aujourd'hui, chaque nation a son premier méridien : c'est ordinairement celui qui passe par son observatoire principal ; pour nous, c'est le méridien de l'observatoire de Paris ; pour l'Angleterre, c'est celui de Greenwich. Cette différence dans le point de départ des longitudes est sans inconvénient, dès qu'on connaît la distance angulaire des divers premiers méridiens. Ainsi, Greenwich étant à 2° 20′ 9″,4 ouest du méridien de Paris, toutes les longitudes rapportées à ce dernier devront, pour se rapporter à celui de Greenwich, être augmentées de 2° 20′ 9″,4 si elles sont orientales, et diminuées d'autant si elles sont occidentales.

57. Détermination de la latitude sur terre. — Supposons la Terre réduite à un point O et figurons la sphère céleste (*fig.* 22). Soient EE′ l'équateur, PP′ l'axe du monde, OZ la verticale d'un lieu et HH′, son horizon. L'angle POH est la hauteur du pôle et l'angle ZOE′ ce que nous venons d'appeler la latitude du lieu. Or ces deux angles ayant le même complément ZOP sont égaux entre eux ; donc, *la latitude d'un lieu est égale à la hauteur du pôle en ce lieu.*

Ainsi, la détermination de la latitude revient à la mesure de la hauteur du pôle. Nous avons vu (16) que celle-ci peut s'obtenir en prenant avec le théodolite les distances zénithales d'une même étoile à ses passages supérieur et inférieur au méridien. Cette méthode, très-bonne et très-précise pour les observatoires à poste fixe, exigeant deux observations à 12 heures d'intervalle, n'est pas commode pour le géographe voyageur : voici comment il opère.

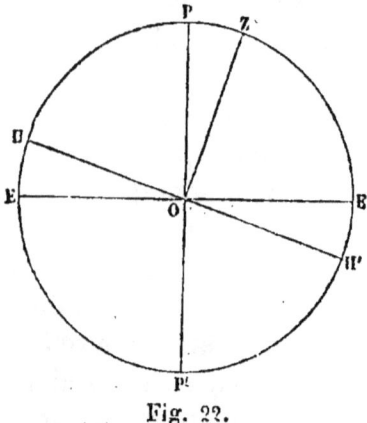

Fig. 22.

Il choisit une étoile dont la déclinaison D, calculée à l'avance, se lit dans le recueil de la *Connaissance des temps* publié par le Bureau des Longitudes ; puis il mesure la distance zénithale Z de cette étoile à sa culmination. La déclinaison, plus ou moins la distance zénithale, est la latitude du lieu. Nous savons, en effet, qu'en désignant par φ la hauteur du pôle ou la latitude, nous avons (25)

$$D = Z \pm \varphi;$$

d'où nous tirons

$$\varphi = D \mp Z,$$

le signe — s'appliquant aux étoiles qui passent entre le zénith et le pôle et le signe + à celles qui passent entre le zénith et l'équateur.

58. Latitude en mer. — Les marins déterminent

la latitude en évaluant, à l'aide du sextant (*), la hauteur méridienne du soleil dont la déclinaison, pour le jour de l'observation, est donnée par la *Connaissance des temps*: le complément de cette hauteur est la distance zénithale de l'astre. La déclinaison, plus ou moins la distance zénithale du soleil, est encore la latitude du point considéré.

59. Détermination de la longitude. — Pour déterminer la longitude d'un lieu, nous nous appuierons, comme nous l'avons fait pour la mesure des ascensions droites (24), sur le mouvement diurne apparent de la sphère céleste. Nous nous rappelons que, par suite de ce mouvement, une étoile rencontre successivement les plans des différents méridiens terrestres ; par conséquent, si nous pouvons connaître le temps qui s'écoule entre le passage de cette étoile au premier méridien et son passage au méridien d'un lieu, ce temps multiplié par 15 nous donnera la valeur de l'angle des deux méridiens ou la longitude de ce lieu, car nous remarquerons que l'étoile, décrivant en 24 sidérales une circonférence de cercle ou 360°, en décrit la 24ᵉ partie ou 15° en une heure ; en une minute, en une seconde de temps, elle décrit 15 minutes, 15 secondes de degré.

Tout se réduit donc, pour avoir la longitude d'un lieu, *à déterminer le temps sidéral qui s'écoule entre le passage d'une même étoile au premier méridien et son passage au méridien de ce lieu ; ou bien, ce qui est la même chose, la différence des heures marquées au même instant par deux pendules réglées sur les pas-*

(*) Voir, pour la description et les usages de cet instrument, la note II, à la fin du volume.

sages respectifs d'une même étoile à ces méridiens.

Deux procédés peuvent servir à trouver cette différence d'heures: le procédé des *chronomètres portatifs* et le procédé des *signaux instantanés.*

60. Détermination de la longitude par les chronomètres portatifs. — On règle un chronomètre sous le premier méridien, par exemple, sous le méridien de Paris, c'est-à-dire, on lui fait marquer $0^h\ 0^m\ 0^s$ au moment du passage à ce plan d'une étoile connue ; transporté partout ailleurs, ce chronomètre continuera à donner l'heure de Paris. Si donc, en un lieu m, on règle un second chronomètre *sur la même étoile,* en le comparant avec le premier, on aura la différence des heures d'où dépend la longitude. Admettons que cette différence soit de $3^h\ 7^m 10$, en multipliant ce temps par 15, on trouve $46°\ 47'\ 30''$ pour la longitude du lieu m.

Ce procédé, qui est le plus direct et le plus facile, suppose que le chronomètre, réglé sous le premier méridien, conserve une marche parfaitement régulière, condition qui peut n'être pas toujours remplie. Il est donc prudent d'en emporter plusieurs ; on prend alors la moyenne de leurs indications.

61. Détermination de la longitude par les signaux instantanés. — La télégraphie électrique peut servir admirablement à cet usage. En effet, la vitesse des signaux électriques est telle, que nous pouvons regarder comme ne formant qu'un seul et même instant le moment du départ et celui de l'arrivée d'un signal, quelle que soit la longueur de la distance franchie. Que deux observateurs, placés en deux stations de la ligne électrique, règlent leurs chronomètres sur une même étoile et que l'un envoie un signal à l'autre en notant, le premier l'heure exacte du départ, le second celle de l'arrivée, il leur suffira de se communiquer leurs résultats, pour calculer immédiatement la différence des heures comptées au même instant sous les deux méridiens, et, par suite, la longitude de l'un des lieux par rapport à l'autre. C'est ainsi que les directeurs des observatoires de Paris et de Greenwich ont déterminé la différence des latitudes des deux lieux, et qu'ils ont trouvé 2° 20′ 9″,4, au lieu de 2° 20′ 24″ que l'on comptait auparavant.

Avant la découverte de la télégraphie électrique, *Cassini* avait indiqué la méthode des *signaux de feu*. Quand on brûle en plein air, pendant la nuit, quelques hectogrammes de poudre, il se produit une vive et subite clarté qui illumine le ciel et qui, dans les circonstances ordinaires, peut être aperçue à 100 kilomètres à la ronde; elle peut servir à la détermination des longitudes. Soient, en effet, A et B deux points du globe dont on veut connaître la longitude l'un par

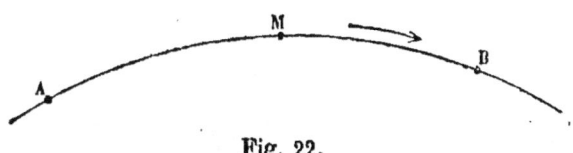

Fig. 22.

rapport à l'autre. Deux observateurs, munis de chronomètres réglés sur le passage d'une même étoile à leurs méridiens respectifs, sont placés l'un en A, l'autre en B. Un troisième observateur, placé dans une station intermédiaire M, allume des feux de poudre à des moments convenus d'avance. Les deux observateurs A et B remarquent chaque signal et notent l'heure correspondante sur leurs chronomètres; ils en déduisent,

4

comme plus haut, la différence des longitudes des points A et B.

Si les deux lieux étaient éloignés de plus de 200 kilomètres, on établirait des stations intermédiaires, alternativement occupées par des signaux et par des observateurs.

62. L'apparition des phénomènes célestes, tels que les éclipses de Lune, des satellites de Jupiter, les occultations d'étoiles, etc., phénomènes visibles, au même instant, des points les plus éloignés de la surface de la Terre, sont des signaux instantanés naturels qui peuvent aussi servir à la détermination des longitudes. La *Connaissance des temps* donne pour Paris le moment précis de ces phénomènes. En observant l'heure de leur apparition, dans le lieu dont on veut avoir la longitude, on connaîtra la différence des heures de Paris et de ce lieu et, par suite, sa longitude elle-même.

63. **Longitude en mer.** — La détermination de la longitude en mer n'est pas aussi facile. L'usage du *sextant* devient alors indispensable pour calculer l'heure du lieu où l'on se trouve. Nous renvoyons, pour cette question, aux traités plus complets.

64. Une conséquence curieuse et maintenant facile à expliquer du mouvement diurne, c'est que, si deux voyageurs partaient ensemble d'un même lieu et revenaient en même temps, après avoir fait le tour entier de la Terre en se dirigeant toujours l'un à l'ouest et l'autre à l'est, le premier compterait un jour de moins, le second un jour de plus que les habitants restés au lieu de départ. En effet, chaque voyageur compte les jours par le passage des astres aux méridiens des lieux qu'il occupe successivement. Or, à mesure qu'on s'avance vers l'ouest, le chronomètre réglé au lieu de départ retarde

d'une heure pour chaque distance parcourue de 15° en longitude. On a donc un retard de 12 heures à 180°, et d'un jour entier à 360°, c'est-à-dire qu'au retour on a compté, d'après les divers méridiens successivement traversés, un jour de moins que le chronomètre n'en a marqué, ou bien que n'en ont compté les habitants du lieu fixe dont le chronomètre a conservé l'heure. La même chose a lieu évidemment en sens contraire pour le voyageur qui s'avance constamment vers l'est. Ainsi les compagnons de Magellan croyaient être au 20 septembre en rentrant dans le port de San-Lucar, d'où ils étaient partis, tandis que les habitants de la ville comptaient le 21; ils avaient donc bien perdu un jour.

CHAPITRE II

Valeurs numériques des degrés mesurés en France, en Laponie, au Pérou et rapportés à l'ancienne toise. Leur allongement à mesure qu'on s'approche des pôles. — Aplatissement de la Terre. — Longueur du mètre.

65. Mesure d'un arc de méridien. — Nous avons admis, à une première approximation, que la Terre était une sphère. Pour vérifier si telle est réellement la figure de notre globe, il suffira de mesurer avec soin, à différentes latitudes, des arcs de méridien et d'évaluer le nombre de degrés qu'ils renferment, en les supposant circulaires ; puis de comparer les unes avec les autres toutes les mesures obtenues. Nous pourrons conclure que la Terre est ou n'est pas sphérique, suivant que les résultats concorderont entre eux ou présenteront des différences notables.

La longueur d'un arc de méridien a été déterminée directement avec des règles placées les unes à la suite des autres, en Pensylvanie, pays de plaines parfaitement unies. Mais, en général, cette mesure directe n'est pas possible, à cause des obstacles et des inégalités de terrain qu'on rencontre ; il faut alors avoir recours à l'opération géodésique nommée *triangulation :* nous nous contenterons d'indiquer la marche suivie dans ce travail.

Soit AB l'arc de méridien dont on veut connaître la longueur ; après avoir d'abord fixé sa direction par le procédé ordinaire (11), on mesure directement, et avec toute l'exactitude possible, une base AC, allant de l'extrémité A à une première station C ; puis on rattache cette base à un réseau de triangles dont les sommets, alternativement de part et d'autre de la méridienne, sont des points remarquables, visibles des stations voisines. On évalue au théodolite les angles de tous ces triangles. Les formules de la trigonométrie permettent alors d'en calculer les côtés et, par suite, les

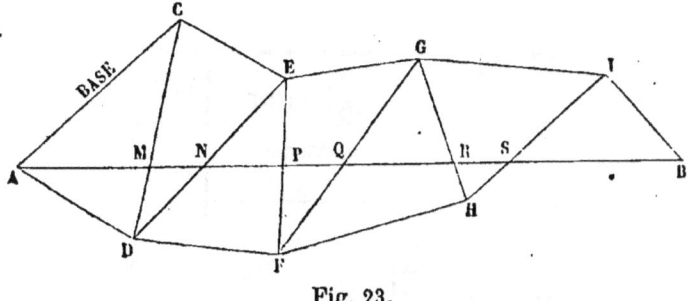

Fig. 23.

parties AM, MN....... de l'arc de méridien AB comprises dans chacun d'eux.

Si l'on ne pouvait pas mesurer directement une base AC, aboutissant au point A, on en mesurerait une autre, dans une plaine voisine ; on relierait cette dernière à AC, et, par là même, au réseau des triangles, au moyen de triangles auxiliaires dont on calculerait d'abord les éléments de la manière que nous venons d'indiquer.

L'opération terminée, on la vérifie en mesurant directement une nouvelle base BI et en comparant sa longueur à celle donnée par le calcul.

4.

Quant au nombre de degrés que renferme l'arc de méridien AB, il est facile de reconnaître qu'il est égal à la différence des latitudes des extrémités A et B ; on l'obtiendra donc en déterminant les latitudes de ces deux points (57) et en prenant la différence. La longueur de l'arc AB divisée par sa valeur en degrés donnera pour quotient la longueur de l'arc d'un degré.

66. Allongement de l'arc d'un degré à mesure qu'on s'avance vers les pôles. — L'opération, que nous venons d'exposer d'une manière sommaire, a été exécutée sous différentes latitudes. Voici les résultats obtenus pour la longueur de l'arc d'un degré.

NOMS DES STATIONS.	LATITUDES MOYENNES.	LONGUEUR EN TOISES de l'arc d'un degré.
Pérou....................	1° 31′ 1″	56736,81
Inde.....................	12° 32′ 21″	56762,30
France...................	46° 8′ 6″	57024,64
Angleterre..............	52° 2′ 20″	57066,06
Laponie..................	66° 20′ 10″	57196,16

A l'inspection de ce tableau, nous voyons que la longueur de l'arc d'un degré n'est pas la même partout ; qu'elle va continuellement en augmentant depuis l'équateur jusqu'aux pôles. Nous devons conclure de là que la Terre n'est pas une sphère.

67. La Terre est aplatie vers les pôles et renflée à l'équateur. — Quelle est donc la forme du méridien terrestre ? Si, comme l'enseigne la géologie, la Terre a été fluide à l'origine, nous pouvons, en nous fondant sur les lois mécaniques de la rotation, conjecturer qu'elle a pris, sous l'influence de la force centrifuge, la figure d'un ellipsoïde de révolution autour de l'axe des pôles. Admettons pour un instant cette nouvelle hypothèse. Les méridiens ne sont plus des cercles ; ils sont des ellipses égales ayant toutes l'axe des pôles PP' pour petit axe. Les verticales, aux divers points A,A'..... de la surface terrestre, sont encore les normales AZ, AZ'....; mais ces normales ne vont plus se rencontrer en un même point. La latitude d'un point A, ou l'angle que la verticale AZ fait avec le plan de l'équateur EE', est toujours égale à la hauteur du pôle au-dessus de l'horizon ; mais elle ne se mesure plus par l'arc AE qui est un arc elliptique. Par suite, lorsqu'on considère un arc AA' du méridien et que l'on construit les normales AZ,

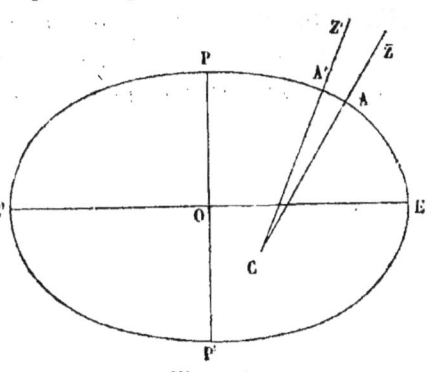

Fig. 24.

A'Z' correspondant à ses extrémités, l'angle C de ces deux verticales, différence des angles que chacune d'elles fait avec le plan de l'équateur, est l'angle que nous avons évalué sous le nom de différence des latitudes (65). Si l'arc AA' est suffisamment petit, ce qui a toujours lieu dans les opérations de cette nature, les deux longueurs AC, A'C sont à très-peu près égales, et l'arc elliptique AA' se confond sensiblement avec un arc de cercle qui aurait C pour centre et CA pour rayon. Par conséquent, ce qu'il nous faut appeler maintenant *arc d'un degré* sur un méridien elliptique, et ce que nous avons réellement mesuré comme tel (65), *c'est un arc AA', tel que les verticales menées à ses extrémités forment un angle d'un degré*, ou, ce qui revient au même, *un arc tel que la différence des latitudes extrêmes est d'un degré*.

Remarquons d'ailleurs avec soin, que toutes ces généralisations et leurs conséquences sont indépendantes de la forme de la courbe méridienne ; elles conviennent à une courbe quelconque, comme à une ellipse.

Cela posé, nous pouvons apprécier la courbure d'une courbe, en ses différents points, à l'aide de la longueur de l'arc intercepté entre deux normales extrêmes, faisant un angle constant, mais très-petit ; car, plus l'arc AA' correspondant à l'angle d'une seconde sera grand, plus grand sera le chemin que l'observateur aura à faire pour que son horizon s'incline d'une seconde ; et moins la courbure sera prononcée, moins l'arc différera d'une ligne droite. Si nous appliquons ce moyen de comparaison à l'ellipse EPE'P', dont la courbure diminue évidemment lorsqu'on va de E en P, nous reconnaîtrons aisément qu'un arc AA' d'un degré, pris vers le point E, est plus petit qu'un arc BB' d'un degré, pris vers le point P ; c'est-à-dire que *les degrés du méridien elliptique vont en augmentant de E en P*.

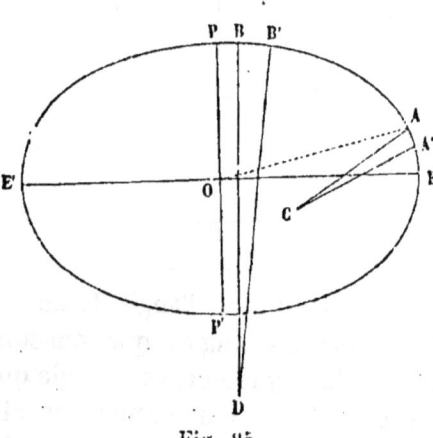

Fig. 25.

Or, c'est là précisément ce que démontre la mesure directe du méridien : nous devons donc admettre que *la courbe méridienne est, comme l'ellipse, aplatie aux pôles et renflée à l'équateur.*

Ce qui précède ne suffit pas, sans doute, pour nous donner le droit de conclure que le méridien terrestre est une ellipse ; mais la géométrie analytique permet de résoudre affirmativement la question. Ainsi, *la Terre peut, sans erreur sensible, être considérée comme un ellipsoïde de révolution aplati aux pôles et renflé à l'équateur* (*).

68. Aplatissement. — Si nous désignons par a le demi grand axe de l'ellipse méridienne et par b son demi petit axe, le rapport

$$\frac{a-b}{a},$$

c'est-à-dire, le rapport de la différence des deux axes au grand axe, s'appelle *aplatissement*. La valeur de ce rapport est, comme nous le verrons tout à l'heure, égale à $\frac{1}{199}$ environ. Ainsi la figure de la Terre ne diffère pas beaucoup de celle d'une sphère ; car, le grand axe étant représenté par une longueur de 299 mètres, le petit le serait par une longueur de 298 mètres. Nous pourrons donc, dans le plus grand nombre des cas, continuer à la regarder comme parfaitement sphérique.

69. Longueur du mètre. — Lorsque la Conven-

(*) Le numéro 67 est textuellement emprunté à l'excellent ouvrage de M. Garcet : *Leçons nouvelles de cosmographie*. (Paris, librairie Ch. Delagrave et Cie.)

tion nationale décida que l'unité de longueur, base du système uniforme des poids et mesures qu'elle voulait établir en France, serait prise dans la nature, c'est-à-dire, aurait un rapport simple avec les dimensions de la Terre, elle ordonna qu'il serait procédé à la détermination aussi exacte que possible de ces dimensions. En exécution de cet ordre, *Delambre* et *Méchain* mesurèrent l'arc de méridien compris entre Dunkerque et Barcelone. La commission des poids et mesures, combinant leurs résultats avec ceux qu'on avait précédemment obtenus au Pérou et en Laponie, adopta comme ellipse méridienne celle dont le quart avait 5130740 toises. La dix-millionième partie de cette longueur fut choisie sous le nom de *mètre* pour unité de longueur. La valeur du mètre fut donc fixée à $0^{toise},5130740$, ou bien $3^{pieds} 0^{pouce} 11^{lignes},296$.

De nouvelles mesures ont été exécutées depuis à l'étranger et même en France par *Biot* et *Arago* qui prolongèrent jusqu'à Formentéra, l'une des Baléares, l'arc de méridien mesuré par *Delambre* et *Méchain*. De tous ces travaux l'astronome allemand *Bessel* a déduit les éléments les plus exacts que nous possédions aujourd'hui pour la forme et les dimensions de la Terre. Le quart du méridien est de 5131180 toises; de sorte que la longueur adoptée, lors de la mise en vigueur du système métrique, est trop faible de 440 toises. Cette erreur, très-petite en elle-même, rend le mètre trop court de $0^l,038$; mais il n'en reste pas moins fixé à la valeur légale que nous avons donnée plus haut.

Voici les autres dimensions de notre globe :

Circonférence du méridien	40003424^m.
Circonférence de l'équateur	40070376^m.

Demi grand axe, ou rayon de l'équateur   6377398^m.
Demi petit axe, ou rayon polaire   6356080^m.

Par suite, ce que nous avons appelé aplatissement (68), ou le rapport $\frac{a-b}{a}$ de la différence des deux axes au grand axe, sera

$$\frac{21318^m}{6377398} = \frac{1}{299,15}$$

La surface totale de la Terre est de 509950820 kilomètres carrés et son volume de 1082841000000 kilomètres cubes. Lorsqu'il ne s'agit pas de calculs d'une grande précision, on prend pour la circonférence de la Terre 40000 kilomètres et 6366 kilomètres pour son rayon moyen.

70. En terminant ce que nous avions à dire de la Terre, nous ajouterons quelques mots pour montrer l'absurdité de cette croyance primitive qui prétend que notre globe, étant un corps isolé dans l'espace, doit tomber dans l'abîme et que nos antipodes ne peuvent se soutenir la tête en bas sur le sol.

Il est facile de voir que cette erreur est due à la fausse idée que l'on se fait de la pesanteur. Cette force, qui réside dans l'intérieur du globe, agit pour attirer vers le centre de la Terre les corps qui sont placés à sa surface. Il est aussi aisé de comprendre que la Terre n'a besoin d'aucune force pour la soutenir dans l'espace, si elle n'est attirée vers aucune région par une force extérieure. Pour elle, le mot *tomber* n'a aucun sens.

CHAPITRE III

Cartes géographiques. — Projections orthographiques et stéréographiques. — Mappemonde. — Carte de France.

71. Cartes géographiques. — La Terre, d'après ce que nous venons de voir dans le chapitre précédent, est un corps à peu près sphérique et peut, par conséquent, être représentée par un globe à la surface duquel, en traçant des méridiens et des parallèles ou cercles de longitude, il sera facile de placer tous les lieux dans leurs positions relatives. Mais, comme aucune partie d'une surface sphérique n'est rigoureusement développable, c'est-à-dire, ne peut être étendue sur un plan sans déchirure ni duplicature, la construction des cartes géographiques, *destinées à représenter sur une surface plane des parties plus ou moins étendues de la surface de la Terre*, offre des difficultés que de tout temps on a cherché à vaincre.

Pour arriver à ce but, on a inventé plusieurs méthodes de construction qui varient suivant le cas. S'agit-il d'une *mappemonde* ou carte destinée à donner en entier un hémisphère ou les deux à la fois? On fait usage des projections dites *orthographiques* ou de celles dites *stéréographiques*. Les cartes particulières se construisent à l'aide de *développements*.

LIVRE II. — DE LA TERRE.

72. Projections orthographiques. — Rappelons d'abord quelques principes de géométrie descriptive.

On sait que la projection orthographique d'un point A sur un plan MN est le pied a de la perpendiculaire abaissée de ce point sur le plan. La projection d'une droite AB sera la droite ab qui joint les pieds des perpendiculaires Aa, Bb abaissées des deux extrémités A et B de la droite sur le plan de projection MN.

On démontre encore : 1° *que la projection d'un cercle, sur un plan parallèle au sien, est un cercle de rayon égal ;*

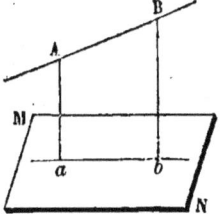

Fig. 26.

2° *Que la projection d'un cercle, sur un plan perpendiculaire au sien, est une ligne droite ; ou mieux encore, le cercle, dans ce cas, se projette suivant un de ses diamètres ;*

3° *Que la projection du cercle dont le plan est oblique au plan de projection, est une ellipse.*

Ces principes admis, il nous sera facile, que le plan de projection soit un méridien ou l'équateur, de construire le réseau des méridiens et des parallèles dont les intersections nous feront connaître les positions des différents points du globe (55).

Fig. 27.

73. Projection sur un méridien. — Soit (*fig.* 27) le plan du papier le plan de ce méridien ; d'après les principes de géométrie descriptive que nous venons de rappeler, l'axe du monde, qui est situé dans ce plan, sera à lui-même sa projection et en même temps celle du méridien perpendiculaire à celui sur lequel on projette. Quant aux autres méridiens, leurs projections seront des ellipses ayant toutes pour grand axe la ligne des pôles. L'équateur, étant perpendiculaire au méridien choisi pour plan de projection, sera représenté par une droite ; les parallèles se projetteront également suivant des droites parallèles à la projection de l'équateur.

74. Projection sur l'équateur. — Soit (*fig.* 28) le cercle de l'équateur. 1° Le pôle se projettera au centre de ce cercle. 2° Les méridiens, étant perpendiculaires à l'équateur, auront pour projection des droites qui irradient du centre. 3° L'angle de deux méridiens quelconques est mesuré par l'angle de leurs projections. 4° Tout parallèle est représenté par un cercle concentrique à l'équateur.

Fig. 28.

75. Ce système de représentation d'un hémisphère offre un inconvénient qui fait qu'il n'est employé que dans la construction des cartes des astres. Il est, en effet, aisé de reconnaître que les arcs de méridien et de parallèles, placés au sommet de l'hémisphère, se projettent à peu près dans leur grandeur réelle ; mais, à mesure que ces arcs s'inclinent par rapport au plan de projection, ils sont représentés par des longueurs

de plus en plus petites. En résumé, dans ce système, les parties centrales sont représentées en vraie grandeur ; et, plus on s'approche des bords de la carte, plus les contours sont déformés. Les étendues de terrain les plus grandes arrivent à ne plus occuper que des espaces marqués par de simples traits.

Cependant, comme nous venons de le dire, on fait usage des projections orthographiques dans la construction des cartes de la Lune et des planètes, etc., parce que la surface des astres se montre à nous précisément sous l'aspect qui résulte d'une telle projection ; car la distance des astres à la Terre est telle, que les rayons visuels, allant aux différents points de leur partie visible, peuvent être considérés comme parallèles entre eux et comme perpendiculaires au plan de leur disque.

76. Projections stéréographiques. — Si l'on joint par des droites un point O à différents points A,

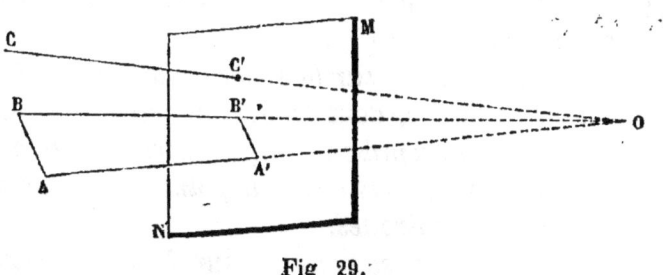

Fig 29.

B, C... placés comme on voudra dans l'espace, les traces A', B', C', de ces droites sur un plan fixe MN, ou *plan du tableau*, sont les *perspectives* des points A, B, C... pour un spectateur dont l'œil serait placé au point O, qu'on appelle *point de vue*. Il est évident que la perspective d'une figure sera la perspective de tous ses points. Nous pouvons conclure de là : 1° *que la perspective d'une droite* AB *sera la trace, sur le tableau, du plan* AOB *mené par cette droite et le point de vue;*

2° *Que la perspective d'une figure plane quelconque, dont le plan passe par le point de vue, est une droite d'intersection de deux plans ;*

3° *Que la perspective d'une courbe quelconque est la trace, sur le tableau, d'un cône ayant l'œil pour sommet et la courbe pour directrice.*

Ceci posé, nous appellerons *projection stéréographique* d'un point, d'une ligne, d'une figure quelconque, la *perspective* de ce point, de cette ligne, de cette figure. Ce genre de projection est très-propre à la construction des mappemondes. Quand on prend pour plan de tableau un grand cercle de la sphère, l'œil étant placé à une des extrémités du diamètre perpendiculaire au plan de ce cercle, la projection stéréographique jouit de deux propriétés importantes qui sont la conséquence des principes que nous venons de rappeler : elles s'énoncent ainsi (*) :

1° *Tout cercle tracé sur la sphère, quel qu'il soit, méridien ou parallèle, dont le plan ne passe pas par le point de vue, est représenté par un cercle sur la carte. Ceux dont le plan passe par le point de vue sont représentés par des droites.*

2° *Si deux lignes se coupent sur la sphère sous un certain angle, leurs projections se coupent sous le même angle sur la carte.*

La première de ces deux propriétés permet de tracer très-facilement le canevas de la carte, puisque ce ca-

---

(*) Voir, pour la démonstration de ces deux propriétés, la note III, à la fin du volume.

nevas, formé de la représentation d'un certain nombre de parallèles et de méridiens, ne se compose que d'arcs de cercle.

De la seconde propriété en découle une autre de la plus grande importance : c'est que toute portion de la surface terrestre, assez petite pour être considérée comme plane ou à peu près plane, est représentée par une figure semblable sur la carte ; car tous les triangles dans lesquels cette figure peut se décomposer sont représentés dans le canevas par des triangles qui ont les mêmes angles et leur sont, par conséquent, semblables. Or, on sait que deux figures, composées d'un même nombre de triangles semblables et semblablement placés, sont semblables entre elles.

77. Ainsi, la projection stéréographique ne déforme pas les figures très-petites placées n'importe où sur la sphère. Toutes les dimensions d'une même figure sont réduites dans le même rapport. Malheureusement, ce rapport varie avec la position de la figure sur le globe. Près des bords, la réduction est presque nulle, tandis que vers le centre elle est de près de moitié. Considérons, en effet, un élément PQ se projetant vers le centre ; cet élément pouvant être regardé comme parallèle au tableau, les deux triangles PVQ, pVq sont semblables ; on a donc :

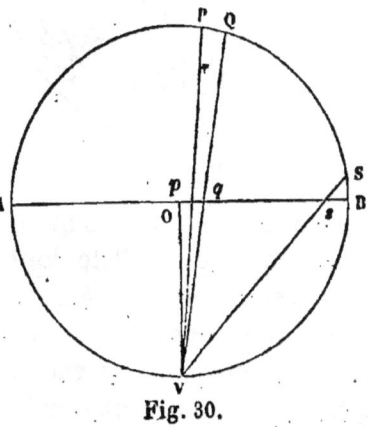

Fig. 30.

$$\frac{pq}{PQ} = \frac{pV}{PV}.$$

Or pV est sensiblement la moitié de PV, donc :

$$\frac{pq}{PQ} = \frac{1}{2}.$$

Au contraire, un élément voisin du bord se projette suivant une ligne Bs à peu près égale, la distance entre la surface sphérique et le tableau étant presque nulle.

78. Dans ce système, on prend ordinairement pour plan du tableau le plan d'un méridien, celui qui divise la sphère en ancien et nouveau monde ; alors le point de vue est l'extrémité de celui des rayons de l'équateur qui est perpendiculaire à ce méridien. La fig. 31 indique la disposition du canevas d'une carte ainsi construite. Les méridiens et les parallèles y sont représentés

Fig. 31.

par des arcs de cercles qui se coupent à angle droit ; le méridien et le parallèle dont le plan passe par le point de vue sont seuls représentés par des droites.

On prend aussi pour plan du tableau le plan de l'équateur, et le point de vue est au pôle opposé à l'hémisphère que l'on veut représenter. Les méridiens passant tous par le point de vue auront pour projections des droites irradiant vers l'équateur, et les parallèles seront représentés par des cercles concentriques. Dans ce cas, la disposition du canevas de la carte est la même que dans la figure 28.

Enfin, quand on veut que le point central de la carte soit un lieu déterminé de la Terre, on place le point de vue à l'extrémité du diamètre terrestre passant par ce lieu. La projection se fait alors sur le plan diamétral perpendiculaire à la verticale du lieu : ce plan est ce que nous avons appelé l'*horizon rationnel* de ce lieu : voilà pourquoi la projection est dite *sur l'horizon*.

79. Carte de France. — Nous avons dit que pour la construction des cartes particulières on opérait par *développement :* voici le système adopté, pour la construction de la carte de France, par les officiers du corps d'État-major.

Soient AA' le parallèle moyen de la France, PEP' son méridien moyen. Par le point E d'intersection du méridien et du parallèle, menons une tangente au

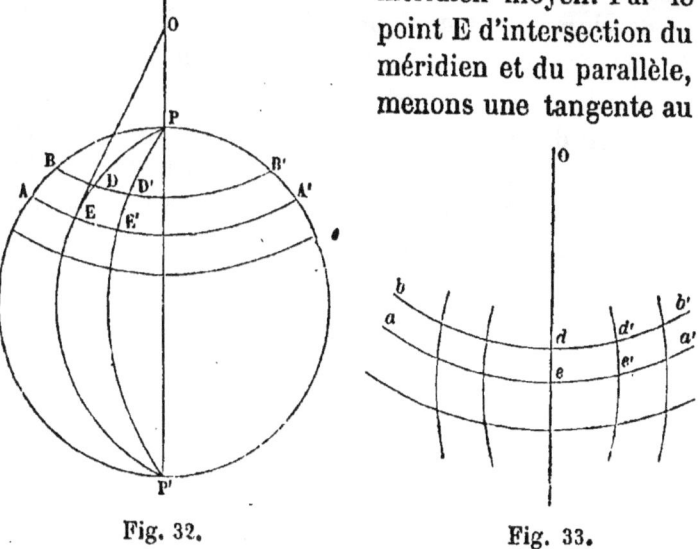

Fig. 32.   Fig. 33.

méridien moyen ; elle va couper l'axe du monde au point O ; et, d'après la latitude du lieu, on peut calculer sa longueur EO. Prenons cette longueur pour rayon, et, du point O (*fig. 33*) comme centre, décrivons un arc de cercle aa'. Cet arc représente le parallèle moyen et la droite Oe le méridien moyen.

Pour trouver toute autre parallèle BB', nous porterons sur Oe, à partir du point e, une longueur $ed=$ED ; et, du point O comme centre, avec un rayon égal à O$e-ed$, nous décrirons un arc de cercle bb'. Sur chacun des parallèles ainsi construits, nous prendrons, à partir de la ligne qui représente le méridien moyen, des arcs ce', dd', égaux aux arcs de parallèles EE', DD'... compris entre le méridien moyen et le méridien que nous voulons tracer ; et joignant par un trait continu les points correspondants e', d'... qui doivent être assez rapprochés, nous aurons ce méridien.

Ce procédé qui, dans ce qu'il a d'essentiel, n'est que le développement conique, a l'avantage de ne pas déformer sensiblement les figures et de leur conserver leurs vraies dimensions ; car, tant qu'on ne s'éloigne pas trop du parallèle moyen, les méridiens restent à peu près perpendiculaires aux parallèles, et un petit rectangle EDD'E' de la sphère est représenté par un rectangle $edd'e'$ sur la carte.

LIVRE TROISIÈME

DU SOLEIL

CHAPITRE PREMIER

Mouvement annuel apparent du Soleil. — Écliptique. — Points équinoxiaux. — Constellations zodiacales.

80. Mouvement annuel apparent du Soleil. — Le Soleil se lève et se couche chaque jour comme les étoiles ; il participe donc au mouvement de la sphère céleste. Mais, en outre, il est animé d'un autre mouvement qui lui est propre et que l'on constate aisément à toutes les époques de l'année et d'un jour à l'autre. Qu'on observe cet astre à son lever et qu'on remarque une étoile qui se trouve en même temps que lui à l'horizon ; qu'on répète l'observation le lendemain et les jours suivants, on reconnaîtra que le Soleil revient à l'horizon un peu plus tard que l'étoile, et que ce retard augmente chaque jour. Pareillement, l'observation du Soleil à son coucher nous conduira au même résultat. Donc : *le Soleil semble se mouvoir sur la sphère céleste en sens inverse du mouvement diurne.* Ce mouvement s'appelle *mouvement en ascension droite* ; il n'est pas uniforme, il est en moyenne de 59′ 16″ par jour ; ou, ce qui est la même chose, le retard du Soleil sur l'étoile qui a passé au méridien en même temps que lui, à un instant donné, est d'environ 4 minutes par jour.

La même série d'observations nous fera de plus reconnaître que le point de l'horizon où le Soleil se lève ou se couche n'est pas, comme pour les étoiles, absolument toujours le même ; mais qu'il est tantôt plus près du midi que du nord et tantôt plus près du nord que du midi. Outre son mouvement en ascension droite, le Soleil possède donc un mouvement qui le rapproche successivement des pôles et qu'on peut appeler *mouvement en déclinaison*.

81. Pour étudier ce double mouvement du Soleil, il suffit de déterminer la position précise que cet astre occupe sur la sphère céleste à différentes époques, et, par conséquent, de mesurer son ascension droite et sa déclinaison. Mais le Soleil ne nous apparaît pas, comme les étoiles, semblable à un point lumineux ; il présente un disque d'une certaine étendue et qu'on reconnaît, à l'aide du micromètre à fils parallèles, être parfaitement circulaire. C'est donc l'ascension droite et la déclinaison de son centre qu'il faudra mesurer : voici comment on opère.

On prend avec la lunette méridienne l'ascension droite du bord antérieur, puis celle du bord postérieur ; ce qui s'obtient en amenant le fil vertical du réticule à être tangent intérieurement au bord antérieur et au bord postérieur du disque solaire ; la demi-somme de ces deux ascensions droites donnera celle du centre.

Quant à la déclinaison, elle se détermine à l'aide du mural : on amène le fil horizontal du réticule de la lunette à être tangent intérieurement au bord supérieur, puis au bord inférieur du disque ; la demi-somme de leurs déclinaisons donne celle du centre.

82. **Courbe que le Soleil semble décrire.** — Ayant ainsi mesuré l'ascension droite et la déclinaison

du Soleil pour un grand nombre de jours de l'année, on peut rapporter sur un globe les positions correspondantes de cet astre ; et, en joignant ces positions par un trait continu, on obtient la trajectoire ou la courbe qu'il décrit sur la sphère céleste. En opérant ainsi, on reconnaît que cette courbe *est un grand cercle de la sphère céleste dont le plan est incliné à l'équateur.*

83. Écliptique. — Axe, pôles de l'écliptique. — Points équinoxiaux. — La route apparente du Soleil sur la sphère céleste se nomme *écliptique*, parce que, ainsi que nous le verrons plus tard, c'est dans le voisinage de son plan qu'ont lieu les éclipses. Son axe sera le diamètre perpendiculaire à son plan, et ses pôles les points où ce diamètre va percer la sphère céleste.

L'angle que l'écliptique fait avec l'équateur céleste est de 23° 27′ 38″ : on le nomme *obliquité de l'écliptique*. L'équateur est coupé par l'écliptique en deux points opposés nommés *points équinoxiaux* ou *équinoxes*. L'un de ces points, qu'on appelle *équinoxe du printemps*, est celui où le Soleil rencontre l'équateur quand il passe de l'hémisphère austral dans l'hémisphère boréal ; l'autre, l'*équinoxe d'automne*, correspond au passage du Soleil de l'hémisphère boréal dans l'hémisphère austral.

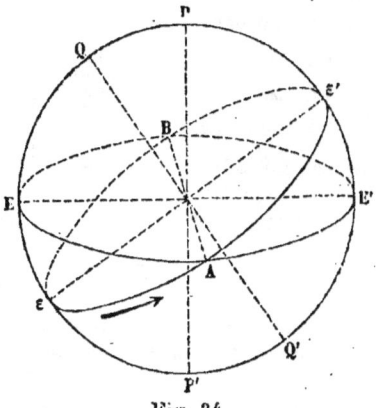

Fig. 34.

Soient EE′ l'équateur et εε′ l'écliptique : le diamètre

QQ' perpendiculaire à son plan sera son axe ; ses pôles seront les points Q,Q'. Si nous supposons que le mouvement du Soleil a lieu dans le sens de la flèche, A est l'équinoxe du printemps, B celui d'automne. Les deux points ε,ε', où le Soleil atteint sa plus grande déclinaison boréale ou australe, se nomment *points solsticiaux* : ε' est le solstice d'été, ε le solstice d'hiver. Nous verrons plus tard la raison de ces dénominations.

84. Constellations zodiacales. — Outre les quatre points A, ε', B, ε qui partagent l'écliptique en quatre parties égales, les anciens, pour mieux caractériser la route du Soleil, en avaient imaginé d'autres qui avec les premiers divisent le cercle entier en 12 parties égales de 30° chacune : on les appelle les 12 *signes du zodiaque*; ces signes ont reçu les noms des constellations situées dans leur voisinage. Voici ces noms dans l'ordre où le Soleil les parcourt : le point de départ est l'équinoxe du printemps.

1. Le Bélier.........	♈	7. La Balance......	♎
2. Le Taureau.......	♉	8. Le Scorpion.....	♏
3. Les Gémeaux.....	♊	9. Le Sagittaire....	♐
4. Le Cancer........	♋	10. Le Capricorne...	♑
5. Le Lion..........	♌	11. Le Verseau......	♒
6. La Vierge........	♍	12. Les Poissons....	♓

Les deux vers suivants d'Ausone en font facilement retenir l'ordre et les dénominations :

Sunt : Aries, Taurus, Gemini, Cancer, Leo, Virgo,
Libraque, Scorpius, Arcitenens, Caper, Amphora, Pisces.

85. Longitude et latitude des astres. — Nous avons dit (22) qu'on détermine la position d'un astre sur la sphère céleste au moyen de son ascension droite et de sa déclinaison ; mais ce moyen n'est pas le seul que les astronomes emploient. Souvent ils définissent la position des astres à l'aide de deux quantités analogues à la déclinaison et à l'ascension droite, mais qui, au lieu de se rapporter à l'équateur, se rapportent à l'écliptique : alors la déclinaison deviendra la *latitude* et l'ascension droite la *longitude*.

La *latitude* d'un astre sera donc la distance de cet astre à l'écliptique, distance comptée sur le grand cercle qui passe par l'axe de l'écliptique et par l'astre : et on appellera *longitude* l'arc d'écliptique, compris entre l'équinoxe du printemps et le point où l'écliptique est coupé par le cercle sur lequel on compte la latitude.

Le Soleil restant toujours dans le plan de l'écliptique, sa latitude est nulle ; mais sa longitude varie de 0° à 360°. Si l'on calcule cette longitude pour tous les jours de l'année et si l'on en fait un tableau, à l'inspection de ce tableau il sera aisé de reconnaître que le mouvement du Soleil en longitude n'est pas uniforme, qu'il a un maximum vers le 31 décembre et un minimum vers le 2 juillet ; le maximum est de 1° 1' 9''; le minimum, 0° 57' 12'',3.

86. Origine des ascensions droites. — Détermination des points équinoxiaux. — Lorsque nous avons appris à calculer l'ascension droite d'un astre (23), nous avons choisi arbitrairement, pour origine de cette coordonnée, le point où le demi-cercle horaire d'une étoile connue coupe l'équateur et nous avons ajouté, sous forme de note, que l'origine adoptée par les astronomes était le point *vernal*, c'est-à-dire, le point où le centre du Soleil rencontre l'équateur à l'équinoxe du printemps. Ce point, à partir duquel se comptent aussi les longitudes, n'est pas visible dans le ciel : voici comment on détermine sa position.

Plaçons-nous à l'équinoxe du printemps et supposons que, le 20 mars à midi, nous ayons trouvé que la déclinaison du Soleil observée au mural est australe et de 5′ ; que le 21, d'autres observations donnent une déclinaison boréale et de 15′ et qu'il se soit écoulé 24^h 4^m sur la pendule sidérale entre les deux observations. Comme nous pouvons légitimement admettre que, pendant cet intervalle de temps, le mouvement en déclinaison du Soleil a été uniforme, nous raisonnerons de la manière suivante : *Si, en* 24^h 4^m *ou* 1444^m, *la déclinaison du Soleil varie de* 15 + 5′ = 20′, *elle variera de* 1′ *en* $\frac{1444}{20}$ *minutes, et de* 5′ *en* $\frac{1444 \times 5}{20}$ *minutes*. En effectuant les calculs, nous trouvons 6^h 1^m ; c'est le temps qu'il faudra ajouter au midi 20 mars pour avoir l'instant précis de l'équinoxe.

Cet instant une fois connu, nous pourrons, à l'aide d'un raisonnement analogue à celui que nous venons de faire, déterminer sur la voûte céleste la position du point équinoxial ou celle du cercle horaire qui lui correspond. Supposons, en effet, que les calculs précédents nous aient appris que le Soleil a passé au point équinoxial 6^h 1^m après le midi 20 mars et que l'arc d'équateur, compris entre les positions des cercles horaires du Soleil aux midis 20 et 21 mars, soit de 1° ; en admettant que, pendant ce temps, le mouvement du Soleil a été uniforme, nous dirons : *Si, en* 24^h 4^m *ou* 1444^m, *le cercle horaire du Soleil s'est déplacé de* 1° *ou* 60′, *en* 1^m *il se déplacera de* $\frac{60}{1444}$ *et, en* 6^h 1^m *ou* 361^m, *il se déplacera de* $\frac{60 \times 361}{1444}$. En effectuant les opérations indiquées, nous connaîtrons le nombre de minutes et de secondes de degré qu'il faudra ajouter à la position du cercle horaire du Soleil, au midi 20 mars, pour avoir la position qui correspond à l'équinoxe.

87. Ascension droite du Soleil. — La position de l'équinoxe et l'instant précis où il arrive étant déterminés, l'ascension droite du Soleil sera l'arc d'équateur compris entre ce point équinoxial et le pied du cercle horaire qui contient le centre de l'astre; ou bien encore, le produit obtenu en multipliant par 15 le temps qui s'écoule entre le passage au méridien du point équinoxial et du centre du Soleil.

L'ascension droite du Soleil, qui va sans cesse en augmentant, ne varie pas de quantités égales en des temps égaux. Nous verrons plus loin (94) que cette inégalité est due au mouvement irrégulier du Soleil sur son orbite et à l'obliquité de l'écliptique.

CHAPITRE II

Diamètre du Soleil variable avec le temps. — Orbite elliptique du Soleil. — Principe des aires.

88. D'après ce que nous avons dit dans le chapitre précédent, on serait tenté de croire que l'écliptique est réellement la courbe que le Soleil semble décrire dans son mouvement propre sur la voûte céleste : ce serait une erreur. Pour un observateur placé à la surface de la Terre, l'écliptique est bien la trajectoire apparente du Soleil ; mais ce grand cercle n'est, en réalité, que la perspective de la courbe véritable que cet astre décrit ; c'est, si l'on veut, le grand cercle suivant lequel le plan de cette courbe, appelée *orbite*, coupe la sphère céleste. Nous nous proposons, dans ce chapitre, d'exposer les moyens de déterminer la nature de l'orbite du Soleil. Pour y parvenir, nous apprendrons d'abord à connaître deux nouveaux éléments, sa *vitesse angulaire* et son *diamètre apparent*.

89. **Vitesse angulaire du Soleil.** — Si, à deux midis consécutifs (*fig.* 35), nous mènons des rayons visuels aux positions S, S' occupées par le Soleil sur l'écliptique, l'angle STS' de ces deux rayons, angle mesuré par l'arc SS' d'écliptique que le Soleil a parcouru en 24 heures, se nomme *vitesse angulaire* de

cet astre. Cet arc n'est autre chose que l'accroissement
de la longitude du Soleil en un jour. La vitesse angulaire du Soleil n'est donc pas constante (85) ; elle a le même maximum et le même minimum que la variation en longitude ; elle est en moyenne de 59′ 10″,7 par jour.

90. Diamètre apparent du Soleil. —

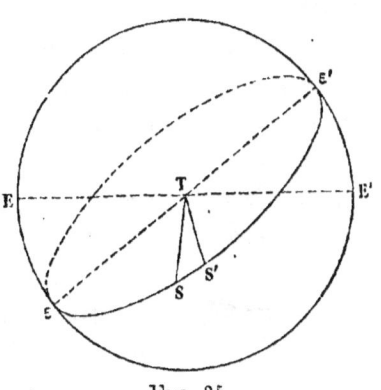

Fig. 35.

Soit AB un objet quelconque situé à une distance finie, l'angle AOB, formé par les deux rayons visuels menés à ses bords extrêmes, est dit son *diamètre*

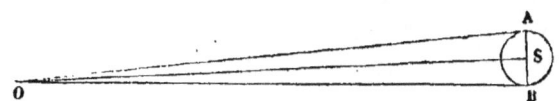

Fig 36.

apparent. Quand il s'agit du Soleil, à cause de la distance énorme qui nous sépare de cet astre, les deux rayons visuels menés tangentiellement aux deux bords opposés de son disque vont sensiblement rencontrer les extrémités d'un de ses diamètres réels. On dira donc, que le *diamètre apparent du Soleil est l'angle sous lequel on voit son diamètre réel.*

91. Variations du diamètre apparent. — Nous avons dit que, pour obtenir la déclinaison du Soleil, on observait au mural la déclinaison du bord supérieur et celle du bord inférieur de son disque : la différence de ces deux déclinaisons donne la valeur du diamètre apparent. Si l'on fait un tableau des valeurs ainsi trouvées pour tous les jours de l'année, on reconnaît que le diamètre apparent n'est pas toujours le même, mais qu'il varie entre 32′36″,2 et 31′30″,3 ; que son maximum correspond au 31 décembre, et son minimum au 1er juillet,

Or, tout le monde sait que les objets nous paraissent plus petits à mesure qu'ils s'éloignent et sont vus plus grands dans le cas contraire. En d'autres termes, à mesure que les objets s'éloignent, l'angle formé par les rayons visuels menés à leurs bords extrêmes, ou leur diamètre apparent, va en diminuant de plus en plus ; il va, au contraire, en augmentant à mesure qu'ils se rapprochent. C'est ce que rend sensible la figure 37 ; l'objet placé en ab est vu par l'œil placé en O sous l'angle aOb ; transporté en $a'b'$, il est vu sous l'angle $a'Ob'$ qui est évidemment plus petit. Donc, *le diamètre apparent d'un objet varie avec sa distance au spectateur, devient plus grand quand la distance diminue, et plus petit quand elle augmente.*

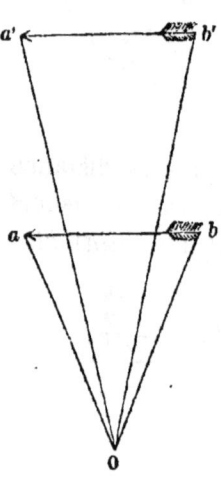

Fig. 37.

Si nous appliquons ce que nous venons de dire au diamètre apparent du Soleil, il en résulte que la distance de cet astre à la Terre varie, et que, par conséquent, *son orbite n'est pas un cercle dont notre globe occupe le centre.*

92. Orbite elliptique du Soleil. — La mesure de la vitesse angulaire du Soleil et celle de son diamètre apparent vont nous permettre de construire la courbe réelle que cet astre semble décrire dans l'espace, en vertu de son mouvement propre.

En effet, d'un point T pris pour représenter la Terre, menons une ligne TA dans une direction que nous supposons être celle du rayon visuel mené au Soleil le 2 juillet, et, à partir de cette ligne, formons les angles ATB, BTC....., respectivement égaux aux vitesses angulaires du Soleil calculées pour les différents jours de l'année:

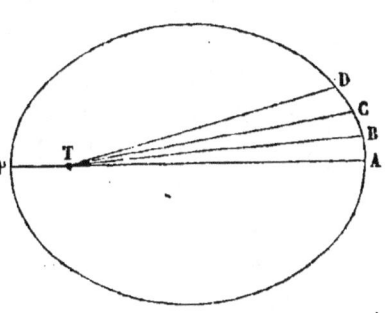

Fig. 38.

puis prenons sur les lignes TA, TB...., à partir du point T, des longueurs qui représentent les distances de cet astre à la Terre, distances calculées d'après l'observation de son diamètre apparent (*). En joignant

---

(*) Soient (fig. 36) AB le diamètre réel du Soleil δ son diamètre apparent le 1ᵉʳ juillet et d la distance correspondante de cet astre à la Terre. L'angle δ étant fort petit l'arc qui le mesure se confond sensiblement avec sa corde AB. Mais la circonférence du rayon d, dont fait partie l'arc AB, est égale à $2\pi d$; l'arc AB, qui correspond à δ, vaudra (37) $\dfrac{2\pi d\delta}{1296000}$. La corde AB, c'est-à-dire, le diamètre réel du Soleil, se confondant avec son arc, aura aussi pour valeur $\dfrac{2\pi d\delta}{1296000}$. Le diamètre apparent variant et devenant δ', la distance à la Terre variera en même temps et deviendra d'. Or, le diamètre réel, qui reste le même, est égal à $\dfrac{2\pi d'\delta'}{1296000}$; nous aurons donc :

$$\frac{2\pi d\delta}{1296000} = \frac{2\pi d'\delta'}{1296000},$$

par une courbe continue les extrémités A, B, C...., nous aurons une représentation exacte de l'orbite du Soleil. Cette courbe n'est pas circulaire ; elle est allongée dans la direction de la ligne qui passe par les positions du Soleil au 1er juillet et au 1er janvier. Quand on l'examine avec attention, on reconnaît que c'est une ellipse et que la Terre occupe le foyer voisin du sommet où le Soleil se transporte au 1er janvier.

Le point P, où le Soleil se trouve le plus près de la Terre, se nomme *périgée*; le point A, où il en est le plus éloigné, est l'*apogée*.

93. Principe des aires. — La forme elliptique de l'orbite solaire, la position de la Terre à l'un de ses foyers, l'inégale vitesse avec laquelle le Soleil la parcourt, toutes ces circonstances rendraient le calcul de la longitude du Soleil difficile et même impossible, tant que la loi de la vitesse réelle resterait inconnue. Cette loi ne se manifeste pas immédiatement par la comparaison directe des angles et des distances ; elle exige une série d'observations attentives et prolongées pendant toute une période. Il a donc fallu que l'immortel Képler entreprît de longs et pénibles calculs pour découvrir la loi dont il s'agit : voici dans quels termes il l'a énoncée. Imaginons une ligne qui joigne le centre

ou
$$d\delta = d'\delta';$$

d'où nous tirons :
$$d' = \frac{d\delta}{\delta'}. \qquad (1)$$

Mais (91) $\delta = 32'36''{,}2$: si nous prenons pour unité la distance de la Terre au 1er juillet, d étant d'ailleurs supposé connu pour chaque jour, l'égalité (1) nous fera connaître la distance d' correspondante.

de la Terre et le centre du Soleil ; cette ligne, appelée *rayon vecteur*, décrira ou parcourra des portions de l'aire ou surface de l'orbite solaire, et le mouvement sera tel, que les aires décrites dans des temps égaux seront égales, quelle que soit la position du Soleil sur son orbite.

Cette loi, connue sous le nom de *loi* ou *principe des aires*, nous fait voir de quelle manière la vitesse angulaire du Soleil varie avec la position de cet astre sur son orbite. Supposons, en effet, qu'il décrive les arcs PM et AN en des temps égaux, le premier, à partir du périgée P et le second, à partir de l'apogée A. Les aires des secteurs elliptiques

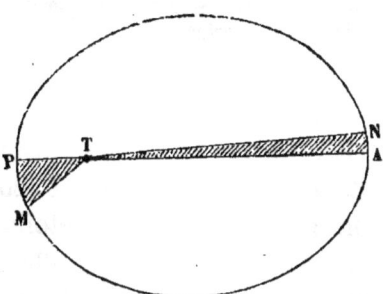

Fig. 39.

PTM, ATN, que nous pouvons regarder comme des triangles, si les arcs PM et AN sont très-petits, les aires de ces secteurs doivent être égales ; il en résulte évidemment que l'arc PM doit être plus grand que l'arc AN, puisque la hauteur dans le premier triangle serait moindre que dans le second : donc, *la vitesse angulaire sera plus grande au périgée qu'à l'apogée.*

On reconnaît sans peine, par des considérations analogues, que cette vitesse angulaire diminue constamment, pendant que le Soleil va du périgée à l'apogée ; qu'elle augmente, au contraire, pendant qu'il va de l'apogée au périgée.

CHAPITRE III

Temps solaire vrai et moyen. — Principes élémentaires des cadrans solaires. — Année tropique. — Calendrier. — Réformes julienne, grégorienne.

94. Jour vrai. — Nous avons appelé (18) *jour sidéral* l'intervalle de temps qui s'écoule entre deux passages consécutifs d'une même étoile au méridien (*). Le jour solaire vrai sera l'intervalle de temps compris entre deux passages consécutifs du Soleil au méridien. Si cet astre n'était pas animé d'un mouvement propre en ascension droite, la durée du jour solaire serait égale à celle du jour sidéral; mais nous savons que, par suite de ce mouvement, le soleil revient chaque jour au méridien un peu plus tard que l'étoile avec laquelle il y avait passé la veille, de sorte que le jour solaire vrai est un peu plus long que le jour sidéral.

Le jour solaire vrai, comme le jour sidéral, est divisé en 24 heures; mais les heures, les minutes, les se-

---

(*) Les astronomes faisant commencer le jour sidéral au moment où le point vernal ou équinoxial passe au méridien (18), *le jour sidéral* est donc l'intervalle de temps compris entre deux passages consécutifs du point vernal au méridien. Cette origine commune, pour le jour sidéral et les ascensions droites (86), offre cet avantage que l'heure, marquée par la pendule sidérale au moment du passage d'une étoile au méridien, donne immédiatement l'ascension droite de cet astre.

condes d'une horloge réglée sur le soleil sont un peu plus longues que les heures, les minutes, les secondes d'une horloge réglée sur les étoiles.

La différence que nous venons d'indiquer entre le jour solaire et le jour sidéral est en moyenne de 4 minutes par jour; elle n'est pas constante, c'est-à-dire que le jour solaire vrai n'a pas toujours la même durée : il éprouve, en plus ou en moins d'une valeur moyenne, des variations qui dépendent de la position du soleil sur l'écliptique. Ces variations ont deux causes : 1° le mouvement irrégulier du Soleil sur son orbite ; 2° l'obliquité de l'écliptique.

On comprend aisément que, le mouvement du Soleil sur son orbite n'étant pas régulier, cette circonstance seule donne lieu à des variations dans son mouvement en ascension droite ; d'un autre côté, l'écliptique formant avec l'équateur un angle qui vaut plus du quart d'un angle droit, lors même que le Soleil parcourrait son orbite d'un mouvement uniforme, son ascension droite ne croîtrait pas de quantités égales en des temps égaux. Car, soient AA' et BB' deux arcs d'écliptique égaux que le Soleil parcourt dans des temps égaux; nous prenons le premier vers l'équinoxe et l'autre vers le solstice d'été. Tandis que le

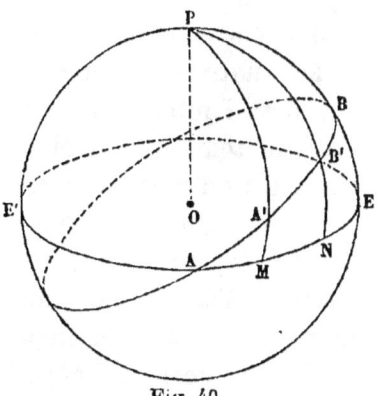

Fig. 40.

Soleil ira de A en A', son ascension droite croîtra de AM, et de NE quand il ira de B' en B. Mais le triangle sphérique AMA' peut, à cause de la petitesse de ses côtés, être considéré comme un triangle rectiligne rectangle en M ; donc l'hypoténuse AA' est plus grande que le côté AM.

Au contraire, l'arc BB', qui est sensiblement parallèle à l'équateur et qui mesure l'écartement des deux cercles de déclinaison PN, PE, près du point B, est plus petit que l'arc d'équateur compris entre ces deux mêmes cercles. Donc, les accroissements AM, NE de l'ascension droite du Soleil, correspondants aux temps égaux, pendant lesquels cet astre décrirait des arcs d'écliptique égaux AA', BB', seraient égaux.

Si le Soleil pouvait avoir un mouvement régulier sur l'écliptique et ce plan coïncider avec l'équateur, tous les jours solaires deviendraient égaux entre eux, et chacun d'eux surpasserait le jour sidéral de la même quantité.

95. Jour solaire moyen. — Quoique le jour solaire n'ait pas une durée constante, c'est lui et non pas le jour sidéral que l'on a pris pour mesure ordinaire du temps ; car ce n'est pas la marche des étoiles qui règle les alternatives du jour et de la nuit et les travaux des hommes. Toutefois, en prenant le jour solaire pour unité de temps, on a cherché à rendre cette unité invariable : on y est parvenu de la manière suivante.

On a imaginé qu'au moment où le soleil vrai S passe au périgée, un soleil fictif S' part de ce point et parcourt l'écliptique dans le même sens et le même temps que S, mais d'un mouvement uniforme. Ce soleil fictif S' corrige l'inégalité des jours solaires causée par les variations de la vitesse du soleil vrai sur son orbite. Pour faire disparaître l'inégalité qui provient de l'inclinaison de l'écliptique sur l'équateur, on a imaginé un second soleil fictif S″, qui parcourt l'équateur d'un mouvement uniforme, avec la vitesse que possède S′ sur l'écliptique, et se retrouve au même instant que lui à l'équinoxe du printemps. Ce second soleil fictif S″, qu'on appelle *soleil moyen*, passe au méridien à des intervalles de temps parfaitement égaux, et l'on donne le nom de *jour solaire moyen* à l'intervalle compris entre deux de ses passages consécutifs au même méridien. C'est le jour solaire moyen qu'on a pris pour unité de temps.

96. Temps vrai. — Temps moyen. — Le *temps vrai* est le temps mesuré en jours solaires vrais et le *temps moyen* est le temps mesuré en jours solaires moyens. L'instant du passage du soleil vrai au méridien est le *midi vrai* et le *midi moyen* est l'instant du passage du soleil fictif S″ que nous venons de considérer.

97. Équation du temps. — L'intervalle de temps qui sépare un midi vrai d'un midi moyen, ou plus généralement, l'intervalle de temps qui sépare les passages au méridien du soleil vrai et du soleil fictif, s'appelle *équation du temps* ; c'est la quantité qu'il faut ajouter ou retrancher au midi vrai pour avoir le midi moyen : elle s'exprime en temps moyen.

L'équation du temps jouit d'une propriété remarquable : elle devient nulle d'elle-même quatre fois dans le cours de l'année, vers le 15 avril, le 15 juin, le 1ᵉʳ septembre et le 24 décembre. Elle atteint une valeur maximum égale à 17 minutes à peu près ; c'est-à-dire que le soleil vrai avance ou retarde d'autant sur le soleil fictif. Cela ne veut pas dire cependant, que le soleil vrai puisse, d'un jour à l'autre, avancer ou retarder de 17 minutes sur le soleil fictif ; la variation diurne ne s'élève jamais à plus d'une demi-minute. Les 17 minutes ci-dessus sont le résultat de l'accumulation des avances ou des retards pendant plusieurs semaines. On voit d'ailleurs, par ce qui précède, que ceux-là font un très-médiocre éloge de leur montre, qui disent *qu'elle marche comme le Soleil.*

Jusqu'en 1816, les horloges publiques étaient réglées en France sur le temps vrai; elles le sont maintenant sur le temps moyen et sont par conséquent tantôt en avance, tantôt en retard sur le passage du soleil vrai au méridien; mais cet inconvénient, si toutefois on doit l'appeler ainsi, est bien suffisamment compensé par l'avantage de ne pas être obligé de modifier chaque jour, ou au moins chaque semaine, la marche de ces horloges et de permettre aux montres qui ne marquent que le temps moyen de s'accorder avec elles. D'ailleurs, depuis l'établissement des chemins de fer, il est indispensable que les horloges employées dans les diverses stations soient comparables entre elles, ce à quoi on ne pourra arriver qu'en les réglant sur le temps moyen.

Il faut donc savoir déterminer chaque jour le temps moyen; cela se fait avec un cadran solaire qui donne le temps vrai et une table contenant l'équation du temps pour tous les jours de l'année. Cette table se trouve dans l'*Annuaire* ou dans la *Connaissance des temps*, que le Bureau des Longitudes publie chaque année. Le temps vrai, plus ou moins l'équation du temps, égale le temps moyen que l'on cherche.

98. Principes élémentaires des cadrans solaires. — Le mouvement apparent du Soleil autour de la Terre s'effectue chaque jour d'une manière uniforme, suivant un cercle de la sphère céleste perpendiculaire à l'axe du monde. Si, par cet axe, nous imaginons 12 plans partageant l'espace en 24 angles dièdres égaux et dont le premier soit le méridien du lieu, le Soleil, étant à midi dans ce premier plan, sera à 1 heure dans le second, dans le troisième à 2 heures et ainsi de suite. C'est sur cette considération que repose la construction des *cadrans solaires*.

En effet, tous ces plans passant par l'axe du monde viendront rencontrer, suivant les lignes différentes, une surface quelconque, plane ou courbe, verticale, horizontale ou diversement inclinée. Ces lignes d'intersection correspondront évidemment aux différentes heures de la journée. Enlevons les plans et remplaçons leur intersection commune, ou l'axe du monde, par un style délié ayant exactement la même direction ; il est évident que, lorsque le Soleil éclairera la surface donnée, l'ombre du style coïncidera successivement avec les diverses *lignes horaires*.

Nous avons supposé le style placé dans la direction même de l'axe du monde ; mais cette condition, d'ailleurs impossible à remplir, n'est pas nécessaire ; car, à cause de la petitesse de la Terre par rapport à la distance qui nous sépare du Soleil, nous pouvons, sans erreur sensible, remplacer l'axe du monde par une droite qui lui soit parallèle.

Quelquefois on substitue au style une petite plaque métallique percée d'un petit trou par lequel se projette un point brillant dont la position sur le cadran indique l'heure. Le style est alors représenté par la ligne droite passant par le centre du trou et parallèle à l'axe du monde. C'est au point où cette droite rencontre la surface fixe que doivent concourir les lignes horaires.

99. En résumant ce qui précède, nous voyons que

la construction pratique d'un cadran solaire consiste dans les deux opérations suivantes :

1° *Installer sur une surface fixe et exposée au Soleil un style également fixe et parallèle à l'axe du monde, c'est à-dire, situé dans le plan méridien et incliné à l'horizon d'un angle égal à la latitude de ce lieu.*

2° *Tracer sur la surface fixe les lignes horaires, ou intersections de cette surface avec les plans passant par le style et faisant de part et d'autre du méridien des angles variant de 15° en 15°.*

La solution de ces deux problèmes offre des difficultés qui demanderaient beaucoup plus de détails que nous ne pouvons en donner ici. Nous nous bornerons à indiquer sommairement la construction des cadrans solaires les plus simples. Mais, avant tout, une opération préparatoire est indispensable : c'est le tracé pratique de la méridienne du lieu.

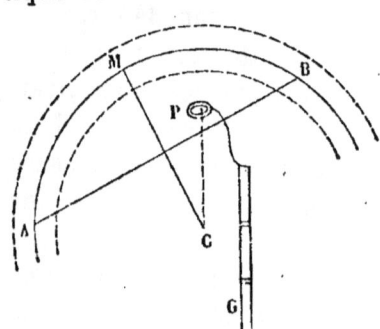

Fig. 41.

100. Tracé de la méridienne. — Nous savons (8) qu'on appelle méridienne d'un lieu, l'intersection du méridien de ce lieu avec l'horizon ; nous pouvons encore la définir, la tangente au méridien terrestre menée par le point donné. Pour la tracer, fixons sur une surface plane exactement horizontale un *gnomon*, ou style vertical G, dont la partie supérieure est recourbée et terminée par une petite plaque mince P percée d'un petit trou et dirigée perpendiculairement aux rayons solaires. Marquons la projection C du centre de cette ouverture sur le plan donné ; et du point C comme centre, avec un rayon convenable, décrivons une circonférence de cercle. Ceci fait, observons les instants où le point lumineux vient couper la circonférence le matin en A et le soir en B ; la bisectrice CM de l'arc AMB sera la méridienne du lieu C.

Ordinairement, on trace plusieurs circonférences concentriques afin de compenser les erreurs matérielles de l'opération ; et, si les milieux des arcs ne sont pas sur une même ligne droite, on prend pour méridienne une ligne intermédiaire.

101. Cadran équatorial. — Lorsque la surface fixe sur laquelle sont tracées les lignes horaires est pa-

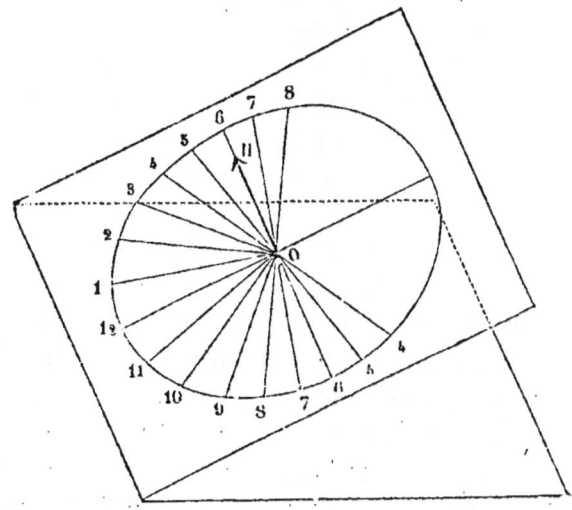

Fig. 42. — *Cadran équatorial.*

rallèle à l'équateur céleste, le style est perpendiculaire à ce plan et le cadran est dit *équatorial* : sa construction est facile. Autour d'un point O, pris sur un plan, traçons 24 droites inclinées de 15° les unes sur les autres et fixons à ce plan une tige perpendiculaire OH. Il ne nous restera plus qu'à orienter le cadran. Pour cela traçons d'abord la méridienne sur un plan horizontal ; puis construisons un triangle rectangle en bois ou en cuivre tel que l'un de ses angles aigus soit égal à la latitude du lieu et faisons coïncider son hypoténuse avec la méridienne, son plan étant vertical. condition qu'on obtient à l'aide du fil à plomb. Enfin appliquons le cadran sur ce triangle de manière que le style coïncide avec le côté opposé à l'angle égal à la latitude du lieu, et la ligne du midi avec l'autre côté. Depuis l'équinoxe du printemps jusqu'à l'équinoxe d'automne, la déclinaison du Soleil est boréale; cet astre se trouve alors, dans nos climats, au-dessus du cadran. Mais, de l'équinoxe d'automne à celui du printemps, sa déclinaison étant australe, le Soleil n'éclaire plus que la face inférieure du cadran. Il est donc essentiel que les deux faces soient graduées et que le style les dépasse l'une et l'autre.

102. Cadran horizontal. — Dans le cadran *horizontal*, la surface fixe est parallèle à l'horizon et, par conséquent, le style est incliné à ce plan d'un angle égal à la latitude du lieu. Quant aux lignes horaires, comme elles passent toutes par le pied du style, il suffit de connaître un second point de chacune d'elles pour pouvoir les tracer. Supposons qu'on ait construit et orienté, ainsi que nous venons de le dire, un cadran équatorial dont le style coïncide en direction avec celui du cadran horizontal qu'il s'agit de construire. Chaque plan horaire passant à la fois par les lignes horaires des deux cadrans, si nous prolongeons convenablement celles du cadran équatorial, les points où elles

LIVRE III. — DU SOLEIL. 103

couperont le plan du cadran horizontal appartiendront aux lignes horaires de celui-ci : nous aurons donc ainsi le second point cherché de chacune de ces lignes, il ne nous restera plus qu'à joindre au pied du style ces différents points, évidemment tous situés sur l'intersection commune des plans des deux cadrans.

De là résulte un moyen très-simple de construire les lignes horaires du cadran horizontal. Sur une surface parfaitement plane traçons une ligne OE et une per-

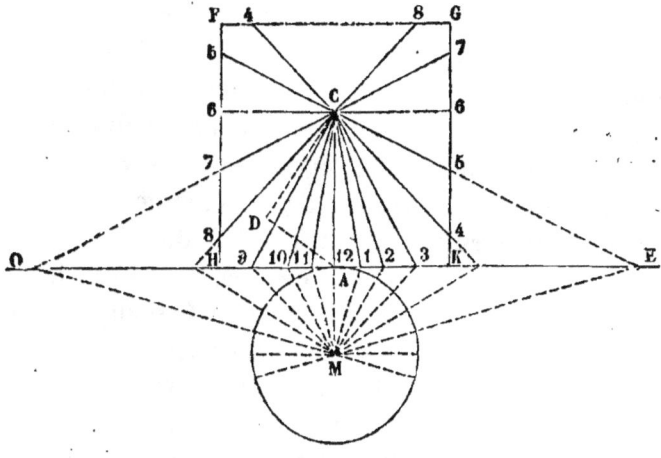

Fig. 43.

pendiculaire AC, destinées à représenter, l'une la ligne d'est et ouest et l'autre la méridienne. Choisissons sur cette dernière un point C qui sera le pied du style, puis déterminons la longueur CD du côté de l'angle droit du triangle rectangle ACD dont l'hypoténuse est AC et dont l'angle ACD est égal à la latitude du lieu. Sur le prolongement de AC prenons AM = AD et, du point M comme centre avec AM pour rayon, décrivons une circonférence de cercle que nous partageons en 24 arcs égaux en partant de AM. Prolongeons les rayons menés aux points de division jusqu'à ce qu'ils coupent la droite OE ; en joignant les points de division de OE avec le pied C du style, nous aurons sur FGHK les lignes horaires du cadran horizontal.

En effet, relevons, par la pensée, le triangle rectangle ACD, en le faisant tourner autour de AC jusqu'à ce que son plan soit vertical ; relevons de même la partie MOE du plan en la faisant tourner autour de OE jusqu'à ce que AM coïncide avec AD, nous aurons évidemment en M un cadran équatorial orienté dont le plan coupera celui du cadran horizontal suivant la ligne OE. Par conséquent, les points où cette droite est rencontrée par les lignes horaires du cadran équatorial M déterminent les lignes horaires correspondantes du cadran horizontal C ; et, comme ces points restent *fixes*, lorsque la partie MOE du plan tourne autour de OE, il suffit de les joindre au point C pour avoir les lignes horaires cherchés.

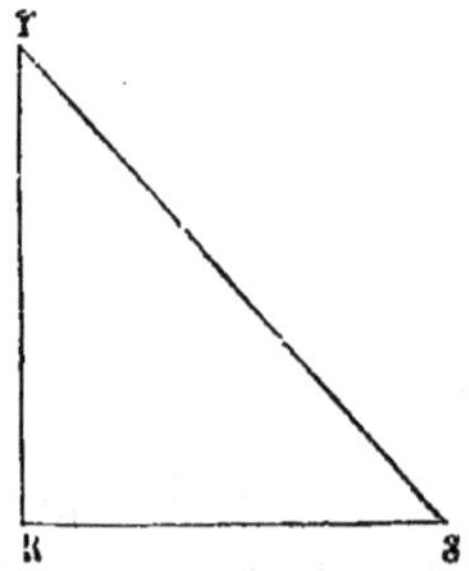

Ordinairement, on substitue au style un triangle rectangle RST en ardoise ou en métal, dans lequel l'angle S est la hauteur du pôle, et on le place sur le cadran de manière que SR coïncide avec la méridienne, S avec C et que le côté RT soit vertical ; ST est alors évidemment parallèle à l'axe du monde.

Fig. 44.

103. Manière d'installer un cadran horizontal construit d'avance. — Souvent on trace d'avance, sur un plan de marbre, de pierre ou d'ardoise, les lignes horaires d'un cadran, disposant le style d'une manière convenable par rapport à la ligne de midi menée arbitrairement, et ce n'est qu'après cette opération qu'on s'occupe de placer ce cadran dans un lieu exposé au soleil. Dans ce cas, on est toujours obligé de mener une méridienne et d'élever un gnomon (100) près de l'endroit où le cadran doit être établi. Quand le plan de celui-ci est bien horizontal, on le fixe de telle sorte qu'au moment où l'ombre du gnomon passe sur la méridienne accessoire, l'ombre du style du cadran marque elle-même midi.

104. Cadran vertical méridional. — Le *cadran vertical méridional* est celui dont le plan est vertical et perpendiculaire à la méridienne, c'est-à-dire, exactement dirigé de l'est à l'ouest. Sa construction ne diffère qu'en un seul point de celle du cadran horizontal ; l'angle ACD (*fig.* 43) que le style fait avec la surface fixe verticale est égal, non à la latitude du lieu, mais au complément de cette latitude. Remarquons de plus que la ligne d'est-ouest OE est une horizontale.

Cette même construction s'applique évidemment à un cadran dont le plan a une inclinaison quelconque. Seulement, le style étant toujours parallèle à la direction de l'axe du monde, l'angle ACD devra être égal à la différence entre la latitude du lieu et l'inclinaison du plan du cadran sur l'horizon. Il suit de là que, si nous voulions transporter un cadran horizontal, construit pour un lieu, en un autre dont la latitude serait différente, il faudrait l'orienter de manière que la ligne de midi fut située dans un plan vertical passant par la méridienne et que la surface fixe fut inclinée à l'horizon d'une quantité égale à la différence des latitudes des deux lieux en question.

105. Cadran vertical déclinant. — Le *cadran*

vertical déclinant, que l'on voit le plus ordinairement sur les murs des édifices, est celui dont le plan est vertical, mais qui, au lieu d'être exactement perpendiculaire à la méridienne, dévie ou *décline* vers l'est ou l'ouest. Pour le construire, on emploie la méthode suivante :

Après avoir reconnu que la trace du plan méridien

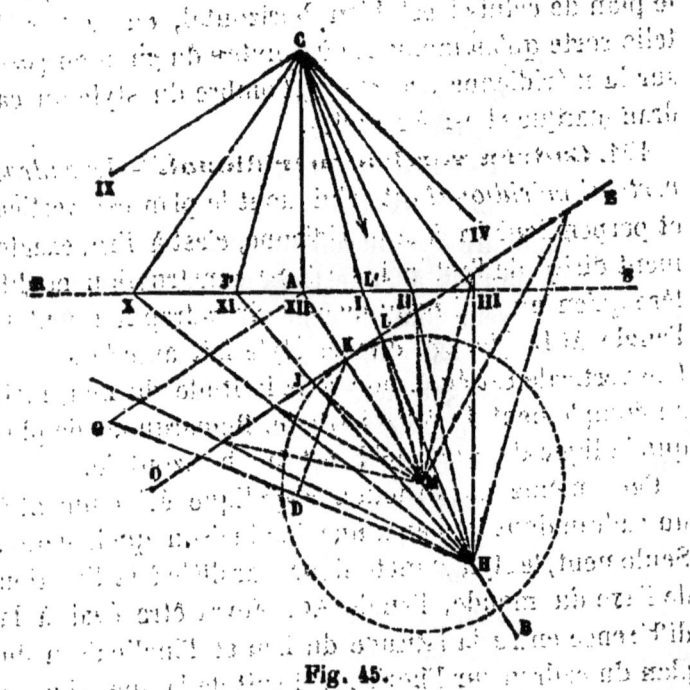

Fig. 45.

sur le mur est nécessairement verticale, comme intersection de deux plans perpendiculaires à l'horizon, choisissons le point C qui doit être le pied du style, et traçons la verticale CA qui passe par ce point. Par le pied A de cette verticale menons sur le sol la méridienne AB qui est oblique à la base RS du mur. Le plan CAB est évidemment le méridien ; le style doit être

LIVRE III. — DU SOLEIL.   107

situé dans ce plan et son prolongement doit rencontrer AB en un point H, et faire avec cette droite un angle égale à la latitude. Nous construirons donc facilement ce point de rencontre en traçant sur le sol une droite AG égal à CA et perpendiculaire à AB, et en faisant au point G un angle AGH égal au complément de la latitude. Cela posé, traçons EO perpendiculaire à la méridienne AB et construisons le cadran horizontal qui aurait EO pour ligne d'est-ouest et H pour pied du style ; nous savons que les lignes HJ, HL, etc., seront les lignes horaires de XI heures et de I heure, etc. Si nous prolongeons ces lignes jusqu'à leur rencontre avec RS, en J', L', les lignes horaires correspondantes du cadran vertical seront CJ', CL', etc. Il ne reste plus qu'à fixer le style au point C, dans la direction CH, opération qui n'offre aucune difficulté.

106. Méridienne du temps moyen. — Le style des cadrans solaires est ordinairement terminé par une plaque circulaire percée d'un trou. Les rayons lumineux, qui passent par le trou, dessinent un point brillant au centre de l'ombre projetée par la plaque, ce qui rend l'observation plus précise. Or, concevons qu'à l'aide d'une montre bien réglée sur le temps moyen, nous marquions chaque jour, sur le cadran, la position du point brillant à midi moyen : nous pourrons joindre ces positions successives par un trait continu, et nous obtiendrons ainsi une courbe en forme de 8, qui servira évidemment à la détermination du midi moyen. Comme le midi moyen se confond quatre fois par an avec le midi vrai,

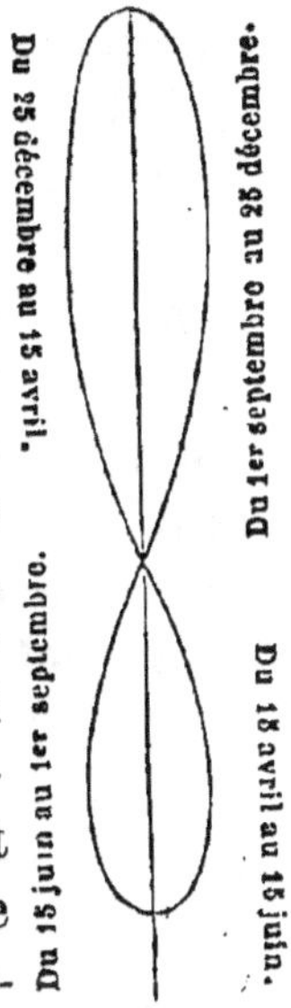

Fig. 46.

la courbe, connue sous le nom de *méridienne du temps moyen*, coupe quatre fois la droite qui, sur le cadran, indique le midi vrai.

La coïncidence du point brillant avec la méridienne du temps moyen a lieu deux fois par jour ; pour reconnaître quelle est celle des deux coïncidences qui correspond à l'instant du midi moyen, on inscrit le long de la courbe le nom des mois de l'année.

107. Année tropique. — Sa valeur en jours moyens. — L'*année tropique* est le temps que le Soleil emploie pour revenir à un même équinoxe. En déterminant avec soin l'instant précis de deux équinoxes consécutifs, nous pourrions connaître la longueur de l'année tropique ; mais nous n'aurions ainsi qu'une approximation grossière ; car, en admettant une erreur d'une seconde de degré seulement dans l'observation des ascensions droites, celle qui en résulterait pour la longueur de l'année tropique pourrait s'élever jusqu'à 2 minutes de temps.

Les astronomes ont imaginé de comparer entre eux, non pas deux équinoxes consécutifs, mais deux équinoxes très-éloignés, de 100 ans par exemple : ce qui donne la longueur de 100 années tropiques. En divisant cette longueur par 100, on obtient la durée d'une seule. On comprend qu'en opérant ainsi, l'erreur ne provenant que des deux observations extrêmes et étant par conséquent la même que lorsqu'on compare deux équinoxes consécutifs, devient cent fois plus petite et, par suite, négligeable.

La longueur de l'année tropique ainsi déterminée est de $365^j,242256$, ou $365^j\ 5^h\ 49^m$, temps moyen. Mais, par suite de son mouvement en ascension droite, le Soleil passe au méridien une fois de moins qu'une étoile, de sorte que l'année tropique vaut en jours sidéraux 366^j, 242217.

108. Calendrier. — Le calendrier a pour objet la division du temps, d'après les phénomènes astronomiques, et les règles suivant lesquelles s'opère cette division. On distingue les *calendriers annuels*, ou ceux qui ne contiennent que la division d'une année en jours, semaines, mois ; et le *calendrier perpétuel*, tableau dressé pour déterminer facilement, dans une année quelconque, les jours de la semaine et autres faits importants, surtout au point de vue ecclésiastique.

Comme la révolution du Soleil autour de la Terre, ou l'année tropique, se partage, ainsi que nous le verrons plus tard, en quatre parties principales, nommées *saisons*, qui ramènent à perpétuité les mêmes travaux sur la terre, on a imaginé, pour les usages de la société, de donner à l'année civile la durée de l'année tropique ; et, comme cette dernière se compose de 365^j, 2422, temps moyen, ou 365^j 1/4 environ, les anciens peuples, et surtout les Egyptiens, adoptèrent une année civile de 365^j.

109. Réforme julienne. — Or, la suppression de 1/4 de jour par an n'ayant pas tardé à détruire la correspondance entre les saisons et les diverses époques de l'année, Jules César résolut de porter remède à tous ces désordres et d'établir une intercalation régulière, invariable, exempte d'arbitraire, qui les prévînt à l'avenir. Il ordonna que l'année serait communément composée de 365 jours, mais que, tous les quatre ans, on lui ajouterait un jour.

Ce fut dans le mois de février que Jules César intercala le jour complémentaire. Il y avait dans ce mois un sixième jour avant les calendes de mars qu'on appelait *sexto-calendas*; on convint de le compter deux fois, et le jour intercalaire fut désigné sous le nom de *bissexto-calendas*; de là le nom de *bissextile* donné aux années de 366 jours.

110. Réforme grégorienne. — La réforme opérée dans le calendrier par Jules César, et appelée de son nom *réforme julienne*, était loin d'être parfaite; son principe constitutif était une valeur de $365^j\ 1/4$ pour l'année solaire. Or, cette valeur est trop grande de $11^m\ 10^s$ environ. Il est facile de constater que, par accumulation, il en résulte un jour d'erreur en 129 ans; de sorte qu'à l'époque du concile de Nicée, en 325, l'équinoxe civil était de près de trois jours en retard sur l'équinoxe vrai. Le désordre croissant avec le temps, il en résulta une erreur de 10 jours pour l'année 1580, époque à laquelle le pape Grégoire XIII entreprit une nouvelle réforme.

Ce pontife, aidé d'un savant calabrais, nommé *Lilio*, commença par supprimer 10 jours dans le calendrier civil, en ordonnant que le lendemain du 4 octobre de l'année 1582 s'appellerait le 15 octobre; puis il décida qu'on continuerait d'employer l'intercalation julienne d'un jour tous les quatre ans; mais, comme il en résultait un jour d'erreur en 129 ans, ou 3 jours en 387, ou plus simplement en 400 ans; ou bien encore, comme, d'après la réforme julienne, on appelait *bissextile* l'année dont le millésime était divisible par 4 et, par conséquent, toutes les années séculaires, on convint que, sur 4 années séculaires, on ne compterait comme bissextile que celle dont le millésime est encore divisible par 4, après qu'on a supprimé deux zéros sur sa droite. Ainsi, les années 1700, 1800, 1900, qui seraient bissextiles d'après la règle générale, ne le seront pas ; mais l'année 2000 le sera. De cette manière, on fait disparaître, à très-peu près, le principe d'erreur contenu dans la réforme julienne ; car, un calcul facile à faire prouverait que, même en appliquant à 400 ans ce qui convient à 387, l'erreur qui résulterait ne serait que d'un jour en 4000 ans : il est donc permis de ne pas en tenir compte.

111. La réforme grégorienne ne fut pas adoptée immédiatement et sans résistance, même dans les pays catholiques. Dans les pays protestants, on aima mieux, remarque Arago d'après un critique, n'être pas d'accord avec le Soleil que de l'être avec la cour de Rome.

La réformation commença à Rome le 5-15 octobre 1582, suivant le décret, en France le 10-20 décembre de la même année, en Allemagne et dans les pays catholiques en 1584. Les nations protestantes se rallièrent peu à peu au *nouveau style*, suivant l'expression usitée, les protestants allemands en 1700 et les Anglais en 1752. Les Russes et les Grecs sont les seuls peuples qui ont conservé le *vieux style*. La différence des dates dans le vieux et le nouveau style est, depuis l'année 1800, de 12 jours ; de sorte que nous appelons, par exemple, 10 mai ce qui s'appelle 28 avril chez les Russes.

112. Origine de l'année civile. — Jules César avait prescrit que l'année civile commencerait le 1ᵉʳ janvier à minuit ; mais cet usage ne fut pas conservé chez les nations modernes. Les unes prirent pour ce commencement le 25 décembre, jour de la Nativité de Notre-Seigneur Jésus-Christ ; d'autres le fixèrent au 1ᵉʳ mars ou au 25 du même mois, jour de l'Annonciation ; enfin, quelques-unes conservèrent le 1er janvier. En France, un édit de Charles IX, de 1563, ramena le commencement de l'année à cette dernière date ; c'est la pratique généralement suivie aujourd'hui.

113. Division de l'année civile. — L'année civile se divise en 12 mois composés chacun de 30 ou 31 jours, excepté février, qui n'en a que 28 dans les années ordinaires et 29 dans les années bissextiles. Les noms suivants sont adoptés depuis l'empereur Auguste :

1 *Janvier*, 31 jours.
2 *Février*, 28 ou 29 jours.
3 *Mars*, 31 jours.
4 *Avril*, 30 jours.
5 *Mai*, 31 jours.
6 *Juin*, 30 jours.
7 *Juillet*, 31 jours.
8 *Août*, 31 jours.
9 *Septembre*, 30 jours.
10 *Octobre*, 31 jours.
11 *Novembre*, 30 jours.
12 *Décembre*, 31 jours.

Comme on peut oublier le nombre de jours d'un mois, voici un moyen mécanique de le retenir. On ferme la main, moins le pouce, on prononce successivement le nom des mois, à partir de janvier, sur les articulations et sur les intervalles en commençant par l'articulation de l'index et la reprenant à la fin comme si elle venait immédiatement après celle du petit doigt. Les mois prononcés sur les articulations ont 31 jours et ceux des intervalles 30, excepté février, qui, selon l'année, en a 28 ou 29.

114. Le calendrier contient encore une autre subdivision de l'année constamment employée dans les usages journaliers : c'est la *semaine*, division traditionnelle dont l'origine est dans la *Genèse*. La semaine se compose de 7 jours dont les noms *lundi, mardi, mercredi, jeudi, vendredi, samedi, dimanche*, sont

LIVRE III. — DU SOLEIL.

tirés de ceux des planètes connues des anciens, parmi lesquelles ils faisaient figurer la Lune et le Soleil. Ainsi, *lundi* vient de Lune, *mardi* de Mars, *mercredi* de Mercure, *jeudi* de Jupiter, *vendredi* de Vénus, *samedi* de Saturne. *Dimanche* s'appelle chez plusieurs nations le *jour du Soleil* : en France, ce fut le jour consacré au Seigneur, et c'est de là que lui vient son nom.

115. Calendrier perpétuel. — Lettre dominicale. L'année civile commune comprend 52 semaines et 1 jour ; le nom du jour qui la commence est aussi le nom de celui qui la termine. Ainsi, le 25 mai d'une année porte le même nom que le 24 mai de l'année suivante, etc.

De là résulte la possibilité de construire un *calendrier perpétuel*, c'est-à-dire, un calendrier qui sert toutes les années. Au lieu des noms des jours, on écrit périodiquement les 7 lettres A, B, C, D, E, F, G, de manière que A corresponde *invariablement* au 1er janvier, B au 2, C au 3....., puis A au 8, B au 9, etc., et ainsi de suite, jusqu'au 31 décembre. Ces lettres se succèdent dans le même ordre que les jours de la semaine, il est évident que chacune d'elles désignera pendant toute l'année des dates de même dénomination. Ainsi, qu'une seule fois B, par exemple, indique un dimanche, toutes les dates, à côté desquelles se trouve B, sont des dimanches, toutes celles qui correspondent à C des lundis, etc.

La lettre qui indique le dimanche s'appelle *lettre dominicale* ; elle change chaque année et rétrograde d'un rang, parce qu'il y a dans l'année un jour de plus que 52 semaines. Les années bissextiles ayant 29 jours en février, il y a une lettre dominicale pour janvier et février, et une autre (celle qui la précède dans l'ordre alphabétique) pour les dix derniers mois. Pour 1873, la lettre dominicale est E ; en 1874 elle sera D, et C en 1875 ; en 1876 les deux lettres dominicales seront successivement B et A. Après sept bissextiles ou 28 ans, les lettres dominicales se reproduisent périodiquement.

CHAPITRE IV

Distance du Soleil à la Terre. — Rapport du volume à celui de la Terre. — Rapport des masses. — Densité du Soleil rapportée à celle de la Terre.

116. Parallaxe d'un astre. — On appelle, en général, *parallaxe* d'un astre S, relativement à un lieu A, l'angle ASO *sous lequel serait vu, du centre de l'astre,*

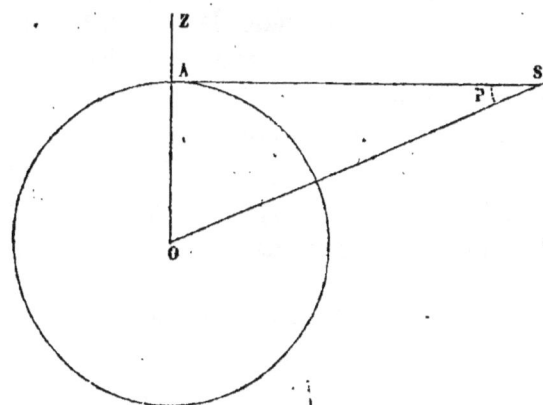

Fig. 47.

le rayon OA *de la Terre qui aboutit à ce lieu.* Quand l'astre se trouve à l'horizon, sa parallaxe est dite *horizontale* et *parallaxe de hauteur*, pour toutes ses autres positions. La trigonométrie sphérique permet de déduire la parallaxe horizontale de la parallaxe de hauteur.

La mesure de la distance d'un astre à la Terre dépend de la mesure de sa parallaxe horizontale. Considérons, en effet, un astre S dans le plan de l'horizon ; le rayon visuel AS, situé dans ce plan, étant perpendiculaire à la verticale OZ (4), le triangle ASO est rectangle en A ; le côté OA est le rayon terrestre ; il suffira donc de connaître l'angle aigu ASO, ou la parallaxe horizontale de l'astre, pour pouvoir calculer, à l'aide de la trigonométrie, la longueur AS.

Les étoiles sont tellement éloignées de nous que leur parallaxe, ainsi définie, est nulle ; celle du Soleil, de la Lune, des planètes, ne l'est pas ; mais elle est toujours très-petite.

117. Distance du Soleil à la Terre.—Nous indiquerons, en parlant des passages de Vénus sur le disque du Soleil, le procédé le plus exact que l'on connaisse pour mesurer la parallaxe horizontale de cet astre. Comme elle n'est, d'après M. Laugier, que de $8''{,}86$, nous pouvons employer, pour calculer la distance du Soleil à la Terre, la méthode et la formule du numéro 37. En désignant par d la distance cherchée, par r le rayon terrestre, nous aurons :

$$d = \frac{206265}{8{,}86} r = 23280\ r.$$

Comme la parallaxe du Soleil n'est guère connue qu'à $0''04$ près, il en résulte, pour la distance de cet astre à la Terre, une incertitude 106 rayons terrestres. C'est pourquoi nous disons, en nombres ronds, que *cette distance égale* 23300 *fois le rayon de la Terre*, ce rayon étant d'ailleurs celui de l'équateur qui vaut 6377398 mètres.

Si nous convertissons cette distance en lieues de poste de 4 kilomètres, nous trouvons, en nombres ronds, 37150000 lieues, avec une incertitude d'environ 169000 lieues. Nous aurons aisément une idée d'un tel nombre, en remarquant qu'un boulet, dont la vitesse serait de 800 mètres par seconde, ou de 2880 kilomètres par heure, mettrait plus de 6 ans pour arriver jusqu'au Soleil. Une locomotive, lancée avec une vitesse de 50 kilomètres ne l'atteindrait qu'après 350 ans environ de marche.

118. Rayon du Soleil. — Nous pouvons maintenant mesurer le rayon du Soleil. En effet, la parallaxe de cet astre étant l'angle sous lequel serait vu de son centre le rayon terrestre, nous pouvons dire qu'elle est la valeur du demi-diamètre apparent de la Terre vue du Soleil. Nous connaissons d'ailleurs la valeur du demi-diamètre apparent du Soleil vu de la Terre ; il est en moyenne de 16'3'' ou 963''. Or les demi-diamètres réels des deux astres, étant ainsi vus à la même distance, sous des angles très-petits, peuvent être confondus avec les arcs qu'ils sous-tendent et, par conséquent, assimilés à deux arcs décrits avec un même rayon, lequel serait la distance du Soleil à la Terre. Mais, dans des cercles égaux, les arcs sont proportionnels aux angles au centre ; donc, en désignant par R le rayon du Soleil, que nous supposons se confondre avec l'arc qu'il sous-tend, et r le rayon de la Terre, nous aurons :

$$\frac{R}{r} = \frac{963}{8,86},$$

d'où nous tirons :

$$R = \frac{963r}{8,86} = 108,556r.$$

118 LEÇONS ÉLÉMENTAIRES DE COSMOGRAPHIE.

Ainsi, *le rayon du Soleil vaut environ* 108 *fois le rayon de la Terre.*

119. Surface et volume du Soleil. — On démontre en géométrie que les surfaces de deux sphères sont proportionnelles aux carrés de leurs rayons, et leurs volumes proportionnels aux cubes de ces mêmes rayons. En prenant la surface de la Terre pour unité de surface et son volume pour unité de volume, nous aurons, pour la surface S du Soleil et pour son volume V :

$$S = \overline{108,556}^2 = 11784$$
$$V = \overline{108,556}^3 = 1279267.$$

Donc, *la surface du Soleil vaut près de* 12000 *fois celle de la Terre, et son volume près de* 1300000 *fois celui de la Terre.*

« Un professeur, raconte Arago, pour donner à ses
« élèves une idée sensible du volume du Soleil com-
« paré à celui de la Terre, imagina de compter les
« grains de blé de grosseur moyenne qui sont contenus
« dans un litre ; il en trouva 10000. Un décalitre doit
« en contenir 100000, et 13 décalitres 1300000. Ayant
« donc rassemblé en un seul tas les 13 décalitres de
« blé, il mit en regard un seul de ces grains, et dit à
« ses auditeurs : Voilà en volume la Terre et voici le
« Soleil. Cette comparaison frappa de surprise les
« élèves plus que ne l'avait fait l'énonciation des
« nombres abstraits 1 et 1300000.

120. Masse du Soleil. — Nous pouvons définir la masse d'un corps, *la quantité de molécules matérielles qui le composent* (*).

(*) On démontre en mécanique que, si un corps est soumis à

LIVRE III. — DU SOLEIL.

La matière étant inerte, chacune de ses molécules a besoin, pour se mettre en mouvement, d'éprouver l'action d'une certaine force ; et l'on comprend que, plus un corps contient de molécules matérielles, plus la force qui lui communique une vitesse déterminée doit être considérable ; ce que l'on énonce d'une manière générale, en disant que *les forces qui impriment une même vitesse à des masses différentes sont proportionnelles à ces masses.*

Il suit, de là, qu'un moyen de comparer entre elles les masses du Soleil et de la Terre serait de trouver deux forces qui, agissant respectivement sur chacun de ces corps, leur imprimeraient une même vitesse : une telle expérience est évidemment impossible. Mais la loi de l'attraction universelle permet de résoudre le problème ; elle nous apprend, en effet, que *les corps s'attirent en raison directe de leurs masses et en raison inverse du carré de la distance.* L'étude des corps pesants à la surface de la Terre fait connaître l'intensité de l'attraction que notre globe exerce à une distance égale à la longueur de son rayon. Si, par l'é-

l'action de plusieurs forces p, F, F'..... dont la première est son poids, il reçoit des vitesses g, v, v' ..... telles que l'on a $\frac{p}{g}$ $= \frac{F}{v'} = \frac{F'}{v'}$ ..... $= M$; c'est-à-dire *que le rapport de l'intensité d'une force à la vitesse qu'elle imprime à un corps est constant.* Ce rapport est ce que l'on nomme la *masse* du corps.

La signification du mot *masse* en mécanique ne diffère nullement de celle que nous lui donnons dans notre définition En effet, le rapport $\frac{p}{g} = M$, dans lequel g est un nombre constant égal à $9^m,808$, qui n'est autre que la vitesse acquise dans la première seconde de chute, ce rapport montre que plus le poids d'un corps est considérable, c'est-à-dire que plus ce corps contient de molécules matérielles, plus sa masse est grande.

tude d'un corps tombant sur le Soleil et placé à une distance déterminée, nous pouvions pareillement connaître l'intensité de l'attraction solaire, ces deux intensités une fois calculées, leur rapport donnerait celui des masses du Soleil et de la Terre. Toute la question est donc ramenée à celle-ci : *de combien le Soleil, dans l'intervalle d'une seconde, fait-il tomber vers son centre un corps qui en est à une distance connue?*

C'est de la Terre elle-même que nous étudierons la chute. Nous verrons bientôt que c'est elle qui se meut autour du Soleil, et que c'est l'attraction de cet astre qui la force à décrire une orbite elliptique. Soient donc AMA' cette orbite que, pour plus de simplicité, nous supposons circulaire, A la position de la Terre à un instant quelconque, M sa position après une seconde. Si l'attraction solaire n'existait pas, notre globe suivrait avec sa vitesse acquise la tangente AT et viendraient en T en une seconde ; si, au contraire, la vitesse était nulle en T, il tomberait sur le Soleil en une seconde de la distance TM. C'est la combinaison de ces deux mouvements simultanés qui produit le mouvement suivant l'arc AM. Cela posé, abaissons MP perpendiculaire sur le rayon SA de l'orbite, et joignons le point M au point A' diamétralement opposé à A, nous aurons d'abord :

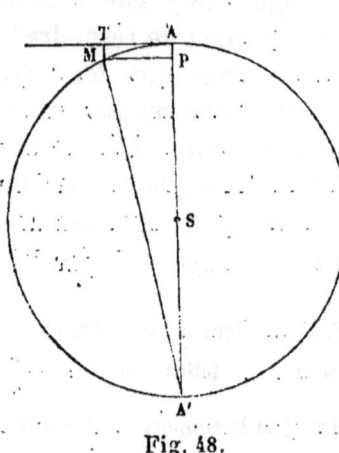

Fig. 48.

$$AP = TM.$$

LIVRE III. — DU SOLEIL.

L'arc AM étant très-petit, nous savons (37) que nous pouvons le considérer comme se confondant avec la corde qui le sous-tend. L'angle inscrit AMA' sera droit; mais, MP étant perpendiculaire sur AA', le triangle rectangle AMA' donne :

$$\overline{AM}^2 = AA' \times AP ;$$

d'où nous tirons :

$$AP = \frac{\overline{AM}^2}{AA'}.$$

La Terre décrivant son orbite en 365 jours 1/4, une simple division fera connaître la longueur de l'arc AM parcouru en une seconde. Nous savons de plus que AA' est le double de la distance qui nous sépare du Soleil ; nous connaîtrons la quantité dont la Terre tombe vers le Soleil en une seconde, en divisant le carré de l'arc qu'elle parcourt, dans le même temps, sur son orbite par le diamètre de cette orbite. En effectuant les calculs, on trouve qu'en une seconde, la Terre, éloignée du Soleil de 24068 fois son rayon, tomberait sur cet astre de $0^m,003$; il en serait de même de tout autre corps placé à la même distance.

D'un autre côté, un corps, placé à une distance du centre de la Terre égale au rayon de ce globe, tombe vers elle en une seconde de $4^m,904$. S'il était placé à une distance 23280 fois plus grande, l'attraction serait d'après la loi des carrés des distances, $\overline{23280}^2$ ou 541958400 fois plus petite, et la chute en une seconde ne serait plus que de

$$\frac{4,904}{541958400} ;$$

par conséquent les deux nombres 0,003 et $\frac{4{,}904}{531958400}$ représentent les espaces parcourus dans la première seconde de chute par un corps tombant vers le Soleil et vers la Terre ; leur rapport

$$\frac{0{,}003 \times 531958400}{4{,}904} = 325423$$

est donc égal au rapport des masses des deux corps. Si l'on prend pour unité la masse de la Terre, ce rapport est la valeur même de la masse du Soleil.

C'est ainsi, du moins quant au fond, sinon quant à la forme, qu'on a déterminé la masse du Soleil par rapport à celle de la Terre. Des calculs plus délicats que ceux que nous venons d'indiquer ont donné 355500 ; c'est la valeur que les astronomes ont adoptée.

On se figure difficilement la grandeur d'une masse égale à 355500 fois celle de la Terre, c'est-à-dire, d'une masse qui, placée dans le plateau d'une balance, aurait besoin, pour être équilibrée, de 355500 globes pareils à celui que nous habitons, entassés dans le bassin opposé. « Or, remarque M. Garcet, si l'on calcule le poids
« de la Terre d'après les procédés ordinaires de la phy-
« sique, on trouve qu'il faudrait dix billions d'attelages
« composés chacun de dix billions de chevaux pour
« traîner cette masse sur un sol semblable à celui sur
« lequel roulent nos voitures ; il en faudrait donc
« 355500 fois plus pour traîner le Soleil. On voit que
« nous sommes loin des notions poétiques de la mytho-
« logie qui n'accordait au char de cet astre qu'un atte-
« lage de quatre chevaux. C'est ainsi que la vérité,
« telle que l'ont découverte les astronomes modernes,
« se présente à notre esprit sous un aspect bien autre-

« ment grandiose » et bien plus digne de la puissance de celui dont il est écrit, que les cieux annoncent la gloire : *Cœli enarrant gloriam Dei.*

121. Densité du Soleil. — On appelle densité d'un corps le rapport de sa masse à son volume. Nous venons de voir que la masse du Soleil est 355500 ; nous savons d'ailleurs que son volume est 1279267 fois celui de la Terre. Sa densité sera donc, en prenant pour unité la densité de la Terre :

$$\frac{355500}{1279267} = 0{,}27.$$

Cavendish a trouvé 5,48 pour la densité moyenne de la Terre rapportée à celle de l'eau distillée ; celle du Soleil, aussi par rapport à l'eau, sera donc :

$$0{,}27 \times 5{,}48 = 1{,}48.$$

CHAPITRE V

Taches du Soleil. — Sa rotation sur lui-même. — Sa constitution physique.

122. Taches du Soleil. — Lorsqu'on observe le Soleil avec une lunette dont l'oculaire est coloré, afin de garantir l'œil des rayons de cet astre, sa surface présente, dans son ensemble, une lumière d'une égale intensité. Cependant, sur ce fond d'un éclat moyen, on remarque des espaces plus brillants ; d'autres sont un peu moins lumineux que le reste du disque. D'autres enfin sont absolument noirs. Les espaces plus brillants ont reçu le nom de *facules* et les espaces noirs celui des *taches*. Les parties, dont l'éclat est moindre que la lumière moyenne du Soleil, sont d'une teinte grisâtre ; elles entourent les taches comme d'une ceinture : on les appelle *pénombres*.

123. Les taches apparaissent, ordinairement, sur le bord oriental du Soleil, s'avancent graduellement vers le centre du disque et vont disparaître au bord occidental, après avoir décrit des lignes droites parallèles ou des demi-ellipses très-aplaties dont la convexité est tournée, pour toutes vers la même région. Quelques-unes d'entre elles naissent subitement et s'évanouissent pendant leur mouvement sur la partie visible du Soleil ; d'autres,

ayant parcouru leur courbe entière et disparu au bord occidental, ne reviennent plus ; elles ont dû se dissiper sur la face invisible pour nous de l'astre ; le plus grand nombre, après avoir disparu au bord occidental, reparaissent au bord opposé et font ainsi une ou plusieurs révolutions complètes avant de se dissoudre.

Quelle est la nature de ces taches ? Sont-elles dues, comme on l'a prétendu d'abord, à la présence de certains corps opaques, tels que Mercure et Vénus, circulant autour du Soleil, et revenant de temps en temps s'interposer entre l'astre et nous, de manière à nous cacher certaines portions de sa surface ? Les circonstances que présente le phénomène ne nous permettent pas d'admettre cette hypothèse.

Les taches sont visibles pendant 14 jours environ et invisibles pendant le même temps. De plus, si l'on examine la quantité dont l'une d'elles se déplace en 24 heures, dans son trajet sur le disque, on reconnaît que sa vitesse, faible d'abord, va en augmentant du bord oriental jusqu'au centre, et qu'à partir de ce point, elle va, au contraire, en diminuant jusqu'au bord occidental.

Indépendamment de ce mouvement qui leur est commun, les taches éprouvent des déplacements particuliers et elles sont surtout sujettes à des changements de formes. Au moment où elles se montrent au bord oriental du disque de l'astre, elles offrent l'apparence d'un filet étroit et d'une certaine longueur ; à mesure qu'elles s'avancent vers le centre, elles s'élargissent et atteignent à ce point leur plus grande dimension transversale. Ensuite, elles diminuent progressivement, jusqu'à ce que, réduites à un simple filet, elles disparaissent par le bord occidental.

124. Rotation du Soleil. — Or, toutes ces circonstances restent sans explication possible, si on ne suppose que les taches sont adhérentes à la surface du Soleil, et si l'on n'admet que cet astre est doué d'un mouvement de rotation sur lui-même. Il est d'abord évident que, dans cette hypothèse, la durée de la période de visibilité ou d'invisibilité des taches sera la même ; d'un autre côté, le mouvement de rotation du Soleil sur lui-même étant uniforme, elles décriront des arcs égaux en des temps égaux. Pour nous, ces arcs se projetteront sur le plan du disque solaire, suivant des lignes d'autant plus petites qu'ils seront plus inclinés sur ce plan, c'est-à-dire qu'ils seront plus rapprochés des bords. Vers le centre, où ils sont presque parallèles au plan du disque, ils se projetteront à peu près suivant leur grandeur. Ces projections seront les vitesses apparentes des taches : celles-ci nous paraîtront donc augmenter de vitesse en allant d'un bord au centre du disque, et diminuer en allant du centre à l'autre bord.

Quant aux changements de formes, leur explication est tout aussi facile. On démontre, en effet, que plus est grand l'angle qu'une surface fait avec le plan sur lequel on la projette, plus sa projection sur ce plan est petite ; par conséquent, lorsque les taches se montreront dans la direction du rayon visuel qui joint l'œil de l'observateur au centre du Soleil, c'est-à-dire, lorsque, pour l'observateur, elles seront à peu près parallèles au plan du disque de l'astre, elles apparaîtront presque sous leur véritable forme ; tandis qu'elles sembleront se rétrécir de plus en plus transversalement à mesure qu'elles seront vues plus obliquement ou qu'elles seront plus près des bords de l'astre.

LIVRE III. — DU SOLEIL. 127

On se rend parfaitement compte du phénomène en collant un papier noir de peu d'étendue sur la surface d'une sphère mobile, et en faisant tourner cette sphère uniformément autour de celui de ses axes qui est à peu près perpendiculaire au rayon visuel joignant l'œil au centre de la sphère. Cette même expérience mettra aussi en évidence les variations des vitesses dans le mouvement diurne de la tache.

125. Durée de la rotation du Soleil. — Si, pendant un temps suffisamment long, on suit le mouvement des taches sur le disque solaire, on reconnaît qu'après 27 jours $\frac{1}{2}$ chacune d'elles reprend la position où on l'avait vue d'abord. Au premier aspect, on est porté à regarder ce temps comme égal à celui que le Soleil met à faire un tour entier sur lui-même ; mais, avec un peu de réflexion, on ne tarde pas à reconnaître que ce n'est là qu'une erreur.

En effet, en même temps que le Soleil tourne sur lui-même, il est animé d'un mouvement de translation apparent autour de la Terre. Supposons ce mouvement circulaire et soit a une tache qui, vue de la Terre, se projette actuellement sur le centre même du disque solaire : dans 27 jours et demi elle se projettera encore au même point; elle

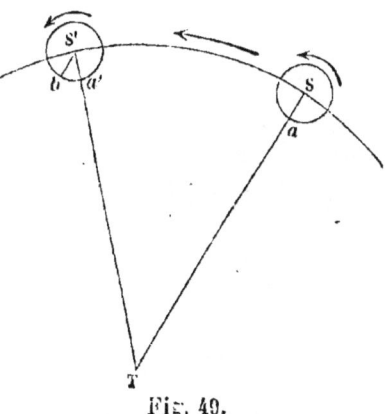

Fig. 49.

semblera donc avoir fait un tour entier sur la surface du Soleil. Mais, pendant ce temps, cet astre, en vertu de son mouvement de translation, a parcouru l'arc d'écliptique SS' de sorte que la tache sera en a'. Sa rotation s'est faite dans le sens même du mouvement du Soleil, ainsi que l'indiquent les flèches. Menons S'b parallèle à Sa, il est évident que, lorsque la tache arrivera en b, elle aura fait une révolution entière ; donc, quand elle arrive en a', elle a décrit une révolution entière plus l'arc ba'. La durée d'une révolution entière est donc inférieure à 27 j. $\frac{1}{2}$.

En combinant les résultats d'observations nombreuses, on a trouvé pour cette durée $25^j,34$. C'est aussi la durée de la rotation du Soleil sur lui-même, puisque nous considérons les taches comme adhérentes à la surface de cet astre.

126. Constitution physique du Soleil. — L'examen attentif des taches du Soleil a conduit l'astronome anglais Herschell à supposer que cet astre est composé d'un noyau solide, opaque et obscur S, entouré, à une certaine distance, d'une atmosphère AA' qui peut être comparée à l'atmosphère terrestre, quand elle est le siège d'une couche continue de nuages doués du pouvoir réflecteur. Au-dessus de cette première couche, est une seconde atmosphère lumineuse BB', nommée spécialement

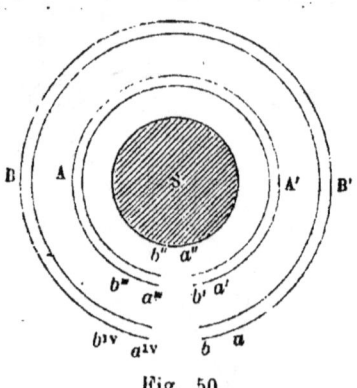

Fig. 50.

photosphère, d'où nous arrivent à la fois la lumière et la chaleur.

D'après Herschell, il y aurait dans ces deux couches

une sorte de déchirement ou solution de continuité, et l'ouverture faite dans la couche extérieure serait plus large que celle faite dans la couche intérieure. Quand, par suite de la rotation du Soleil et des couches qui l'entourent, l'extrémité b de la couche supérieure BB' commence à apparaître au spectateur, il aperçoit d'abord la partie $a'b'$ de la couche interne AA' qui est moins lumineuse que la couche BB' : cette partie $a'b'$ forme la *pénombre*; puis vient la partie $a''b''$ du noyau central : c'est la *tache*. Ensuite on voit la partie $a'''b'''$ de la couche interne : c'est encore la pénombre; enfin, la couche extérieure $a^{\text{iv}}b^{\text{iv}}$ apparaît dans toute sa clarté. En b et en a^{iv} la lumière est quelquefois plus brillante : ce sont ces espaces qu'on appelle *facules*. On explique leur présence à côté de la pénombre, en supposant que cette vaste déchirure dans les atmosphères solaires est produite par une espèce de volcan, et qu'alors la matière qui occupait d'abord l'espace ba^{iv} se trouve refoulée sur la circonférence du trou, où par conséquent l'atmosphère est plus dense et plus lumineuse.

127. Telle est l'hypothèse qui, depuis Herschell, a été généralement admise. En discutant les résultats d'observations récentes, M. Faye a élaboré une théorie nouvelle dont voici un aperçu sommaire :

Selon l'astronome français, le Soleil est une sphère gazeuse ; les parties, extérieurement exposées au rayonnement vers les espaces célestes, perdent leur état gazeux en se refroidissant, et restent condensées en masses vaporeuses, mais incandescentes, dans une atmosphère transparente dont le globe est environné, formant une couche brillante que nous appelons *photosphère*. Cette couche, ainsi que l'intérieur du corps solaire, sont le siége de vastes opérations chimiques et de mouvements physiques très-compliqués. Des causes encore inconnues, transportant des masses considérables de l'intérieur vers l'extérieur, produisent d'immenses lacunes dans la couche lumineuse et donnent ainsi naissance aux taches. Le centre de ces lacunes, plus obscur et plus absorbant, nous intercepte la plus grande partie des rayons lumineux qui émanent du noyau central composé d'une matière gazeuse complétement dissociée.

Au dessus de la couche lumineuse se répand l'atmosphère formée de vapeurs transparentes, et s'étendant à une distance qui égale bien le quart du rayon solaire. Plus épaisse à l'équateur qu'aux pôles, cette atmosphère est de forme elliptique. Dans les régions équatoriales, surtout dans celles où se présentent les taches, on observe une plus grande activité qui se manifeste par un éclat plus grand, et par une épaisseur plus considérable de la couche atmosphérique elle-même.

Nous n'avons pas à nous prononcer pour la théorie d'Herschell ou pour celle de M. Faye ; nous ajouterons seulement que l'une et l'autre ne sont que des hypothèses qui rendent plus ou moins compte des apparences, mais qui ne sont pas à l'abri de toute objection sérieuse.

128. Lumière zodiacale. — La *lumière zodiacale* est une auréole lumineuse qui accompagne le Soleil et qui s'observe, dans nos climats, le soir à l'ouest, après la brume, en mars et avril, ou le matin à l'est, avant l'aurore, en septembre et octobre. Sa lueur est très-faible et n'empêche pas de voir les plus petites étoiles à travers son épaisseur. Elle affecte la forme d'une ellipse ou d'un fuseau très-allongé. Sa direction générale est celle de l'écliptique ; elle est, par conséquent, couchée sur le zodiaque, et c'est de là que lui vient son nom.

Les causes de cette lueur sont complétement inconnues; les conjectures faites sur sa nature n'ont rien de probable, et nous n'avons pas à les mentionner ici.

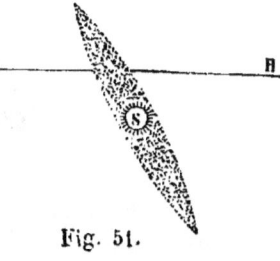

Fig. 51.

CHAPITRE VI

Du jour et de la nuit. — Leur durée aux différentes époques de l'année et en un lieu déterminé de la Terre. — Crépuscules. — Saisons. — Inégalité de la durée des saisons.

129. Du jour et de la nuit. — Dans le cours de son mouvement diurne, le Soleil se trouve tantôt au-dessus, tantôt au-dessous de l'horizon du spectateur. Le temps pendant lequel il se trouve au-dessus se nomme le *jour* ; la *nuit* est le temps pendant lequel il se trouve au-dessous. Le jour et la nuit forment ensemble un intervalle de 24 heures que nous avons appelé *jour solaire vrai*. Généralement, leurs durées respectives sont différentes ; elles dépendent de l'époque de l'année et de la latitude du lieu.

130. Durée du jour et de la nuit aux différentes époques de l'année. — Considérons donc le Soleil aux différentes époques de son mouvement sur l'écliptique, et soient PP' l'axe du monde, QQ' celui de l'écliptique, le plan du papier et le plan du méridien PQP'Q' passant par ces deux axes : EE' et $\varepsilon\varepsilon'$ seront les traces de l'équateur et de l'écliptique sur ce plan.

Nous admettrons que, relativement à sa distance au Soleil, les dimensions de la Terre sont insignifiantes : de sorte que, tant qu'il ne sera question que des levers et des couchers du Soleil, nous pouvons, sans erreur sensible, supposer qu'ils sont observés du centre de notre globe, et que l'horizon du spectateur passe par ce centre.

Ceci posé, soient TZ la verticale du lieu, HH' son horizon et supposons que dans son mouvement diurne le Soleil décrive le parallèle dont la trace sur le plan méridien est ee'. Ce parallèle est coupé par l'horizon en deux arcs inégaux dont l'un se projette suivant Oe, et l'autre suivant Oe'. Quand le Soleil décrira l'arc projeté en eO, il sera au-dessous de l'horizon et il fera nuit; il sera, au contraire, au-dessus de l'horizon et il fera jour, lorsqu'il décrira l'arc projeté en e'O.

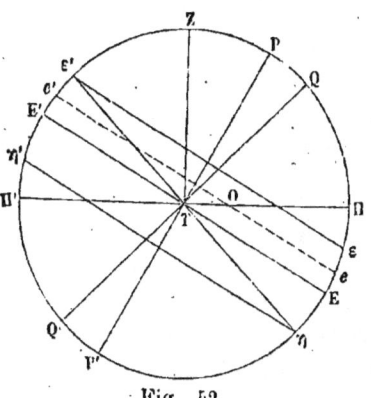

Fig. 52.

A la seule inspection de la figure, il est aisé de reconnaître que, plus le parallèle décrit par le Soleil s'éloigne de l'équateur, plus le jour diffère de la nuit. Quand cet astre arrive au point qu'on appelle *équinoxe*, il décrit l'équateur dans son mouvement diurne et le jour est égal à la nuit. C'est de là que vient le nom d'équinoxe (*æqua nox*).

131. Solstices. — Tropiques. — Le jour a sa plus grande valeur pour nous quand le Soleil, supposé dans l'hémisphère boréal, décrit le parallèle $\varepsilon\varepsilon'$ le plus éloigné de l'équateur ; ou, en d'autres termes, quand il atteint le point de l'écliptique où sa déclinaison boréale est la plus grande. Lorsqu'il atteint sa déclinaison australe maxima, c'est-à-dire, lorsqu'il décrit le parallèle $\eta\eta'$, le jour a sa plus petite valeur. En ε' et en η', l'écliptique, ou plutôt les tangentes en ces points sont parallèles au plan de l'équateur ; de sorte que, lorsque le Soleil y arrive, sa déclinaison ne varie pas pendant quelque temps : on dit alors que cet astre est stationnaire en déclinaison (*Sol stat*), d'où vient le nom de *solstices* donné à ces points. ε' est le solstice d'été, parce que l'été commence lorsque le Soleil y arrive ; pour la même raison, η est le solstice d'hiver.

Le parallèle décrit par le Soleil au moment des solstices s'appelle *tropique*, du mot grec τρέπειν, *retourner* ; c'est que, parvenu à ce point de l'écliptique, le Soleil cesse de s'éloigner de l'équateur pour y revenir. Le tropique qui se trouve dans l'hémisphère boréal est dit *tropique du Cancer* ; c'est le signe du zodiaque où le Soleil entre à cette époque. Par une raison semblable, le tropique de l'hémisphère austral se nomme *tropique du Capricorne*.

132. Durée du jour et de la nuit aux différentes latitudes. — Faisons maintenant varier le lieu terrestre pour lequel nous avons décrit le phénomène du jour et de la nuit, pendant le cours d'une année. Plaçons d'abord ce lieu à l'un des pôles, le pôle boréal, par exemple. La verticale se confondant avec l'axe du monde, l'horizon sera le plan de l'équateur. Tant que

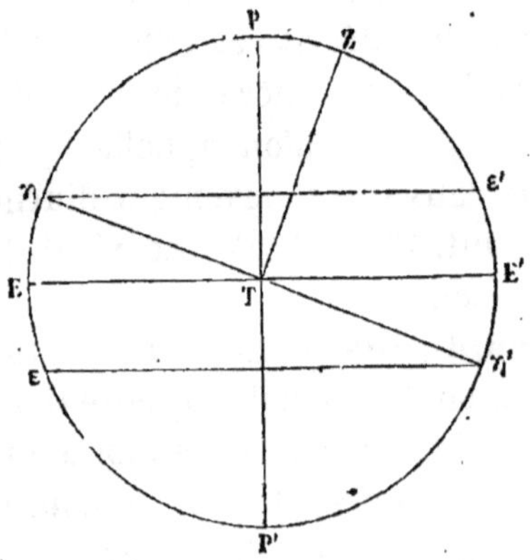

Fig. 53.

le Soleil sera dans l'hémisphère boréal, le parallèle qu'il décrit dans son mouvement diurne est tout entier au-dessus de l'horizon EE', et il n'y a par conséquent pas de nuit. Le contraire a lieu tant que le Soleil est dans l'hémisphère austral. Ainsi, pour les habitants du pôle boréal, le jour dure six mois et la nuit autant. Le même phénomène a lieu, mais dans un ordre inverse, pour les habitants du pôle austral.

Prenons un point situé sur l'équateur terrestre; alors l'horizon est perpendiculaire à l'équateur et divise en deux parties égales chacun des parallèles décrits par le Soleil : le jour sera donc constamment égal à la nuit.

133. Cercles polaires. — Tropiques terrestres. — Considérons le lieu dont la verticale fait avec l'axe du monde un angle de 23° 27' 38"; son horizon fera le même angle avec l'équateur et sera, par conséquent, tangent aux deux tropiques $\eta\epsilon'$, $\epsilon\eta'$ (*fig.* 50). Or, il est évident qu'au solstice d'été, lorsque le Soleil décrira le tropique du Cancer, le lieu considéré aura un jour de 24 heures s'il est situé dans l'hémisphère boréal, ou une nuit de 24 heures s'il est dans l'hémisphère austral. L'inverse arrivera au solstice d'hiver, quand le Soleil décrira le tropique du Capricorne $\eta'\epsilon$.

Les points du globe qui jouissent de la propriété d'avoir, à 6 mois d'intervalle, un jour et une nuit de 24 heures, sont situés sur deux parallèles terrestres dont la distance à l'équateur est de 66° 32' 22" : ces deux parallèles s'appellent *cercles polaires*.

Si nous concevons à la surface de la Terre les lieux dont les verticales passent par les tropiques, ces lieux ont le Soleil à leur zénith le jour des solstices. Leur ensemble forme deux parallèles terrestres distants de l'équateur de 23° 27' 38" et appelés *tropiques terrestres*.

Pour tous les points de chaque hémisphère situés entre le cercle polaire et le tropique, le Soleil se lève et se couche chaque jour et ne vient jamais au zénith. Ceux qui sont situés dans l'hémisphère boréal ont leur plus grand jour au solstice d'été, et leur plus grande nuit au solstice d'hiver : c'est l'inverse pour les points situés dans l'hémisphère austral; aux équinoxes, le jour et la nuit sont égaux.

134. Zones terrestres. — Les cercles polaires et les tropiques partagent la surface de la terre en cinq zones pour lesquelles l'action du Soleil est très-différente. On appelle *zone torride*, l'espace compris entre les deux tropiques ; *zones tempérées*, celles comprises entre les tropiques et les cercles polaires ; et, enfin, *zones glaciales*, celles qui s'étendent des cercles polaires jusqu'aux pôles.

135. Crépuscule. — Aurore. — Lorsque le Soleil a commencé à s'abaisser sous l'horizon, la lumière qu'il nous envoie ne s'éteint que graduellement et produit une continuation du jour appelée *crépuscule*. D'abord très-vif, le crépuscule va en diminuant d'éclat à mesure que le Soleil s'enfonce sous l'horizon. On ne peut dire d'une manière précise à quel moment il finit; ou plutôt, une transition nette du crépuscule à la nuit n'existe pas. On convient cependant d'en fixer la fin lorsque, par un ciel pur, les étoiles de 5e ou de 6e grandeur deviennent visibles à l'œil nu. L'observation a reconnu qu'alors le Soleil est à environ 18° au-dessous de l'horizon.

Un phénomène semblable a lieu avant le lever du Soleil : on l'appelle vulgairement *aurore*; mais les astronomes le désignent, comme celui du soir, sous le nom de *crépuscule*.

C'est à la réflexion de la lumière que nous devons les crépuscules. Lorsque le Soleil est tout entier sous l'horizon, il envoie néanmoins dans l'espace des rayons qui ne sont pas arrêtés par la Terre et qui, tombant sur les couches atmosphériques qui dominent nos têtes, se réfléchissent en partie vers nos yeux et nous donnent une faible sensation du jour. On conçoit que cette lumière réfléchie diminue à mesure que le Soleil s'abaisse sous l'horizon, puisque la partie éclairée de l'atmosphère va elle-même en diminuant.

Une expérience bien simple fait comprendre le phénomène de la lumière crépusculaire. Dans une chambre, fermée de toutes parts, faisons entrer par le trou d'un volet un rayon solaire et laissons-le sortir par une ouverture pratiquée en face. Ce rayon ne fera que traverser la pièce, mais une partie de sa lumière sera réfléchie par l'air et illuminera complétement la chambre.

136. Durée du crépuscule. — Nous venons de dire que le crépuscule cesse au moment où le Soleil se trouve à environ 18° au-dessous de l'horizon ; soit donc le plan du papier le plan du méridien d'un lieu de la Terre, HH' la trace de l'horizon sur ce méridien, et hh' celle d'un plan parallèle à l'horizon et situé à

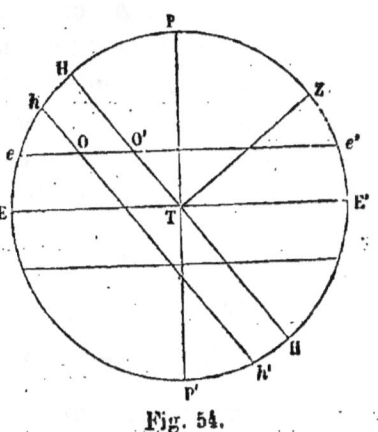

Fig. 54.

18° au-dessous, c'est-à-dire que l'arc de méridien compris entre l'horizon et le plan qui lui est parallèle est de 18°. Quand le Soleil décrit, dans son mouvement diurne, le parallèle dont la trace sur le méridien est ee', le crépuscule commence et dure tout le temps que l'astre met à parcourir l'arc de ce parallèle qui se projette suivant OO'; de sorte que, plus cet arc sera long, c'est-à-dire, plus le parallèle décrit sera oblique à l'horizon, plus la durée du crépuscule sera grande. A l'équateur, surtout à l'époque des équinoxes, cette durée est courte ($1^h 12^m$), parce qu'alors le Soleil descend perpendiculairement sous l'horizon ; mais elle s'allonge à mesure que la latitude augmente, parce que les parallèles décrits par le Soleil, dans son mouvement diurne, deviennent de plus en plus obliques à l'horizon. Cette durée varie encore pour un même lieu avec la déclinaison du Soleil ; car les projections, telles que OO', sont bien égales, mais les arcs correspondants ne renferment pas le même nombre de degrés.

Si, à un jour donné, le parallèle que décrit le Soleil passe par le point h, ce jour-là le crépuscule finira à minuit et l'aurore commencera au même instant ; par conséquent, il n'y aura pas de nuit à proprement parler : à plus forte raison, si ce parallèle passe au-dessus du point h. C'est ce qui arrive à Paris, à l'époque du solstice d'été. En effet, la latitude de cette ville, ou la hauteur du pôle HP en ce lieu est de 48° 50' 11" ; l'arc EH qui mesure l'inclinaison de l'horizon sur l'équateur sera de

$$90° - 48° 50' 11'' = 41° 9' 49''.$$

Si de cet arc on retranche la déclinaison du Soleil qui, au 21 juin, est d'environ 23° 28', il reste 17° 41' 49'' ; de sorte que le Soleil, dans son mouvement diurne, ne touche pas le plan hh', et par conséquent il n'y a pas d'intervalle entre la fin du crépuscule et le commencement de l'aurore.

137. Saisons. — Les deux équinoxes et les deux solstices forment quatre époques remarquables qui servent à diviser l'année en quatre parties inégales et auxquelles on donne le nom de *saisons*; ce sont : le *printemps*, l'*été*, l'*automne* et l'*hiver*.

Le printemps commence au moment où le Soleil traverse l'équateur pour passer de l'hémisphère austral dans l'hémisphère boréal, en d'autres termes, au moment où cet astre arrive au point de l'écliptique que nous avons appelé *équinoxe du printemps*. Cette saison dure jusqu'au moment où le Soleil atteint sa plus grande déclination boréale, c'est-à-dire, jusqu'au solstice d'été ; alors cette nouvelle saison commence. Quand le Soleil, en passant de l'hémisphère boréal dans l'hémisphère austral, rencontre encore l'équateur, l'automne succède à l'été et finit au moment où l'astre atteint sa plus grande déclinaison australe ; c'est à ce moment que commence l'hiver.

138. Inégalité des saisons. — Bien que les quatre saisons correspondent à quatre divisions égales de l'espace angulaire décrit par le Soleil dans sa course annuelle, elles sont néanmoins d'inégale durée, comme le montre le tableau suivant :

Printemps dure. . 92 j. 20 h. 59 m.
Été . . . . 93 j. 14 h. 13 m.
Automne . . . . . 89 j. 17 h. 35 m.
Hiver . . . . 89 j. 1 h. 2 m.

Cette inégalité tient à l'ellipticité de l'orbite solaire, et à la position de son grand axe par rapport à la ligne des équinoxes et à celle des solstices : car, soient PHAE, la courbe décrite par le Soleil dans son mouvement de translation autour de la Terre placée au foyer T, S et R les positions exactes de cet astre aux deux solstices. Les extrémités H et E de la perpendiculaire à la ligne des solstices seront ses positions à l'époque des équinoxes.

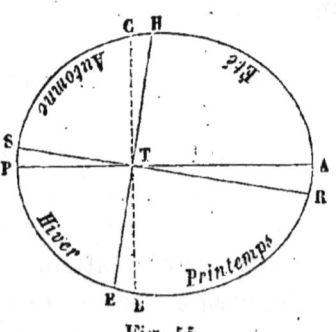

Fig. 55.

Ceci posé, il est facile de reconnaître que la ligne des solstices ne coïncidant pas avec le grand axe de l'orbite solaire, l'arc ER de cette orbite, parcouru par le Soleil de l'équinoxe du printemps au solstice d'été, est plus petit que l'arc RH parcouru de ce solstice à l'équinoxe d'automne : qu'au contraire, l'arc SH, qui sépare l'équinoxe d'automne du solstice d'hiver, est plus grand que l'arc SE, qui sépare le solstice d'hiver de l'équinoxe du printemps.

Menons, en effet, CB perpendiculaire à PA ; les arcs BA et AC sont parfaitement égaux, entre eux, il en est de même des deux arcs PC et PB. Mais BA est plus grand que ER ; car, si d'un côté ce dernier arc renferme de plus la partie BE, de l'autre, nous en retranchons la partie AR. Or, les deux angles BTE, ATR étant égaux, puisqu'ils ont le même complément BTR, et le rayon TA étant plus grand que le rayon TE, on a BE plus petit que AR, et par conséquent, arc BA plus grand que arc ER.

Au contraire, l'arc AR étant plus grand que l'arc CH, la partie RH de l'orbite est plus grande que la portion AC : elle le sera donc, à plus forte raison, que la portion ER.

Si nous remarquons encore que l'arc SP est plus petit que les arcs CH et BE, nous reconnaîtrons aisément que SH est plus grand que SE. Enfin, si nous ajoutons qu'en vertu de la loi des aires (93) la vitesse angulaire du Soleil, à l'apogée A, est plus petite qu'au périgée P, nous comprendrons pourquoi le printemps est plus court que l'été, et l'hiver plus court que l'automne, et pourquoi ces deux dernières saisons sont moins longues que les deux premières.

139. Nous verrons, dans le chapitre suivant, que la ligne des équinoxes et, par suite, la ligne des solstices, se déplacent chaque année, en sens inverse du mouvement du Soleil, d'un angle de 50″,1. Il résulte de là qu'à une certaine époque, la ligne des solstices a dû coïncider avec le grand axe de l'orbite solaire. Alors le printemps et l'été étaient égaux ; de même pour l'hiver et l'automne, et ces deux dernières saisons étaient, comme aujourd'hui, plus courtes que les deux premières.

A une autre époque encore plus éloignée, la ligne des solstices a dû être perpendiculaire au grand axe de l'orbite. Le printemps était alors égal à l'hiver et l'été à l'automne : ces deux dernières saisons étaient les plus courtes. Le calcul a démontré que cette époque est à peu près celle que la *Genèse* attribue à la création de l'homme.

CHAPITRE VII

Précession des équinoxes. — Conséquences. — Nutation. — Aberration.

140. Idée de la précession des équinoxes. — Concevons une étoile située en E, dans le plan de l'écliptique et dans la direction même de la position S du Soleil. Après un intervalle de temps égal à la durée de l'année tropique, le Soleil reviendra au même point S de l'écliptique. L'é-

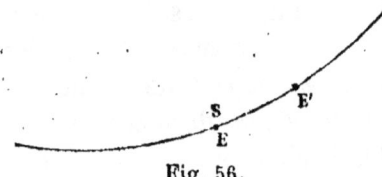

Fig. 56.

toile ne s'y trouvera plus : l'observation montre qu'elle est bien encore sur l'écliptique, mais à l'orient de sa position primitive et à une distance égale à 50",1. L'année suivante, elle se sera encore éloignée du Soleil de la même quantité ; en sorte qu'elle semble se mouvoir sur l'écliptique, d'occident en orient, d'un mouvement uniforme, à raison de 50",1 par année tropique, ou d'une révolution entière en 25868 ans.

Il résulte de là que si, à l'équinoxe du printemps d'une certaine année, une étoile occupe ce point, à l'équinoxe suivant elle ne coïncidera plus avec lui, et par conséquent, le retour du Soleil au point équinoxial précédera son retour à l'étoile. De là le nom de *précession des équinoxes* donné au phénomène que nous venons de décrire.

141. Il y a deux manières de comprendre la précession : ou la sphère céleste tout entière se meut autour de l'axe de l'écliptique, ou la ligne des équinoxes, c'est-à-dire, le diamètre qui joint ces deux points, rétrograde lentement, d'orient en occident, en tournant autour du centre de l'écliptique ; alors le phénomène de précession prend le nom de *rétrogradation des équinoxes*.

Cette dernière hypothèse, qui a d'ailleurs pour elle l'avantage de la simplicité, est admise par tous les astronomes modernes ; mais nous savons que la ligne des équinoxes n'est autre chose que l'intersection du plan de l'orbite solaire par le plan de l'équateur céleste ; donc, admettre que cette ligne rétrograde sur l'écliptique, c'est admettre que l'équateur et, par suite, l'axe du monde, qui lui est toujours perpendiculaire, se déplacent dans l'espace. Or, l'inclinaison de l'équateur sur l'écliptique étant supposée constante et égale à 23° 27′ 38″, il s'ensuit que l'axe du monde décrit lentement autour de l'axe de l'écliptique un cône circulaire droit en 25868 ans. C'est ainsi que l'axe d'une toupie accomplit autour de la verticale une révolution conique, tandis que la toupie tourne rapidement sur elle-même.

142. Conséquences de la précession. — Puisque l'axe du monde n'est pas fixe dans l'espace, le pôle, qui est le point où cette ligne perce la sphère céleste, ne conserve pas non plus une position constante : il décrit en 25868 ans une circonférence de cercle dont le pôle de l'écliptique est le centre. L'étoile de la

Petite Ourse que nous nommons la *Polaire* n'a donc pas toujours porté et ne portera pas toujours ce nom. A l'époque de la construction des plus anciens catalogues, elle était éloignée de 12° du pôle : elle n'en est plus aujourd'hui qu'à 1°28' environ, et elle continuera à s'en rapprocher pendant 250 ans, alors elle n'en sera plus qu'à un demi-degré. Puis, à partir de cette époque, elle s'en éloignera pour faire place à d'autres qui lui succéderont dans le voisinage de ce point. Dans 8000 ans, ce sera α du *Cygne* et dans 12000 ans, *Wéga* de la *Lyre* qui serviront d'étoile polaire.

En outre, ce déplacement du pôle doit modifier à la longue l'aspect du ciel en un lieu donné ; les constellations actuelles d'hiver deviendront, dans la suite des siècles, les constellations d'été, et réciproquement. Des étoiles, qui maintenant restent constamment sous l'horizon, finiront par devenir visibles, tandis que d'autres, aujourd'hui visibles, disparaîtront, etc.

143. Année sidérale. — Par suite de la précession des équinoxes, le Soleil, dans le cours d'une année tropique, n'a pas fait un tour entier dans le ciel. Si l'on considère le temps qu'il met pour revenir à une même étoile, ce temps sera ce qu'on appelle *année sidérale*. Sa durée, invariable comme celle du jour sidéral, est un peu plus longue que celle de l'année tropique ; elle est de 365,25638 jours moyens.

144. Nutation. — Nous venons d'expliquer la précession des équinoxes en admettant que l'axe du monde CP décrit, autour de l'axe de l'écliptique CQ, un cône circulaire droit, dont l'angle au sommet PCQ est égal à l'obliquité de l'écliptique, c'est-à-dire, à 23° 27' 38". Cet angle n'a pas une valeur constante : il éprouve des

LIVRE III. — DU SOLEIL. 145

variations périodiques en plus ou en moins dans l'intervalle de 18 ans $\frac{2}{3}$. — Ce mouvement oscillatoire de l'axe du monde autour d'une position moyenne a reçu le nom de *nutation*.

Il suit de là que le pôle P ne se meut pas, comme nous l'avons d'abord supposé, sur une véritable circonférence de cercle ; sa trajectoire est une courbe sinueuse résultant de la combinaison des deux mouvements qui produisent la précession et la nutation. Plus simplement, si la nutation seule existait, c'est-à-dire, si l'axe du monde ne faisait qu'osciller autour de sa position moyenne CP, sans posséder en même temps un mouvement conique autour de l'axe de

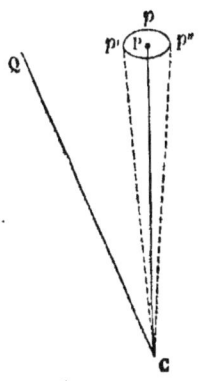

Fig. 57.

l'écliptique, le pôle P décrirait en 18 ans $\frac{2}{3}$ une petite ellipse $pp'p''$... dont le grand axe, dirigé vers le pôle de l'écliptique, serait de 18",5, et le petit axe de 13",74.

145. Conséquences de la nutation. — Ce phénomène, dont la cause comme celle de la précession est dans l'attraction universelle, a pour conséquence la variation périodique de l'obliquité de l'écliptique, que jusqu'ici nous avons supposée constante. Cet angle éprouve, d'autre part, une très-faible diminution évaluée à 48" par siècle, diminution dont l'effet est de modifier lentement l'étendue des zones terrestres. En outre, par suite du mouvement du pôle dû à la nutation, les étoiles semblent les unes se rapprocher, les autres s'éloigner de ce point. Et puisque sa position

9

détermine celle de l'équinoxe sur l'écliptique, la même cause doit donner lieu à un petit mouvement d'avance et de recul dans la précession ; de sorte que la valeur de 50″,1 que nous avons attribuée à ce phénomène n'est qu'une valeur moyenne.

CHAPITRE VIII

Mouvement réel de la Terre autour du Soleil.

146. Mouvement réel de la Terre. — Nous avons supposé jusqu'ici que le Soleil possédait un mouvement propre, en vertu duquel il décrit dans l'espace une ellipse dont la Terre occupe un des foyers. Ce mouvement propre du Soleil est-il bien réel? ou n'est-il pas, comme le mouvement diurne de la sphère céleste, une illusion de nos yeux, une apparence due à un mouvement de translation dont la Terre serait animée en même temps qu'elle tourne sur elle-même?

Nous savons que le mouvement propre du Soleil résulte de ce que, chaque jour à son lever, cet astre semble correspondre à une étoile plus orientale que la veille. Or, ce fait subsistera encore si, le Soleil étant immobile, la Terre se meut autour de lui, d'occident en orient. Dans cette dernière hypothèse, les rayons visuels, menés de notre globe au Soleil et prolongés jusqu'au firmament, correspondront chaque jour à des étoiles plus orientales.

Les déplacements du Soleil, à travers les constellations, conservent encore les mêmes apparences, que ce soit cet astre ou la Terre qui se meuve. En effet, représentons par AA′ le grand axe de l'ellipse que le

Soleil semble décrire autour de la Terre et imaginons une seconde ellipse, égale à la précédente, ayant un de ses foyers en A. Nous supposerons d'abord notre planète immobile en T. Quand le Soleil sera en S, nous le verrons se mouvoir dans la direction d'une certaine étoile E; par suite de son mouvement propre, il viendra en S' au bout d'un certain temps, et alors nous le rapporterons à une étoile E'. Mais, si cet astre est resté immobile en S, et que la Terre ait parcouru, aussi d'occident en orient, un arc TT' = SS', les lignes T'S et TS' seront parallèles et, à cause de l'immense distance qui nous sépare des étoiles, elles sembleront aboutir sur la voûte céleste à la même étoile E'. Il en sera de même dans tout le reste de la courbe annuelle. Ainsi, dans l'hypothèse du mouvement du Soleil, cet astre vient de lui-même occuper la position où nous le voyons dans le ciel ; si, au contraire, on le suppose immobile, la Terre vient se placer de manière que pour nous il se projette dans la même région du firmament.

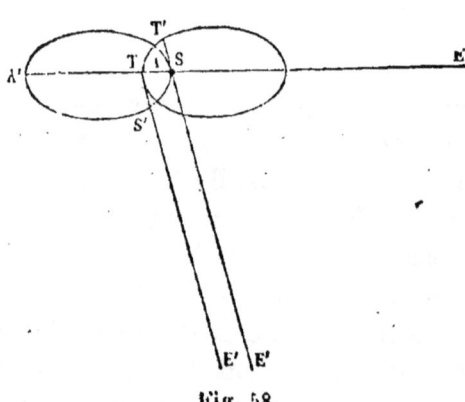

Fig. 58.

Poursuivons plus loin la comparaison des deux hypothèses. Nous avons dit (91) que le diamètre apparent du Soleil et, par suite, la distance de cet astre à la Terre variaient avec le temps. Or, les choses se passeront encore ainsi, si le Soleil est immobile au foyer de l'orbite annuelle. Il y a plus, les dimensions de l'orbite étant bien les mêmes dans les deux cas, les variations auront exactement les mêmes valeurs numériques.

Le mouvement propre du Soleil, tel que nous l'avons étudié, était inégal et assujetti à la loi des aires (93). Supposons que la Terre parcoure l'orbite elliptique d'un mouvement inégal, mais de manière que le rayon vecteur décrive des aires égales en des temps égaux, il est clair que les mouvements apparents du Soleil seront encore les mêmes. Donc, dans l'une ou dans l'autre hypothèse, les apparences ne changent pas.

Voyons maintenant quelles raisons nous avons pour admettre plutôt le mouvement de la Terre.

147. Le volume de la Terre est 1300000 fois plus petit que celui du Soleil ; et, puisqu'il faut que l'un des deux corps tourne autour de l'autre, avec une même vitesse d'environ 9 lieues ($35^{km},5$) par seconde, il est plus simple d'attribuer ce mouvement à la Terre que de l'attribuer au Soleil.

Nous verrons plus tard que le système solaire contient d'autres globes opaques, analogues au nôtre et qu'on nomme *planètes*. Des observations directes nous les montrent circulant autour du Soleil en même temps qu'elles tournent sur elles-mêmes. Si nous admettons le mouvement de la Terre, elle devient une planète, et le système solaire se simplifie ; tandis que, dans l'autre hypothèse, il faut supposer que, dans son mouvement autour de la Terre, le Soleil entraîne avec lui toutes les autres planètes. Sans doute, cette complication, quelque grande qu'elle soit, n'a rien d'impossible pour la puissance de Celui qui d'un mot a lancé les mondes dans l'espace ; mais Dieu a dû aussi faire briller sa sagesse dans ses œuvres, et par conséquent choisir les moyens les plus simples comme les plus conformes à la raison.

148. Aberration. — Nous avons d'ailleurs une preuve *mathématique* du mouvement de la Terre. Des observations faites avec le plus grand soin et avec de bons instruments ne tardent pas à faire reconnaître que, dans l'intervalle précis d'une année, chaque étoile décrit ou paraît décrire autour d'une position moyenne une ellipse dont le petit axe varie selon sa position par rapport à l'écliptique, mais dont le grand axe est invariablement de 40",66. La cause de ces déplacements, connue sous le nom d'*aberration de la lumière* ou simplement *aberration*, serait sans explication possible dans l'hypothèse de l'immobilité de la Terre; elle est, au contraire, une conséquence naturelle et forcée de son mouvement de translation autour du Soleil.

En effet, si la Terre était immobile en T, une étoile placée sur la ligne TE serait vue dans la direction de cette droite, quelle que pût être la vitesse de la lumière; mais, si la Terre se meut sur son orbite avec une vitesse qui ne soit pas infiniment petite par rapport à celle de la lumière, son mouvement se compose avec celui de la lumière

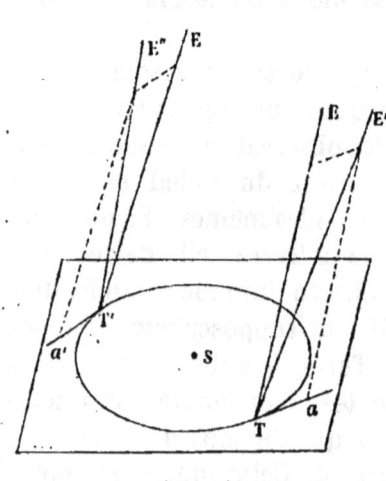

Fig. 59.

d'après la loi du parallélogramme des vitesses; et, au

lieu de voir l'étoile suivant sa vraie direction TE, nous la verrons suivant une autre direction TE' qu'il est facile de déterminer. Car, si nous portons sur le prolongement T*a* de l'élément rectiligne, actuellement parcouru par la Terre, une longueur quelconque et sur la ligne TE, que la lumière de l'étoile parcourt, une autre longueur qui soit à la première comme la vitesse de la lumière est à celle de la Terre, la diagonale du parallélogramme construit sur ces deux lignes sera la direction dans laquelle nous voyons l'étoile lorsque la Terre est en T. Pour toute autre position T', la construction serait la même.

En réfléchissant aux effets de la déviation que l'étoile éprouve de sa direction réelle, par la combinaison des vitesses de la lumière et de la Terre, on reconnaît qu'ils se réduisent à faire décrire à cette étoile un petit cercle dont le plan est parallèle à l'écliptique, et qui est le même pour toutes ; mais, vu sous différentes obliquités d'après la position de l'étoile, il aura, en général, pour projection sur la voûte céleste une ellipse d'autant plus aplatie que l'étoile sera plus rapprochée angulairement de l'écliptique.

Les considérations et les preuves qui précèdent nous paraissent suffisantes pour conclure que *la Terre décrit en un an, dans le sens direct, une ellipse dont le Soleil occupe un foyer*. Il nous reste à examiner comment, dans cette nouvelle hypothèse, nous pouvons expliquer la précession des équinoxes, l'inégalité des jours et des nuits et la vicissitude des saisons.

149. Parallélisme de l'axe de rotation. — Si la Terre se meut dans l'espace en même temps qu'elle tourne sur elle-même, l'axe autour duquel s'effectue son mouvement de rotation doit nécessairement se déplacer. Mais, comme, dans le cours d'une année, cet axe et l'équateur qui lui est perpendiculaire conservent la même position par rapport aux étoiles, il faut que leurs directions ne changent pas, c'est-à-dire que l'axe de rotation se déplace parallèlement à lui-même.

Il résulte de là que l'intersection de l'équateur et du plan de l'orbite ou écliptique se déplace aussi parallèlement à elle-même. Or, pendant que la Terre parcourra la partie EAE' de son orbite, cette intersection sera située d'un même côté A du Soleil placé au foyer S, et du côté opposé P, pendant que la Terre ira de E' en E. Dans le passage des premières positions aux secondes, et *vice versâ*, cette ligne rencontrera nécessairement le Soleil. Donc, deux fois par an, cet astre se trouvera dans le plan de l'équateur terrestre ; c'est là ce que nous avons appelé *équinoxes*.

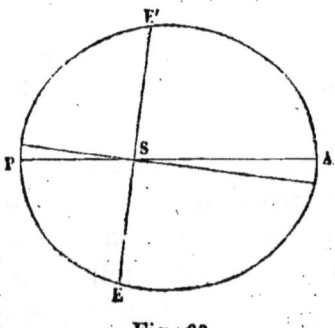

Fig. 60.

150. Précession des équinoxes. — Nous venons d'admettre que l'axe terrestre se déplaçait parallèlement à lui-même : cette conclusion est vraie pour des observations qui ne sont séparées que par l'intervalle d'une année ; mais, si, à deux époques plus éloignées, on compare les positions que cet axe a occupées, on reconnaît que sa direction a sensiblement changé et que, tout en restant perpendiculaire au plan de l'équateur, il décrit un cône circulaire droit autour de l'axe de l'écliptique.

Ce mouvement de l'axe terrestre entraîne celui de la ligne d'intersection de l'équateur et de l'écliptique.

Cette ligne, en se déplaçant, ne conserve pas une position rigoureusement parallèle ; mais, après une année tropique, sa nouvelle direction est plus orientale que celle de l'année précédente et forme avec cette dernière un angle de 50″,1 ; elle semble donc avoir rétrogradé. On comprend, d'après cela, qu'elle passera par le Soleil un peu plus tôt que si elle était demeurée parallèle à elle-même, ou, en d'autres termes, qu'il y aura *précession des équinoxes*.

151. Inégalité des jours et des nuits. — Quelle que soit, à un instant donné, la position de la Terre sur son orbite, le Soleil ne pourra jamais éclairer que la partie de la surface terrestre tournée de son côté. Mais le mouvement de rotation fait qu'en général chaque point de notre globe décrit une moitié de sa course diurne dans la lumière, l'autre moitié dans l'ombre, et qu'il a ainsi alternativement le jour et la nuit.

La ligne qui sépare la région obscure de la région éclairée est sensiblement une circonférence de grand cercle, dont le plan est perpendiculaire au rayon vecteur qui va du centre de la Terre à celui du Soleil : ce cercle s'appelle *cercle d'illumination*.

Considérons la Terre dans la position T (*fig.* 61), lorsque son centre et celui du Soleil sont dans le plan de l'équateur : c'est l'équinoxe du printemps. Alors la ligne TS, qui joint les deux centres, étant perpendiculaire à l'axe terrestre PP′, le cercle d'illumination passe par les pôles, et ce cercle est un méridien. En vertu de la rotation de la Terre, les divers points de sa surface décrivent des parallèles; or, nous savons que le méridien jouit de la propriété de diviser les parallèles en deux parties égales; une moitié de chaque pa-

9.

154 LEÇONS ÉLÉMENTAIRES DE COSMOGRAPHIE.

rallèle sera donc éclairée, l'autre moitié dans l'ombre. Ainsi, à l'équinoxe du printemps le jour est égal à la nuit pour tous les lieux de la Terre.

Il en est de même à l'équinoxe d'automne, quand la Terre est en T‴.

Lorsqu'elle passe de la position T à la position T′, c'est-à-dire, de l'équinoxe du printemps au solstice d'été, son axe restant parallèle à lui-même, elle tourne

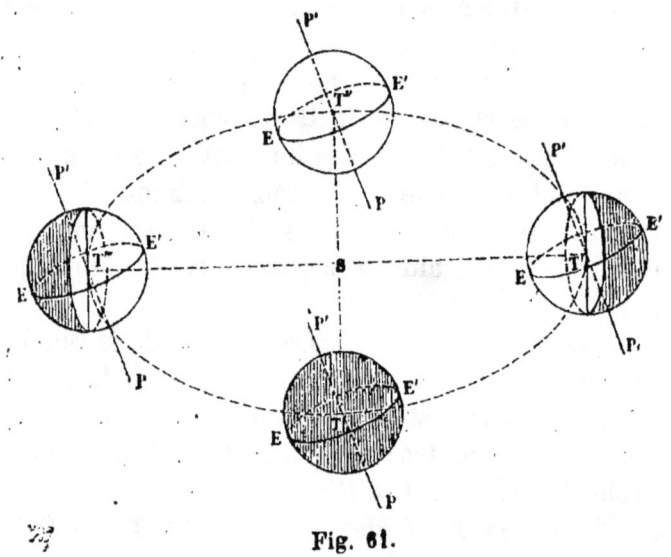

Fig. 61.

vers le Soleil son pôle boréal. La ligne des pôles PP′ étant inclinée sur le plan de l'orbite et faisant avec lui un angle de 66°32′22″, le cercle d'illumination, qui est perpendiculaire au rayon vecteur ST′ et, par conséquent, au plan de l'orbite, fera avec l'axe PP′ un angle de 23°27′38″. Il partagera encore l'équateur en deux parties égales et, pour les lieux situés sur l'équateur, le jour est égal à la nuit. Mais, à mesure qu'on s'éloigne de l'équateur, les parallèles décrits par les points de la surface du globe sont partagés par le cercle d'illumination en parties de plus en plus inégales. Dans l'hémisphère boréal, la plus grande partie est éclairée et la plus petite est dans la nuit : le contraire a lieu dans l'hémisphère austral. Donc, pour le premier, le jour sera plus long que la nuit; ce sera l'inverse pour le second.

En T''', au solstice d'hiver, la Terre tourne son pôle austral vers le Soleil, et les mêmes phénomènes se reproduisent dans un ordre inverse.

Nous avons dit (133) que les cercles polaires sont à $23°27'38''$ des pôles : ils sont, par conséquent, tangents au cercle d'illumination à l'époque des solstices. Donc, au solstice d'été, tous les points de l'hémisphère boréal distants du pôle de moins de $23°27'38''$ n'ont pas de nuit, et les points analogues de l'hémisphère austral n'ont pas de jour. Le contraire a lieu au solstice d'hiver.

En étudiant le mouvement de la Terre sur son orbite, on remarque aisément que, lorsqu'elle passe d'un équinoxe au solstice suivant, le cercle d'illumination, qui d'abord contenait les pôles, s'en éloigne peu à peu jusqu'à la distance de $23°27'38''$. Il suit de là que le parallèle diurne d'un lieu situé au nord ou au sud de l'équateur sera coupé par le cercle d'illumination en parties de plus en plus inégales. Donc, pour ce lieu, les jours iront en augmentant ou en diminuant à partir des équinoxes, et ils auront leur plus grande ou leur plus petite durée aux solstices.

152. **Saisons.** — On remarque encore que, le mouvement s'effectuant dans le sens $TT'T''$ (*fig.* 61), la Terre présente au Soleil son pôle boréal pendant qu'elle

va de T en T″ et son pôle austral de T′ en T. C'est de là que vient la vicissitude des saisons. La température d'un lieu dépend, en effet, de deux causes principales : 1° *l'exposition de ce lieu aux rayons solaires*; 2° *l'obliquité avec laquelle ces rayons lui arrivent*. Or, de l'équinoxe du printemps à l'équinoxe d'automne, l'hémisphère boréal est non-seulement, d'après ce que nous venons de dire, plus exposé que l'hémisphère austral aux rayons du Soleil, mais encore ces rayons lui arrivent dans une direction moins oblique. Donc, pour le premier, ce sera l'été, et l'hiver pour le second. De l'équinoxe d'automne à l'équinoxe de printemps, les rôles changeront.

Des considérations analogues à celles que nous avons énoncées au n° 138 rendent compte de l'inégalité des saisons; il suffit de remplacer la Terre par le Soleil au foyer de l'orbite annuelle.

LIVRE QUATRIÈME

DE LA LUNE

CHAPITRE PREMIER

Diamètre apparent. — Phases. — Syzygies. — Quadratures. — Lumière cendrée. — Révolution sidérale. — Révolution synodique.

153. Diamètre apparent. — De tous les astres qui embellissent l'univers, la Lune est, après le Soleil, celui qu'il nous importe le plus de connaître et qui nous intéresse le plus. Elle se présente à nos yeux sous un diamètre apparent sensiblement égal à celui du Soleil.

Si, à deux instants séparés l'un de l'autre par un temps assez court, on observe la Lune, on reconnaît aussitôt qu'elle est animée d'un mouvement propre, et, en comparant cet astre à une étoile située dans une position plus orientale que lui, on trouve que la distance qui sépare la Lune et l'étoile diminue rapidement et, conséquemment, que la Lune se meut d'occident en orient.

154. Phases. — Le disque de la Lune n'est pas toujours entièrement lumineux et, de plus, sa partie lumineuse change incessamment de forme. Les apparences diverses qui en résultent ont reçu le nom de *phases* : en voici la description.

A une certaine époque qui se renouvelle environ 12 fois par an, la Lune se couche très-peu de temps après le Soleil ; on la voit alors sous la forme d'un croissant très-délié, dont la convexité est circulaire et se trouve tournée vers l'occident, c'est-à-dire, vers le Soleil. Sa concavité est légèrement elliptique (*fig.* 62). Ce cercle et cette ellipse paraissent se couper, en deux points diamétralement opposés, sous des angles très-aigus. Les points d'intersection s'appellent les *cornes du croissant*.

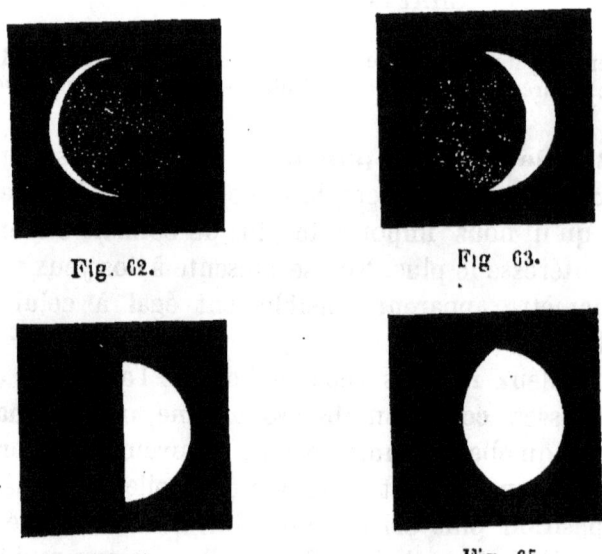

Fig. 62.   Fig. 63.

Fig. 64.   Fig. 65.

Le jour suivant, la Lune est un peu plus éloignée de l'horizon quand le Soleil se couche, et son croissant a une plus grande épaisseur (*fig.* 63).

Vers le 7ᵉ jour, la Lune se trouve au méridien quand le Soleil se couche ; alors elle se présente sous la forme d'un demi-disque circulaire (*fig.* 64). Elle se trouve à 90° du Soleil : on dit alors qu'elle est dans son *premier quartier*.

Les jours suivants, la partie éclairée continue de s'accroître, et le bord opposé au Soleil, qui était d'abord concave, puis droit, devient convexe et elliptique; de sorte que le disque est formé d'un demi-cercle et d'une demi-ellipse qui se raccordent (*fig.* 65).

Le 8ᵉ jour après le premier quartier, le disque lunaire est tout à fait circulaire : on lui donne alors le nom de *pleine Lune* (*fig.* 66).

Fig. 66.   Fig. 67.

Fig. 68.   Fig. 69.

Cet astre passe au méridien vers minuit, c'est-à-dire, quand le Soleil est lui-même au méridien inférieur.

Le lendemain et les jours suivants, on voit la partie du disque tournée vers l'occident diminuer d'épaisseur et prendre une forme elliptique de plus en plus aplatie.

Le 8ᵉ jour après la pleine Lune, le disque a la

forme d'un demi-cercle dont le diamètre est tourné vers l'occident; la partie circulaire regarde l'orient, c'est-à-dire le Soleil (*fig.* 68) : la Lune est alors à 270° de cet astre; de sorte qu'elle paraît à l'horizon à minuit : on dit qu'elle est dans son *dernier quartier*.

Les jours suivants, le contour droit se creuse en prenant une forme elliptique (*fig.* 69). La Lune présente de nouveau un croissant qui devient de plus en plus délié. La convexité est tournée vers l'orient, c'est-à-dire, vers le Soleil : alors la Lune se lève presque en même temps que cet astre et on dit qu'elle est dans son *déclin*.

Enfin, le 8e jour après le dernier quartier, la Lune se lève en même temps que le Soleil; elle disparaît alors et on lui donne le nom de *nouvelle Lune* ou *néoménie*. Elle reste invisible pendant deux ou trois jours; puis, au bout de ce temps, on commence à l'apercevoir le soir, peu après le coucher du Soleil, sous la forme du premier croissant dont nous avons parlé, et les modifications successives de formes, sous lesquelles elle s'est présentée à nos yeux, se reproduisent de la même manière et dans le même ordre.

155. Explication des phases. — Nous nous rendrons parfaitement compte de ces apparences singulières, si nous supposons que la Lune est un corps opaque, sphérique, non lumineux par lui-même et réfléchissant la lumière du Soleil; qu'en outre, elle tourne autour de la Terre en décrivant une orbite à peu près circulaire, dont le plan coïncide avec celui de l'écliptique.

Soient, en effet, T la terre, et L, L′, L″.... les positions successives de la Lune sur son orbite. Concevons le Soleil placé à une distance telle, que les rayons lumineux qu'il nous envoie puissent être regardés comme parallèles entre eux.

La moitié de la surface de la Lune éclairée par le Soleil est toujours dirigée du côté de cet astre. Cette moitié est limitée par un cercle dont le plan est perpendiculaire à la direction constante SL des rayons solaires, et dont l'intersection est représentée sur le

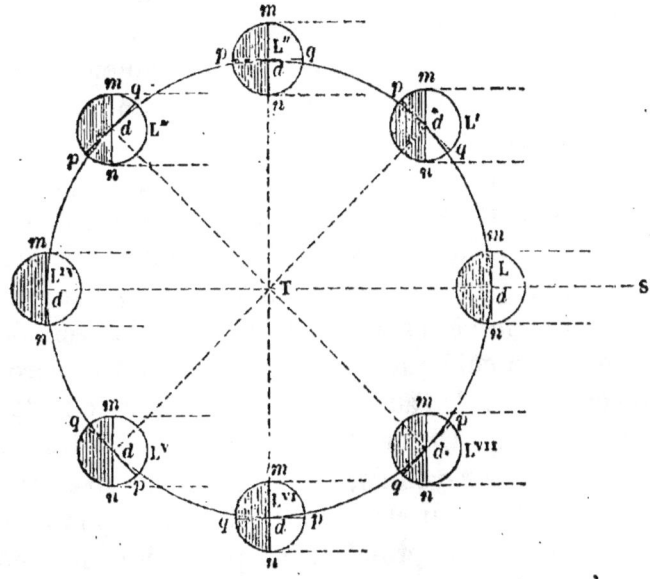

Fig. 70.

plan du papier par le diamètre mn. Ce cercle a reçu le nom de *cercle d'illumination*.

De la terre T, on ne peut apercevoir que la moitié de la surface de la Lune qui est limitée par un cercle dont le plan est perpendiculaire aux rayons vecteurs TL, TL'..... et dont la trace, sur le plan du papier, est le diamètre pq : nous le nommerons cercle du *contour apparent*. On ne voit donc, en réalité, que la partie de l'hémisphère éclairé comprise dans l'hémisphère visible.

D'après cela, si nous suivons la Lune dans son mouvement autour de la Terre, nous verrons que les phases se succèdent précisément dans l'ordre indiqué par l'observation.

Lorsque la Lune est en L, le cercle d'illumination et celui du contour apparent sont tous deux perpendiculaires à la direction TL et, par conséquent, se confondent : l'hémisphère non éclairé étant tout entier du côté de la Terre, l'astre est invisible.

En L' la partie éclairée visible est le fuseau, ou portion de la surface de la Lune comprise entre la demi-circonférence dn du cercle d'illumination, et la demi-circonférence dq du cercle du contour apparent. La projection de ce fuseau sur la voûte céleste sera donc limitée, d'un côté par la projection de la demi-circonférence dn, et de l'autre par la projection de la demi-conférence dq. Or, le demi-cercle, dont la trace sur le papier est le rayon dq, est perpendiculaire au rayon vecteur TL' et, par suite, parallèle à la région du ciel sur laquelle il se projette. Sa projection sera donc (72, 1°) un demi-cercle de rayon égal. Quant au demi-cercle d'illumination dn, dont le plan est oblique à la direction TL' et au demi-cercle dq, il se projettera suivant une demi-ellipse (72, 3°). Donc, la projection du fuseau éclairé visible ndq sera limitée, du côté du soleil, par une demi-circonférence de cercle, et, du côté opposé, par un arc elliptique. Et, comme les deux demi-cercles dq et dn font entre eux un angle dièdre aigu, cette projection sera échancrée intérieurement et aura la forme d'un croissant dont la convexité est tournée vers le Soleil (*fig.* 62, 63).

Quand la Lune est en L″, le cercle d'illumination mn et le cercle du contour apparent pq sont perpendiculaires l'un sur l'autre. La partie éclairée visible est un fuseau ndq égal au quart de la surface du globe lunaire. La projection de ce fuseau sur la voûte céleste sera toujours limitée d'un côté par la projection de la demi-circonférence dq et de l'autre par celle de la demi-circonférence dn. Le demi-cercle du contour apparent dq se projette suivant un demi-cercle de rayon égal (72, 1°); le demi-cercle d'illumination dn, qui lui est perpendiculaire, se projettera suivant un diamètre (72, 2°). Donc, la projection du fuseau éclairé visible sera limitée d'un côté par une demi-circonférence et de l'autre par un diamètre : elle aura la forme d'un demi-cercle (*fig.* 64).

En L‴, le demi-cercle d'illumination dn et le demi-cercle dq du contour apparent sont obliques l'un à l'autre; donc, la projection du fuseau éclairé visible sera limitée d'un côté par une demi-circonférence et de l'autre par un arc elliptique; mais, comme l'angle des deux cercles est obtus, cette projection se composera d'un demi-cercle et d'une demi-ellipse qui se raccordent; elle aura la forme de la figure 65.

Quand la Lune est en L^{iv}, le cercle d'illumination et celui du contour apparent sont de nouveau perpendiculaires à la direction TL^{iv}, et conséquemment se confondent alors; mais alors toute la partie éclairée est visible et sa projection sera celle du cercle d'illumination; elle aura donc la forme d'un cercle entier (*fig.* 66).

A partir de ce moment et à mesure qu'elle s'avance sur son orbite, la Lune présente les mêmes phases, mais dans un ordre inverse : en L^{v} c'est un demi-cercle se raccordant avec une demi-ellipse (*fig.* 67), un demi-cercle en L^{IV} et un croissant en L^{VII} (*fig.* 68, 69).

On voit combien il est facile d'expliquer les phases par les considérations qui précèdent. Nous avons supposé que la Lune décrit autour de la Terre une orbite à peu près circulaire dans le plan de laquelle se trouve le Soleil : les choses ne se passent pas tout à fait ainsi ; mais les conditions que nous avons posées pour simplifier l'explication du phénomène ne l'altèrent pas notablement. Les aspects si divers de la Lune sont toujours dus aux positions que prennent, l'un par rapport à l'autre, les deux cercles du contour apparent et d'illumination.

156. Syzygies. — Quadratures. — Lorsque la Lune est en L (*fig.* 70), on dit qu'elle est en *conjonction* avec le Soleil, parce qu'elle est du même côté que lui par rapport à la Terre. On dit qu'elle est en *opposition* en L^{IV}, parce que, par rapport à notre globe, elle est du côté opposé au Soleil. La conjonction et l'opposition s'appellent aussi *Syzygies*.

Dans les positions L^{III} et L^{VI} la Lune se trouve à 90° du Soleil ; c'est pour cela qu'on dit qu'elle est en *quadrature*.

157. Lumière cendrée. — Quand la Lune ne présente encore qu'un croissant délié et qu'on l'observe attentivement quelque temps avant le coucher du Soleil, on distingue sans peine la totalité de son disque. La partie qui n'est pas directement éclairée par le Soleil est illuminée par une lumière pâle et très-faible qu'on appelle *lumière cendrée*. A mesure que le croissant s'épaissit, l'intensité de la lumière cendrée diminue ; elle disparaît complétement avant que la Lune arrive à son premier quartier et reparaît quelques jours après le dernier quartier : voici l'explication de ce phénomène remarquable. La Terre produit à l'égard de la Lune des phases semblables à celles que la Lune produit à l'égard de la Terre, c'est-à-dire qu'un habitant de la Lune verrait la Terre lui présenter successivement les phases que la Lune présente à la Terre; d'où il suit que notre globe éclaire la Lune d'une lumière variable chaque jour. C'est cette lumière qui, dans certaines positions, nous rend visible l'hémisphère obscur de la Lune et que nous avons appelée *lumière cendrée*. On comprend qu'elle doit avoir d'autant plus d'intensité que la partie de l'hémisphère terrestre lumineux est plus grande. C'est ce qui arrive au moment de la nouvelle Lune ; cet astre se trouve alors éclairé par tout l'hémisphère lumineux de la Terre.

On comprend encore que la Terre, ne présentant pas toujours à la Lune la même partie de sa surface éclairée, l'intensité de la lumière cendrée, à l'époque de la nouvelle Lune, ne sera pas non plus toujours la même. L'Océan, par exemple, ou une grande étendue de forêts, réfléchissant bien moins les rayons solaires que des campagnes découvertes, produiront une lumière cendrée moins sensible. Son intensité varie aussi avec l'état de notre atmosphère. Ceux qui, du haut d'une tour ou au sommet d'une montagne, ont contemplé la plaine lorsqu'elle est couverte de nuages, ont pu observer combien la réflexion de la lumière y est brillante; aussi la lumière cendrée doit-elle être plus vive lorsque notre ciel est très-nuageux.

Cette explication de la lumière cendrée fournit une preuve de l'opacité de la Lune ; d'autres expériences démontrent d'ailleurs qu'elle ne brille que parce qu'elle réfléchit la lumière du Soleil.

158. Révolution synodique. — On appelle ainsi l'intervalle de temps compris entre deux pleines lunes consécutives : c'est aussi le temps que notre satellite met à revenir à la même position par rapport au Soleil. On donne à cette durée le nom de *mois synodique* ou *lunaison*. Il est de $29^j 12^h 44^m 2^s$, c'est-à-dire, $29^j \frac{1}{2}$ environ : il comprend une période complète des phases.

159. Révolution sidérale. — Le temps que la Lune emploie pour revenir à la même position, par rapport à une même étoile, est un peu moindre que le mois synodique, à cause du mouvement propre du Soleil qui a lieu dans le même sens que celui de notre satellite. Il n'est que de $27^j \frac{1}{3}$ environ : on l'appelle *révolution sidérale*.

CHAPITRE II

Orbite décrite par la Lune. — Nœuds. — Distance de la Lune à la Terre. — Son volume. — Sa masse.

160. Orbite décrite par la Lune. — Pour connaître l'orbite décrite par la Lune dans son mouvement propre, nous n'aurons qu'à déterminer chaque jour l'ascension droite et la déclinaison de son centre. Mais ici une difficulté se présente : la totalité du disque lunaire n'est pas toujours visible, et, par conséquent, nous ne pourrons pas déduire les coordonnées du centre de l'observation des deux bords opposés du disque, comme nous l'avons fait quand il s'est agi du Soleil : le diamètre apparent est nécessaire. Or, ce diamètre apparent variant d'une heure à l'autre d'une même journée, c'est sa valeur pour l'instant précis où l'on opère qu'il faut connaître. Elle s'obtient facilement au moyen du micromètre à fils parallèles ; car nous remarquerons que, quelle que soit la phase où se trouve la Lune, on voit toujours la moitié de son contour circulaire et que, pour avoir son diamètre apparent, il suffit de mesurer l'angle des rayons visuels menés aux extrémités de cette demi-circonférence.

Ce diamètre apparent une fois connu, on mesurera au mural la déclinaison du bord inférieur ou du bord supérieur; cette déclinaison, plus ou moins le demi-diamètre apparent, suivant le cas, donnera celle du centre de l'astre. Quant à l'ascension droite, elle s'obtiendra en ajoutant ou en retranchant, aussi suivant le cas, le demi-diamètre apparent de l'ascension droite du bord du disque qui est visible.

En opérant ainsi pendant plusieurs jours, nous connaîtrons les positions successives de la Lune sur la sphère céleste. Si nous les rapportons sur un globe, nous trouverons qu'*elle paraît décrire, d'occident en orient, un grand cercle de la sphère céleste.*

161. Orbite elliptique. — Ce grand cercle n'est pas la courbe véritable que le centre de la Lune décrit dans l'espace; il n'est que l'intersection du plan de cette courbe avec la sphère céleste. Nous venons, en effet, de dire que le diamètre apparent de la Lune varie sensiblement d'une heure à l'autre d'une même journée, les limites de ces variations étant, comme l'indique l'observation directe, 33′ 34″ et 29′ 26″. Or, nous avons vu, en parlant du Soleil (91), que le diamètre apparent d'un objet varie avec la distance de cet objet au spectateur; qu'il devient plus grand quand la distance diminue, et plus petit quand, au contraire, elle augmente. Il faut donc conclure que *la Lune n'est pas toujours à la même distance et que, par conséquent, elle ne décrit pas un cercle dont la Terre occupe le centre.*

Si, de plus, nous calculons pour chaque jour la vitesse angulaire de la Lune, nous trouverons aussi qu'elle n'est pas constante. En opérant comme nous l'avons fait pour le Soleil (92), la connaissance des vitesses angulaires et des diamètres apparents correspondants nous conduit à cette conclusion, qu'en négligeant certaines déviations petites, quoique sensibles cependant, *l'orbite décrite par la Lune est une ellipse dont la Terre occupe un foyer.*

Le mouvement de la Lune sur cette ellipse s'effectue suivant la loi des aires, c'est-à-dire que le rayon vecteur, ou la ligne qui joint le centre de l'astre à celui de la Terre, décrit des aires égales en des temps égaux.

162. Nœuds. — Leur rétrogradation. — L'orbite lunaire rencontre le plan de l'écliptique en deux points qu'on appelle *nœuds*. L'un, dit le *nœud ascendant*, est le point où la Lune traverse l'écliptique, quand elle passe de l'hémisphère austral dans l'hémisphère boréal ; le point opposé où elle passe de l'hémisphère boréal dans l'hémisphère austral est le *nœud descendant*. La droite qui joint ces deux points est la *ligne des nœuds.*

La Lune ne rencontre pas toujours l'écliptique aux mêmes points ; ses nœuds et, par suite, la ligne qui les joint *rétrogradent* par rapport à la direction de son mouvement. Cette rétrogradation se fait d'une manière sensiblement uniforme et assez rapide : elle est de 3′ 10″ environ par jour, et la révolution entière d'un nœud sur l'écliptique est de 18 ans $\frac{1}{3}$.

163. Mesure de la parallaxe de la Lune. — Concevons que deux observateurs, placés en deux points très-éloignés A et B, situés sur un même méridien terrestre PEP′E′, mesurent simultanément les distances zénithales ZAL, Z′BL de la Lune L, au moment de son passage au méridien commun, et soit EE′ la trace de l'équateur sur ce plan. Dans le quadrilatère AOBL, on connaît les angles OAL, OBL, suppléments des distances zénithales mesurées, et l'angle AOB, somme des latitudes des lieux d'observation ; en retranchant de quatre angles droits la somme de ces trois angles, le reste sera la valeur de l'angle ALB. Un simple calcul de trigonométrie élémentaire permet de déduire de ce dernier la parallaxe horizontale de la Lune.

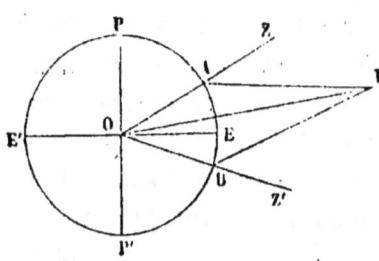

Fig. 71.

C'est par ce procédé que l'abbé de Lacaille a trouvé 57' ou 3420" pour valeur moyenne de la parallaxe horizontale de la Lune.

164. Distance de la Lune à la Terre. — En raisonnant comme nous l'avons fait pour le Soleil (117), nous aurons, pour la distance moyenne d' de la Lune à la Terre,

$$d' = \frac{206265}{3420} r = 60{,}273\, r,$$

r étant le rayon de l'équateur terrestre. Cette distance est, à très-peu de chose près, la 400ᵉ partie de la distance de la Terre au Soleil.

La parallaxe de la Lune n'est connue qu'à une demi-seconde près ; il en résulte, pour la distance de cet astre à la Terre, une incertitude d'environ $\frac{1}{100}$ de r ou de 64 kilomètres. Cette distance est donc connue avec une grande approximation. On dit, d'ailleurs, qu'*elle vaut*, en nombres ronds, 60 *rayons terrestres*.

Si nous réduisons sa valeur en lieues de postes de 4 kilomètres, nous trouvons 95664 lieues.

165. Rayon de la Lune. — Raisonnons encore comme dans la théorie du Soleil (118) : le demi-diamètre apparent de la Lune, ou de la Terre, à la distance

LIVRE IV. — DE LA LUNE.   171

moyenne, est de 15′ 34″ ou 934″ ; le demi diamètre apparent de la Terre, vu de la Lune, à la même distance, ou la parallaxe lunaire, est 3420″. Nous aurons donc, en désignant par R′ le rayon de la Lune,

$$\frac{R'}{r} = \frac{934}{3420} = 0{,}273;$$

d'où nous tirons

$$R' = 0{,}273\, r.$$

Le rayon de la Lune n'est guère plus du quart de celui de la Terre.

166. Surface et volume de la Lune. — Les surfaces de deux sphères étant entre elles comme les carrés de leurs rayons, et leurs volumes comme les cubes de ces mêmes rayons, la surface de la Terre et son volume étant pris pour unité, la surface S′ de la Lune sera

$$S' = \overline{0{,}273}^2 = 0{,}0745,$$

c'est-à-dire *environ la 14ᵉ partie de celle de la Terre,* et son volume V′

$$V' = \overline{0{,}273}^3 = 0{,}0204,$$

c'est-à-dire *la 50ᵉ partie environ de celui de la Terre.*

167. Masse de la Lune. — Nous avons déterminé la masse du Soleil en prenant le rapport des attractions que cet astre et la Terre exercent sur un même corps placé à la même distance. Ce procédé, quand il s'agit de la Lune, n'est plus applicable ; car nous ne connaissons pas de corps qui tourne autour d'elle et dont nous puissions calculer la chute vers son centre en une seconde de temps. On est donc forcé d'avoir recours à des moyens que nous ne pouvons développer ici : nous dirons seulement, qu'en faisant servir à cette détermination le phénomène des marées, dont la cause est, comme nous le verrons plus tard, due en grande partie à l'attraction que notre satellite exerce sur les eaux de la mer, on a trouvé que la masse de la Lune est environ 81 fois plus petite que celle de la Terre. La pesanteur, à sa surface, ne serait que les 0,16 de ce qu'elle est à la surface de notre globe et un corps en tombant ne devrait parcourir que $0^m,82$ dans la première seconde de chute.

168. Densité de la Lune. — La densité étant le rapport de la masse au volume, nous aurons, pour la densité moyenne de la Lune, rapportée à la densité moyenne de la Terre 0,602. Si nous la rapportions à celle de l'eau, nous trouverions 3,34.

CHAPITRE III

Taches. — Rotation. — Libration. — Montagnes de la Lune. — Sa constitution volcanique. — Absence d'eau et d'atmosphère.

169. Taches de la Lune. — Lorsqu'on examine attentivement le disque de la Lune, on reconnaît qu'il présente de nombreuses taches qui toutes conservent sensiblement la même position, changent peu de forme et n'offrent que de légères variations de teinte. On conclut de ce fait que la Lune doit toujours présenter le même hémisphère à la Terre, tandis que l'autre nous reste à tout jamais caché.

170. Rotation de la Lune. — Si la Lune tourne toujours vers nous le même hémisphère, il faut qu'elle possède un mouvement de rotation sur elle-même, et que ce mouvement s'accomplisse dans le même temps et dans le même sens que sa révolution autour de la Terre.

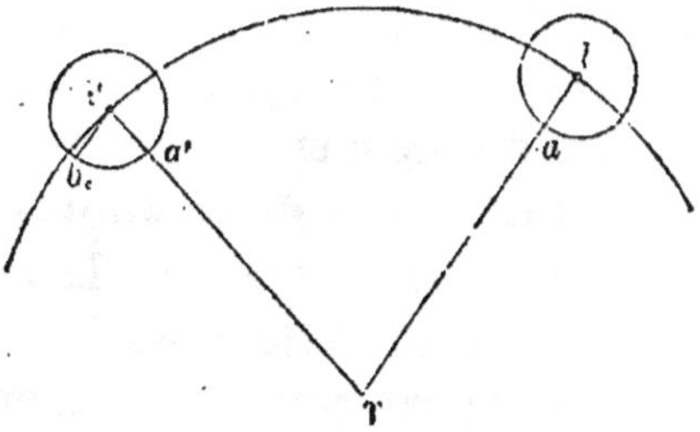

Soient, en effet, $ll'l''$... l'orbite lunaire et a une tache qui se projette sur le centre du disque; si la Lune ne

Fig. 72.

tourne pas sur elle-même, le rayon la, se transportant parallèlement à lui-même, prend la position $l'b$ quand la Lune sera venue en l'. La tache ne sera donc plus vue au centre du disque, mais en b; cependant, c'est encore au centre même qu'elle se projette : il faut donc qu'elle ait tourné sur elle-même d'un angle $b'a' = lTl'$: or, ce dernier mesurant le mouvement de la Lune sur son orbite, on conclut de là qu'elle tourne sur elle-même, dans un intervalle de temps égal à celui qu'elle met à accomplir sa révolution autour de la Terre, et que les deux mouvements ont lieu dans le même sens.

L'exemple suivant peut nous donner une idée de ce double mouvement : supposons qu'un homme fasse le tour d'une table en fixant toujours ses yeux vers un même point afin de rester immobile sur lui-même; il présentera successivement à la table son visage, son côté gauche, son dos, son côté droit; de sorte qu'un second observateur, placé sur la table, aura vu successivement toutes les faces du corps du premier. Si, au contraire, ce premier observateur veut regarder constamment le second, en faisant le tour de la table, il fera face successivement à tous les murs de la pièce et, lorsqu'il sera venu au point d'où il était parti, il aura réellement tourné sur lui-même, mais le second observateur aura toujours vu une seule et même partie du corps du premier.

171. Libration de la Lune. — Les taches, avons-nous dit (169), conservent la même position sur le disque lunaire. Cette assertion n'est pas rigoureusement vraie; car une observation attentive nous fait bientôt reconnaître qu'elles éprouvent de petits déplacements qui les font osciller autour d'une position moyenne. Cette espèce de balancement, qui a reçu le nom de *libration*, n'est qu'une illusion d'optique dont il est facile de trouver l'explication.

172. Libration en longitude. — Concevons la droite TL (*fig.* 69) menée du centre T de la Terre au centre L de la Lune, et soit P le point où elle rencontre la surface de la Lune. Pour que ce point, dans toutes ses positions successives P, P', P'', occupât toujours le centre de l'hémisphère visible, il faudrait que notre satellite parcourût son orbite avec une vitesse angulaire constante et égale à sa vitesse angulaire de rotation sur lui-même ; mais, outre des irrégularités provenant du déplacement de la ligne des nœuds, la Lune

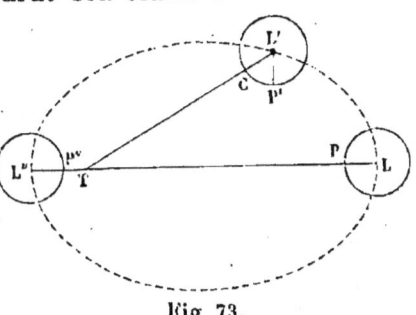

Fig. 73.

se meut sur une ellipse LL'L''.... et sa vitesse de translation est donnée par la loi des aires. Si, par exemple, les deux secteurs LTL', L'TL'' qui composent la demi-ellipse sont équivalents, la Lune mettra des temps égaux pour aller de l'apogée L à la position L', et pour aller de cette dernière position au périgée L'' ; et comme sa vitesse de rotation est uniforme, elle aura dû exécuter un quart de révolution sur elle-même en passant de L en L'. Il résulte de là que le point P sera venu en P', à la droite du centre C de l'hémisphère visible. Ainsi, *quand la Lune part de l'apogée, la tache qui occupait primitivement le centre du disque s'écarte d'abord de ce centre et se rapproche du bord occidental ; au périgée, elle se retrouve au centre ; le contraire a lieu quand la Lune parcourt l'autre moitié de son orbite.* Cette oscillation apparente des taches s'opère parallèlement à l'écliptique ; elle est dite pour cela *libration en longitude.*

173. Libration en latitude. — L'axe de rotation de la Lune est sensiblement perpendiculaire au plan de l'écliptique ; par conséquent, lorsque son centre sera dans ce plan, c'est-à-dire, à l'époque des nœuds, ses pôles, ou du moins un de ses pôles et des points très-voisins de l'autre, seront visibles pour un observateur placé à la surface de la terre ; il en sera de même pour les taches situées dans ces régions. Mais, à mesure que la Lune s'élève en l au-dessus de l'écliptique, le rayon Tl, qui joint son centre à la Terre, s'incline de plus en plus par rapport à l'axe de rotation. Les taches qui avoisinent le pôle supérieur p cesseront d'être visibles : ce sera le contraire pour celles situées près du pôle inférieur p'. Quand la Lune viendra occuper la position l' diamétralement opposée, l'inverse aura lieu ; le pôle p et les régions voisines seront visibles et le pôle p' ne s'apercevra plus. La Lune semble donc s'incliner, tantôt en avant, tantôt en arrière, pour nous montrer ses deux pôles. Le déplacement apparent de ces deux points en entraîne un autre dans la position des taches centrales : on l'appelle *libration en latitude,* parce qu'il se fait perpendiculai-

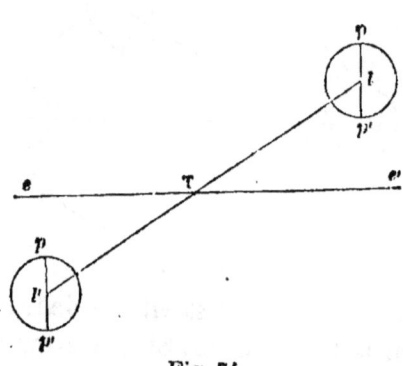

Fig. 74.

LIVRE IV. — DE LA LUNE.   177

rement à l'écliptique ou parallèlement aux cercles de latitude.

174. Libration diurne. — Les taches lunaires éprouvent encore un autre déplacement auquel on donne le nom de *libration diurne*. Voici comment on l'explique. C'est au centre de la Terre que la Lune présente toujours le même hémisphère, et c'est de la surface de notre globe que nous l'observons. La ligne AL, menée d'un point A de la surface terrestre au centre de notre satellite, diffère plus ou moins, à cause de sa distance comparativement petite, de la ligne CL qui joint les centres des deux globes. Mais, dans les deux positions, les grands cercles aa' et cc' du contour apparent sont toujours respectivement perpendiculaires à ces deux lignes ;

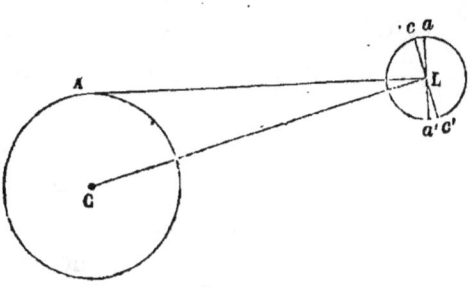

Fig. 75.

donc, suivant que l'angle qu'elles font entre elles sera plus ou moins grand, les deux cercles différeront plus ou moins. Et, comme cet angle varie dans le cours d'une journée, des taches visibles du point A, tel moment du jour, pourront être invisibles tel autre moment ; elles sembleront donc osciller sur la surface de la Lune.

175. Montagnes de la Lune. — La constance qui caractérise les taches de la Lune a permis de les observer avec le plus grand soin. Tout porte à croire qu'elles sont dues à des excavations au fond desquelles l'ombre est portée par les bords. Dans cette hypothèse, les parties claires sont des plaines et des montagnes : ces derniers accidents existent très-certainement à la surface de la Lune. A l'aide de puissants télescopes, on y distingue parfaitement des inégalités qui ne peuvent être que des montagnes, car elles portent dans la plaine qui leur sert de base des ombres qui, selon la position du Soleil, tournent, augmentent ou diminuent comme les ombres terrestres.

D'ailleurs, si la Lune était une sphère parfaite, exempte d'aspérités, la ligne de séparation d'ombre et de lumière, vue de la Terre, serait une ellipse ou une droite bien tranchée ; mais il n'en est pas ainsi : elle se montre toujours avec des déchirures et des dentelures profondes qui indiquent des cavités et des points proéminents.

Fig. 76.

176. Hauteur des montagnes de la Lune. — Sur la partie non éclairée du disque, on aperçoit quelques points brillants : ce sont les sommets des montagnes assez élevées pour être éclairées par les rayons du Soleil, quoique leur base soit encore plongée dans l'obscurité. On peut déterminer leur hauteur en mesurant, avec le micromètre, la distance qui sépare ces points lumineux de la ligne de séparation d'ombre et de lumière. On choisit ordinairement pour effectuer cette détermination l'époque des quadratures. Concevons

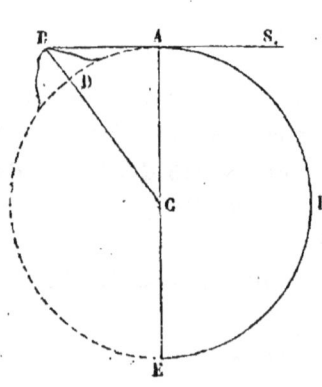

Fig. 77.

qu'alors on fasse passer un plan par le centre de la Lune et le rayon solaire qui éclaire le sommet B de la montagne dont on veut avoir la hauteur, et soit ADEF la section faite par ce plan dans le globe lunaire ; le rayon solaire SB sera tangent au point A de la ligne de séparation d'ombre et de lumière, et le triangle BAC sera rectangle en A. Donc, lorsqu'on connaîtra AB et le rayon AC de la Lune, on déduira immédiatement la valeur de l'hypoténuse BC ; puis, en retranchant le rayon AC de BC, on aura la hauteur BD de la montagne.

Généralement, le rayon solaire SB ne passe pas par le sommet extrême de la montagne : le procédé que nous venons d'employer donne donc pour la hauteur une valeur un peu plus faible que la valeur réelle : il n'est d'ailleurs applicable que pour les montagnes qui sont dans le voisinage du cercle d'illumination, car celles-là seulement peuvent être éclairées. Les autres, plus éloignées, n'auraient pas assez de hauteur pour être rencontrées par les rayons du Soleil : on a recours alors à la méthode géométrique des *ombres portées*.

On a trouvé ainsi, dans l'hémisphère lunaire tourné du côté de la Terre, 22 montagnes dont la hauteur dépasse 4800 mètres ; quelques-unes atteignent 7600 mètres, 2800 mètres environ de plus que le mont Blanc. Si l'on réfléchit d'ailleurs que le rayon de la Lune n'est que le quart de celui de la Terre, on conclut immédiatement que les aspérités de notre satellite sont bien plus saillantes que celles du globe que nous habitons.

174. Constitution volcanique de la Lune. — Les montagnes de la Lune occupent une très-majeure partie de sa surface ; elles présentent pour la plupart un aspect singulier et d'une frappante uniformité. Les unes s'élèvent comme des cônes, ou pics terminés en pointe ; d'autres, plus nombreuses, présentent à leur partie supérieure une large ouverture qui laisse apercevoir une grande profondeur, semblable à un puits ou au cratère d'un volcan. Ces ouvertures ont quelquefois de 13 à 16 lieues (53 à 66 kilom.) de diamètre : leur hauteur est la même de tous côtés, ce qu'on reconnaît à la longueur des ombres portées. La profondeur d'un tel puits dépasse de beaucoup la hauteur extérieure de son ouverture, c'est-à-dire, la hauteur de cette ouverture au-dessus de la surface de la Lune ; la différence est quelquefois de 7 à 8000 mètres. Le fond de l'excavation est ordinairement une aire plane, du centre de laquelle s'élève une petite éminence conique à pente roide. En un mot, l'aspect de la Lune présente au plus haut degré le caractère volcanique, tel qu'on peut l'observer sur le Vésuve, l'Etna et sur les terrains volcaniques du Puy-de-Dôme.

178. Absence d'eau. — Tout fait présumer que la Lune est partout solide et qu'elle ne contient pas de parties liquides. Certaines parties grisâtres, dans lesquelles on n'avait pas aperçu d'aspérités sensibles, avaient été prises pour des mers et avaient reçu ce nom : cette dénomination a paru impropre à ceux qui ont eu occasion d'examiner notre satellite avec de puissantes lunettes. Ils se fondent sur ce point que les régions grisâtres sont traversées par des veines d'une autre teinte, indiquant des élévations et des dépressions. Cette remarque n'est pas démonstrative, car ces accidents pourraient être au fond des mers et s'apercevoir à travers la masse liquide ; mais alors, la lumière provenant de ces fonds aurait des propriétés d'optique dont elle est entièrement dépourvue.

Au reste, la Lune n'a pas d'atmosphère, comme nous le dirons dans le numéro suivant : on conclut rigoureusement de ce fait qu'à sa surface il n'existe pas de nappe d'eau : car ce liquide s'évapore dans le vide et aurait bientôt entouré le globe lunaire d'une atmosphère de vapeur.

179. Absence d'atmosphère. — S'il y a une atmosphère autour de la Lune, nous pouvons être assuré qu'il ne s'y forme pas de nuage ; puisque, lorsque, l'état de l'atmosphère terrestre nous permet d'apercevoir notre satellite, nous le voyons tout entier jusque dans ses moindres détails. D'ailleurs cette atmosphère, si elle existait, deviendrait sensible dans les occultations d'étoiles ; car, lors même que nous la supposerions diaphane et telle que les condensations ne l'obscurcissent jamais, elle aurait pour propriété de réfracter ou de briser les rayons lumineux, et, par conséquent, si la Lune venait à s'interposer entre une étoile et nous, l'étoile disparaîtrait plus tard, reparaîtrait plus tôt, et la durée de l'occultation ne serait plus, comme nous l'apprend l'observation, toujours précisément égale au temps que la Lune met à parcourir un arc de son or-

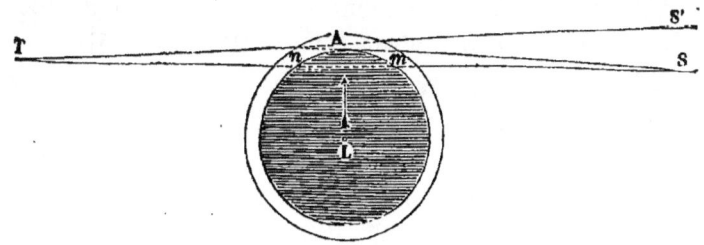

Fig. 78.

bite égal à la corde de son disque, dont les divers points sont venus se placer dans la direction de l'étoile

Supposons, en effet, la Terre en T ; un rayon lumineux Sm envoyé par une étoile S, rencontrant en m l'atmosphère de la Lune, sera dévié suivant les lois de la réfraction et viendra raser le disque en A. Passant au point n d'un milieu plus dense dans un milieu moins dense, il se déviera encore et prendra la direction nT ; l'étoile sera donc vue dans la direction TnS'. Ainsi, elle serait déjà en réalité occultée par le disque lunaire qu'un observateur placé à la surface de la Terre la verrait encore. Une construction semblable montrerait que l'étoile apparaîtrait de l'autre côté avant que l'occultation eût réellement cessé. L'hypothèse d'une atmosphère autour de la Lune n'est donc pas admissible.

Une conséquence immédiate de cette absence d'atmosphère est que la Lune ne saurait être habitée par des êtres vivants, analogues par leur organisation à ceux qui peuplent notre globe.

180. L'axe de rotation de la Lune étant presque perpendiculaire à l'écliptique, le Soleil ne sort jamais sensiblement de son équateur ; d'où il suit qu'elle ne jouit pas de la variété des saisons ; et, comme elle ne tourne sur elle-même qu'une seule fois pendant sa révolution autour de la Terre, chacun de ses jours et chacune de ses nuits sont d'environ 14 fois 24 heures. Il est probable que, les jours et les nuits ayant une si longue durée, on doit y passer d'une température très-basse à une température très-haute. Enfin, sa surface présente partout l'aspect d'une nature morte et sans aucune végétation.

CHAPITRE IV

Éclipses de Lune. — Leur cause. — Ombre et pénombre. — Influence de l'atmosphère terrestre. — Éclipses de Soleil, partielles, totales, annulaires.

181. Des éclipses. — La Terre et la Lune sont des corps opaques, derrière lesquels la lumière ne peut pénétrer ; et, puisque leurs volumes sont bien inférieurs à celui du Soleil, il est évident qu'ils doivent porter, du côté opposé à cet astre, une ombre de forme conique.

Si, dans son mouvement autour de la Terre, la Lune entre dans le cône d'ombre que notre globe projette derrière lui, elle cesse alors de recevoir la lumière du Soleil, et on dit qu'elle est *éclipsée*. Vient-elle, au contraire, à s'interposer entre le Soleil et nous, elle intercepte une partie et quelquefois même la totalité des rayons de cet astre qui devient invisible ou qui, en d'autres termes, s'éclipse.

Si le plan de l'orbite lunaire coïncidait avec le plan de l'écliptique, il y aurait une éclipse de Soleil et une éclipse de Lune dans le cours de chaque lunaison : éclipse de Soleil, quand la Lune serait en conjonction, et éclipse de Lune, au moment de l'opposition (156). Mais nous savons que les éclipses sont beaucoup moins fréquentes : c'est que le plan, dans lequel la Lune se meut, fait avec celui de l'écliptique un angle d'environ 5°, de sorte qu'au moment d'une opposition, elle peut se trouver au-dessus ou au-dessous de l'ombre portée par la Terre et ainsi n'être pas éclipsée : de même, à l'époque d'une conjonction, la Terre peut passer en dehors de l'ombre portée par la Lune, et il n'y aura pas éclipse de Soleil.

Nous allons examiner quelles doivent être les positions de la Lune par rapport au Soleil, pour que l'un ou l'autre de ces deux astres puisse être éclipsé.

182. Éclipses de Lune. — Soient S le Soleil et T la Terre ; si nous imaginons un cône AOA, qui enveloppe ces deux corps en touchant leur surface dans tout son contour, nous reconnaîtrons aisément que les rayons solaires, pourvu qu'ils n'éprouvent aucune déviation,

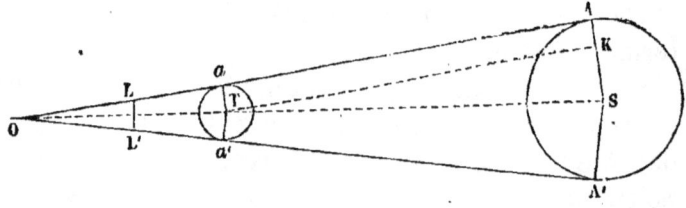

Fig. 79.

ne pourront pénétrer dans la partie aOa' de ce cône comprise entre son sommet et la Terre. Cette partie aOa' sera donc dans l'ombre et, pour qu'il y ait éclipse, il suffira que la Lune puisse y entrer.

Or, pour qu'il en soit ainsi, il faut évidemment que la longueur du cône d'ombre aOa' soit plus grande que la distance de la Lune à la Terre : il est facile de voir que cette condition est remplie. Désignons, en effet, par R le rayon SA du Soleil, par r le rayon Ta de la Terre, et par D la distance ST qui sépare les centres des deux globes ; les triangles STK, TOa, ayant leurs côtés parallèles, sont semblables et donnent

$$\frac{OT}{ST} = \frac{Ta}{SK},$$

ou bien, en appelant x la longueur TO du cône d'ombre et en remarquant que SK $= $ R$-r$,

$$\frac{x}{D} = \frac{r}{R-r}$$

d'où nous tirons

$$x = \frac{Dr}{R-r}.$$

Or, la distance D du Soleil à la Terre est de 23280r, et R $= 108,556r$; donc

$$x = \frac{23280}{107,556} r = 216,4r.$$

La distance moyenne de la Lune à la Terre n'est que de 60,273r ; elle peut donc pénétrer dans le cône d'ombre. Nous ajouterons même, qu'en y pénétrant, elle peut y être contenue tout entière ; car si, à une distance de la Terre, égale à 108,2r, nous coupons le cône d'ombre aOa' par un plan perpendiculaire à son axe, le diamètre LL' de la section ainsi obtenue (*fig.* 79) est égal à la moitié de celui de notre globe. Or, le rayon de la Lune n'est guère que le quart de celui de la Terre (165) ; elle pourra donc non-seulement rencontrer le cône d'ombre, mais y pénétrer tout entière et, ainsi, s'éclipser totalement. On dit alors que l'éclipse est *totale* ; elle ne serait que *partielle*, si la Lune ne pénétrait qu'en partie dans le cône d'ombre.

Il ne suffit pas, pour qu'il y ait éclipse, que la longueur du cône d'ombre portée par la Terre surpasse 60 rayons terrestres ; il faut encore qu'au moment d'une opposition la latitude de la Lune, c'est-à-dire, sa distance à l'écliptique, ne soit pas considérable ; autrement, elle passerait en dehors du cône d'ombre : elle doit se trouver dans le voisinage de l'un de ses nœuds. Le calcul conduit d'ailleurs à ce résultat que, *si, au moment de l'opposition, la latitude de la Lune dépasse* 63', *il ne pourra y avoir d'éclipse ; que si, au contraire, cette latitude est inférieure à* 52', *il y aura toujours éclipse ou partielle, ou totale.*

183. Calcul des éclipses. — La grande exactitude des tables astronomiques, qui comprennent toutes les circonstances du mouvement des astres, permet de prédire avec beaucoup de précision le commencement, la durée et l'étendue des éclipses. C'est à l'aide de ces tables que le *Bureau des Longitudes* fait calculer et publie à l'avance, dans la *Connaissance des temps*, les positions en longitude et en latitude du Soleil et de la Lune pour chaque jour de l'année, à l'heure de midi. Nous chercherons à quelles époques les longitudes des deux astres diffèrent de 180°, et si alors la latitude de la Lune est inférieure à 63', l'éclipse sera possible.

Mais ceci suppose que l'on connaît l'instant précis de l'opposition. Les tables fournies par la *Connaissance des temps* nous apprennent que ce moment arrive entre deux midis consécutifs. Or, le mouvement propre de la Lune étant plus rapide que celui du Soleil, sa variation en longitude est aussi, dans un même temps, plus considérable ; par conséquent, au midi qui précède l'opposition, la différence en longitude des deux astres doit être inférieure à 180°, et plus grande au midi suivant. Soient $180° - \alpha$ cette différence dans le premier cas, et $180° + \alpha'$ sa valeur dans le second, en supposant, pour fixer les idées, que α et α' représentent un certain nombre de minutes de degré ; la différence en longitude aura donc varié de $\alpha + \alpha'$ minutes de degré en 24 heures. Comme, pendant cet intervalle de temps, nous pouvons légitimement admettre que le mouvement en longitude est uniforme, nous dirons : *Si, en 24 heures la différence en longitude varie de* $\alpha + \alpha'$ *minutes, elle varie de 1 minute en* $\frac{24}{\alpha + \alpha'}$ *heures, et de* α *minutes en* $\frac{24 \times \alpha}{\alpha + \alpha'}$ *heures*. Par conséquent, si t désigne le temps compris entre l'opposition et le midi qui précède, nous aurons

$$t = \frac{24 \times \alpha}{\alpha + \alpha'}.$$

Le moment de l'opposition une fois connu, nous n'aurons plus qu'à calculer la latitude de la lune pour cet instant. Si nous représentons par δ le nombre des minutes de degré dont cette latitude varie d'un midi à l'autre, nous dirons encore : *Si en 24 heures la latitude varie de δ minute, en 1 heure elle variera de* $\frac{\alpha}{24}$ *et en t heures elle variera de* $\frac{\alpha \times t}{24}$. Nous aurons donc, en désignant par x la variation de la latitude de la Lune depuis le midi qui précède l'opposition jusqu'au moment précis de ce phénomène :

$$x = \frac{\delta \times t}{24}.$$

184. Ombre et pénombre.—Longtemps avant que

la Lune ne pénètre dans le cône d'ombre, on voit sa lumière s'affaiblir graduellement, et elle ne recouvre tout son éclat qu'un certain temps après qu'elle en est sortie : ce double phénomène est facile à expliquer Considérons, en effet (*fig.* 80), le cône circonscrit intérieurement au Soleil et à la Terre ; la partie indéfinie DED'E' de ce cône, située derrière notre globe et extérieure au cône d'ombre proprement dite, ne reçoit qu'une partie des rayons solaires : on l'appelle *pénombre*. Un point L de cet espace n'est éclairé que par

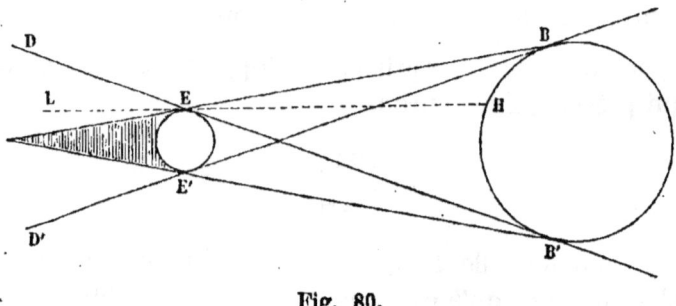

Fig. 80.

la partie BH du disque du Soleil ; puisque la Terre lui cache la partie B'H. Il est d'ailleurs facile de voir que ce point recevra d'autant moins de lumière qu'il sera plus près du cône d'ombre proprement dite.

L'affaiblissement graduel de lumière que la Lune éprouve en pénétrant dans la pénombre rend très-difficile l'observation du moment où l'éclipse commence et de celui où elle finit. Aussi n'est-il pas rare que les observateurs se trompent de 2 et même de 3 minutes sur le commencement ou sur la fin du phénomène.

185. Influence de l'atmosphère terrestre. —

La Lune serait tout à fait invisible dans une éclipse totale, si les rayons solaires se propageaient exactement en ligne droite dans tout leur parcours. Mais notre globe est entouré d'une atmosphère dont les différentes couches augmentent de densité, à mesure qu'on se rapproche du sol; les rayons lumineux qui la traversent subissent donc une série de réfractions qui changent notablement leur direction.

Cette déviation a pour effet de raccourcir la longueur du cône d'ombre portée par la Terre; car l'atmosphère agit sur les rayons lumineux à la manière d'une lentille convergente. Le calcul démontre que, par là, la longueur du cône d'ombre pure est réduite en moyenne à 42 rayons terrestres. Ainsi, la Lune, étant à la distance de 60 rayons terrestres, ne peut jamais pénétrer dans la partie du cône d'ombre entièrement privée de lumière : c'est pourquoi, dans une éclipse totale, elle est encore faiblement éclairée par les rayons réfractés dont nous venons de parler. Il n'y a donc pas, dans la rigueur du terme, éclipse totale; cependant, on conserve ce nom aux éclipses dans lesquelles la Lune n'est éclairée que par réfraction.

Une particularité physique digne d'intérêt, dans les éclipses totales, est la coloration des rayons qui, après leur réfraction, pénètrent dans le cône d'ombre et viennent teindre d'une couleur rougeâtre le disque éclipsé de la Lune. C'est la couleur de l'aurore et des couchers du Soleil; elle est due surtout à la propriété qu'ont les couches d'air humide, les plus voisines du sol, d'éteindre et d'absorber les rayons de la nuance complémentaire du rouge.

186. Éclipses de Soleil. — Nous avons dit (178) que, lorsque la Lune vient à s'interposer entre la Terre et le Soleil, le dernier de ces astres est éclipsé. Il est clair qu'alors la Lune doit dérober à nos regards une partie plus ou moins grande du disque solaire. Cherchons d'abord à reconnaître si elle peut le recouvrir entièrement, ou, en d'autres termes, si le cône d'ombre qu'elle projette derrière elle est assez long pour atteindre la Terre.

Considérons donc (*fig.* 81) le cône AOA' circonscrit

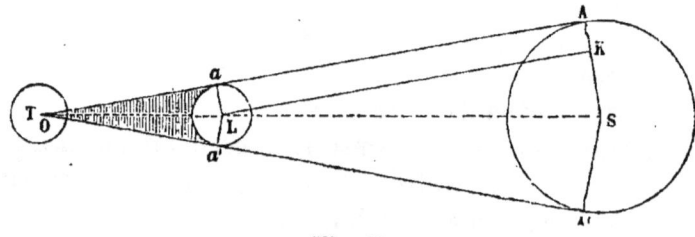

Fig. 81.

au Soleil et à la Lune : la partie aOa' de ce cône, ne pouvant recevoir aucun des rayons du Soleil, sera entièrement privée de lumière. Par le centre L de la Lune menons LK parallèle à la génératrice du cône, désignons par R le rayon SA du Soleil, par R' le rayon La de la Lune et par D' la distance LS qui sépare ces deux astres ; les triangles semblables SLK, LOa donnent :

$$\frac{\text{LO}}{\text{LS}} = \frac{\text{L}a}{\text{SK}},$$

ou bien, en appelant x la longueur LO du cône d'ombre et en remarquant que SK $=$ R $-$ R',

$$\frac{x}{\text{D}'} = \frac{\text{R}'}{\text{R} - \text{R}'} ;$$

d'où nous tirons :

$$x = \frac{D'R'}{R - R'}.$$

Ce résultat nous montre que la longueur du cône d'ombre, au moment de la conjonction, dépend de la distance D' de la Lune au Soleil ; que de plus elle sera maxima quand la Lune sera au périgée et le Soleil à l'apogée, c'est-à-dire, quand la distance de ces deux astres sera la plus grande possible, et minima dans le cas contraire, c'est-à-dire, quand la Lune sera à l'apogée et le Soleil au périgée. On trouve ainsi que la longueur varie entre 57, 52 et 59, 53 rayons terrestres ; et, comme la distance qui nous sépare de notre satellite est quelquefois inférieure à 59 rayons terrestres, il résulte que, dans certains cas, le cône d'ombre peut atteindre la Terre.

187. Éclipses totales, annulaires, partielles. — Quelle que soit d'ailleurs la longueur du cône d'ombre, jamais il ne pourra recouvrir qu'une partie de la Terre. Aussi une éclipse de Soleil n'est-elle pas visible à la fois de tous les points du globe, mais pour un point seulement ou une certaine zone : pour tous les lieux compris dans cette zone, l'éclipse est *totale*.

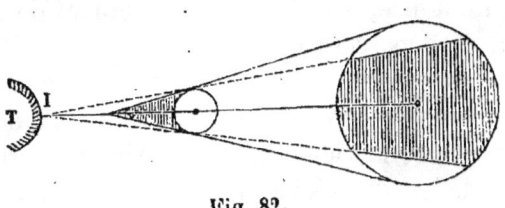

Fig. 82.

Supposons que le cône d'ombre n'atteigne pas la Terre : si, par le point I où la ligne des centres va percer la Terre, on mène un cône tangent à la Lune, il formera sur le disque du Soleil un cercle concentrique qui sera masqué par la Lune ; de sorte que le Soleil apparaîtra comme un anneau circulaire lumineux (*fig.* 83) : on dit alors que l'éclipse est *annulaire*.

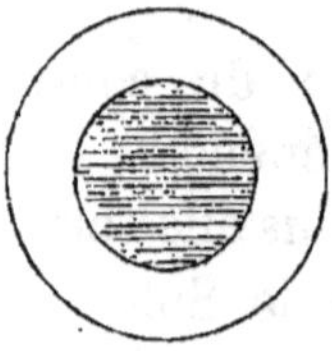

Un observateur, placé en un lieu M de la surface de la Terre non situé sur la ligne des centres, verra une partie seulement du disque solaire ; l'autre lui sera masquée par la Lune : l'éclipse est *partielle* (*fig.* 84).

Fig. 83.

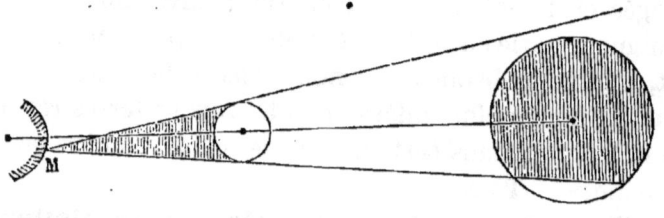

Fig. 84.

Si les centres des trois astres ne sont pas exactement en ligne droite, l'éclipse sera encore *partielle*, pourvu toutefois que ces trois points ne s'écartent pas beaucoup de la ligne droite. L'éclipse ne sera d'ailleurs possible qu'autant que la distance de la Lune à l'écliptique, c'est-à-dire, sa latitude au moment de la conjonction, ne dépassera pas 1° 30′.

188. Dans son mouvement autour de la Terre, la Lune emporte le cône d'ombre qu'elle projette derrière elle : ce cône vient donc couvrir successivement diverses parties du globe et l'éclipse de Soleil passe ainsi d'un lieu à un autre.

Il existe quelquefois, dans notre atmosphère, des nuages isolés et de peu d'étendue qui projettent leur ombre sur le sol, au milieu des plaines dont le Soleil éclaire directement toutes les autres parties. Ces nuages étant habituellement en mouvement, on voit leur ombre courir sur la Terre, souvent avec assez de rapidité. C'est ainsi que, dans les éclipses de Soleil, l'ombre de la Lune se déplace sur la surface du globe, allant d'un bord à l'autre de l'hémisphère éclairé par le Soleil.

189. Éclipses de Soleil plus nombreuses que celles de Lune. — Nous avons dit (184) que, si la Lune restait toujours dans le plan de l'écliptique, il y aurait dans le cours de chaque lunaison une éclipse

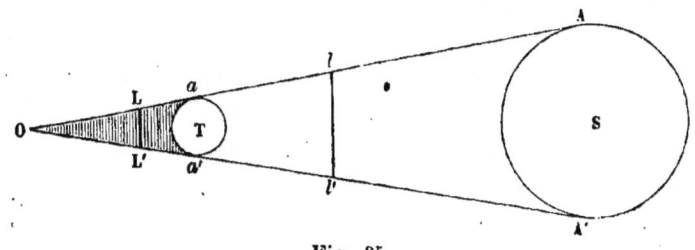

Fig. 85.

de Lune et une éclipse de Soleil ; puis nous avons examiné quelles étaient les conditions de possibilité d'éclipse. Il est aisé de comprendre, par ce qui précède, que les éclipses de Soleil doivent être plus nombreuses, dans un même temps, que celles de Lune. Il suffit, en effet, de remarquer que la section LL′ (*fig.* 85) de la partie du cône d'ombre aOa' dans laquelle notre satellite pénètre en totalité ou partiellement, quand il s'éclipse, ayant un diamètre plus petit que la section ll' de la zone où le même astre se meut, quand il produit une éclipse de Soleil, ce dernier cas se présentera plus fréquemment que le premier.

Nous devons cependant ajouter que, pour un lieu déterminé de la Terre, on compte près de trois fois plus d'éclipses de Lune que d'éclipses de Soleil. C'est que les éclipses de Lune, étant produites par la disparition de cet astre dans l'ombre portée par la Terre, sont visibles en même temps de tous les points de l'univers qui l'ont au-dessus de leur horizon. Les éclipses de Soleil, au contraire, ne sont visibles que successivement et pour une partie seulement de l'hémisphère terrestre qui regarde l'astre.

190. Nombre des éclipses par an. — En moyenne il y a quatre éclipses par an : il peut y en avoir davantage, jamais plus de sept et jamais moins de deux. — Dans un même pays, on ne peut guère voir qu'une éclipse de Soleil en deux ans et qu'une éclipse totale en deux siècles ; mais, pour toute la Terre, elles sont beaucoup plus fréquentes : le dix-neuvième siècle en comptera 12.

191. Phénomènes qui accompagnent les éclipses totales de Soleil. — L'éclipse totale ne peut jamais durer plus de 3^m13^s de temps : rien n'est plus saisissant ni plus solennel que le spectacle qu'elle offre. A peine le dernier point du disque solaire a-t-il disparu que tout à coup la nuit succède à la clarté du jour, les étoiles deviennent visibles et il se forme autour du disque obscur de la Lune une pâle et sinistre auréole encore inexpliquée, et sur laquelle notre satellite se dessine comme un grand cercle noir à contours tranchés.

Le voile, dont se couvre le Soleil et qui répand sur toute la nature quelque chose de triste et de lugubre, frappe d'une profonde terreur tous les animaux gouvernés par l'instinct. Les oiseaux cessent leurs chants et suspendent leur vol ; les chauves-souris, croyant sans doute à une nouvelle nuit, quittent leurs silencieuses demeures qu'elles s'empressent de regagner, quand l'astre radieux a donné son premier rayon.

Les animaux terrestres n'échappent pas aux impressions produites sur les oiseaux. Des bœufs se sont arrêtés en traçant le sillon, malgré l'aiguillon qui les pressait : d'autres, qui paissaient en liberté, se sont réunis en troupeau, les cornes en avant comme pour repousser une attaque. Un témoin oculaire de l'éclipse de 1842 raconte que des fourmis, surprises par l'obscurité, abandonnèrent leurs fardeaux pour fuir plus lestes et plus légères.

Enfin, les hommes eux-mêmes ne peuvent se défendre d'un sentiment d'inquiétude et d'indéfinissable terreur. On a vu des réunions de plusieurs milliers de personnes, dominées par la grandeur et la majesté d'un tel spectacle, regarder le ciel sans prononcer une seule parole pendant toute la durée du phénomène ; puis, avec le même accord et la même spontanéité, saluer par des transports de joie et des applaudissements frénétiques la réapparition des premiers rayons solaires.

CHAPITRE V

Lune rousse. — Influence de la Lune sur le temps, — sur les maladies.

192. « Je suis charmé de vous voir réunis autour de
« moi, dit un jour Louis XVIII aux membres de son
« Bureau des Longitudes qui venaient lui présenter la
« *Connaissance des temps* et l'*Annuaire* ; car vous
« m'expliquerez nettement ce que c'est que la Lune
« rousse et son mode d'action sur les récoltes.» Laplace,
« à qui s'adressaient plus particulièrement ces paroles,
« resta comme atterré ; lui, qui avait tant écrit sur la
« Lune, n'avait jamais songé à la Lune rousse. Il con-
« sultait tous ses voisins du regard ; mais, ne voyant
« personne disposé à prendre la parole, il se détermina
« à répondre lui-même : « Sire, la Lune rousse n'oc-
« cupe aucune place dans les théories astronomiques ;
« nous ne sommes donc pas en mesure de satisfaire à
« la curiosité de Votre Majesté. » — Le soir, pendant
« son jeu, le roi s'égaya beaucoup de l'embarras où il
« avait mis les membres de *son* Bureau des Longitudes.
« Laplace l'apprit, continue Arago auquel nous em-
« pruntons ce récit, et vint me demander à l'Observa-
« toire si je pouvais l'éclairer sur cette fameuse Lune
« rousse qui avait été le sujet d'un contre-temps si dé-

« sagréable. Je lui promis d'aller aux informations
« auprès des jardiniers du Jardin des Plantes et d'autres
« cultivateurs. »

Ces informations, Arago les a consignées et discutées dans son *Astronomie populaire*. C'est en nous appuyant sur son autorité que nous examinerons ce que l'on doit penser de la Lune rousse, et généralement des prétendues influences de notre satellite.

193. Lune rousse. — On attribue à la lumière de la Lune la propriété de faire *geler* ou *roussir* les plantes, et les jardiniers prétendent que cette funeste influence se manifeste surtout pendant la Lune qui commence en avril et devient pleine soit à la fin de ce mois, soit dans le courant de mai. Ils l'appellent *rousse* par suite de l'action qu'elle exerce, principalement sur les jeunes pousses des plantes. D'après eux, les feuilles, les bourgeons, exposés à la lumière de la Lune, *roussissent*, c'est-à-dire gèlent, quoique le thermomètre suspendu en l'air se maintienne à plusieurs degrés au-dessus de zéro. Ils ajoutent que, si un ciel couvert arrête les rayons de l'astre et les empêche d'arriver jusqu'aux plantes, les mêmes effets n'ont plus lieu dans des circonstances de température parfaitement pareilles. Le fait observé par les jardiniers est certain ; mais est-ce bien à la lumière de la Lune qu'il faut en attribuer la cause ? Un principe de physique va nous permettre de résoudre la question.

On sait que, par suite d'un rayonnement réciproque, les corps tendent à prendre une température uniforme, lorsqu'ils sont placés en regard l'un de l'autre, quoique séparés entre eux. Supposons donc la Lune dans son plein et le ciel pur de tout nuage : un corps, placé à la surface de la Terre, tendra à se mettre en équilibre de température avec les hautes régions de l'espace, qui sont de 40 à 50 degrés au-dessous de zéro. Envoyant à ces régions plus de chaleur qu'il n'en reçoit, et ne recevant d'ailleurs de la Terre qu'une chaleur égale à celle qu'il lui envoie, le corps se refroidira ; et son refroidissement sera d'autant plus considérable qu'il aura un pouvoir émissif plus grand, c'est-à-dire qu'il rayonnera plus facilement.

Or, l'air est un des corps qui rayonnent le moins, tandis que les végétaux rayonnent beaucoup. Remplaçons le corps dont nous venons de parler par un végétal, une jeune pousse par exemple. Elle se refroidira et, comme cela arrive pendant les nuits d'avril et de mai, son refroidissement pourra être tel qu'elle gèle ou roussisse, pour me servir de l'expression vulgaire. Cependant, le thermomètre placé près de la plante, mais au-dessus du sol, dans l'atmosphère, se maintiendra à une température supérieure à zéro. Voilà pourquoi on appellera *rousse* la Lune qui aura éclairé ce phénomène de sa lumière, comme si elle avait été autre chose qu'un spectateur bien innocent, qu'un témoin fidèle attestant le rayonnement du végétal.

194. Un autre préjugé, qui, au dix-huitième siècle, a été l'objet de prescriptions de la part de l'autorité, est que le bois abattu pendant le décours de la Lune est de meilleure qualité que celui coupé avant la pleine Lune. Il est malheureux, pour les ordonnances royales, que Duhamel du Monceau, par de longues et nombreuses expériences, ait constaté que ce préjugé est sans fondement. Nous traiterons de même l'opinion de ceux qui prétendent que les cheveux et les ongles poussent plus rapidement, quand on les coupe pendant le cours de la Lune ; qu'il faut semer ou planter

pendant la période croissante ou pendant la période décroissante, suivant que l'on veut avoir des arbres qui s'élèvent avec vigueur, ou des laitues, des choux précoces, des fleurs doubles, etc... Toutes ces croyances ne reposent sur aucun fait réel, et de tels phénomènes n'ont avec la Lune aucune liaison, si indirecte qu'on veuille la supposer.

195. Influence de la Lune sur le temps. — Trois siècles avant Jésus-Christ, Théophraste écrivait que la nouvelle Lune est généralement une époque de pluie. Depuis Théophraste, bien des savants ont soutenu la même opinion et, aujourd'hui encore, il y a peu d'agriculteurs qui ne croient à l'influence de la Lune sur le temps. Sans vouloir trancher ici une question si fortement appuyée par les préjugés de tous les peuples et de tous les temps, nous dirons cependant, qu'après avoir compulsé les registres météorologiques qu'on tient depuis plus d'un demi-siècle à l'Observatoire de Paris, M. Bouvard a montré que les phases de la Lune n'ont aucun rapport, ni avec les changements de temps, ni avec la fréquence ou la quantité de la pluie.

« Sans doute, ajoute M. Faye, l'attraction de la Lune
« produit sur l'atmosphère une marée semblable à
« celle de l'Océan, marée dont on est parvenu à grande
« peine à mettre l'existence en relief par de longues
« séries d'observations barométriques ; mais, pour ces
« phénomènes, la pleine et la nouvelle Lune ont exac-
« tement la même influence ; tandis qu'on attribue à
« la nouvelle Lune seule le pouvoir de changer le
« temps. Enfin, les effets de l'attraction de la Lune sur
« l'atmosphère sont généraux ; s'ils produisaient des
« changements de temps en un lieu donné, ils devraient
« en produire de pareils partout ailleurs, ou du moins

« sur le même parallèle. Or, on sait bien qu'il n'en est
« rien : dans nos climats tempérés, il pleut ici, tan-
« dis qu'il fait beau un peu plus loin dans la contrée
« voisine. »

«Plus près de l'équateur, se trouvent de vastes régions
« où il ne pleut et où il ne tonne jamais, d'autres où
« il tonne presque tous les jours ; et cependant la Lune
« se renouvelle pour ces pays comme pour le nôtre » ;
croire « son influence sur le temps, serait donc admettre qu'elle se conduit ici d'une façon et ailleurs
d'une autre.

196. Influence de la Lune sur les maladies.
— Le préjugé qui accorde à la Lune une influence sur
certaines maladies n'est pas moins ancien, ni moins
enraciné dans l'esprit de bon nombre de gens, que
celui que nous venons de combattre : nous ajouterons
même qu'il a pour lui l'opinion de plusieurs médecins,
et qu'on cite de nombreux exemples de vertiges, de
fièvres malignes, de folie, d'épilepsie, etc., plus ou
moins liés, dans leur paroxysme, avec les phases lunaires. Malgré ces présomptions favorables aux influences lunaires, nous n'hésitons pas à croire, avec
Arago, à l'imposante autorité du médecin astronome
Olbers qui les nie et qui déclare catégoriquement que,
dans une longue pratique, il n'en a jamais aperçu aucune trace.

LIVRE CINQUIÈME

DES PLANÈTES

CHAPITRE PREMIER

Planètes. — Noms des principales. — Leurs distances moyennes. — Leur mouvement autour du Soleil s'effectue suivant les lois de Képler. — Principe de la gravitation universelle.

197. Planètes. — Le Soleil et la Lune ne sont pas les seuls corps célestes auxquels on reconnaisse un mouvement indépendant de celui qui, chaque jour, semble entraîner, autour de la Terre, la grande constellation du ciel. Parmi les étoiles, même les plus brillantes, on en remarque quelques-unes qui se déplacent, relativement aux autres, d'une manière plus ou moins rapide : on leur donne le nom de *planètes*.

Le déplacement n'est pas le seul caractère distinctif des planètes : en général, elles ont une lumière tranquille et non vacillante ; elles ne scintillent pas comme des étoiles. De plus, observées avec de forts grossissements, elles présentent un disque ou diamètre sensible, tandis que les étoiles paraissent toujours réduites à de simples points lumineux. Enfin, les unes subissent des phases comme la Lune ; d'autres sont éclipsées par certains corps qui viennent s'interposer entre elles et le Soleil et qu'on nomme leurs *satellites*. D'où il résulte que les planètes sont des corps opaques, éclairés par le Soleil et infiniment plus voisins de nous que les étoiles.

198. Noms des principales planètes. — Les anciens connaissaient sept planètes principales, toutes visibles à l'œil nu : *Mercure, Vénus, le Soleil, la Lune, Mars, Jupiter* et *Saturne*. Le Soleil a cessé d'être compté parmi les planètes depuis qu'avec Copernic, on le considère comme un astre fixe, centre de tous les mouvements célestes. La Lune, qui non-seulement tourne autour du Soleil, mais en même temps autour de la Terre, est un satellite et non plus une planète. Il ne reste donc plus des planètes connues des anciens que *Mercure, Vénus, Mars, Jupiter* et *Saturne*. Des découvertes modernes ont augmenté leur nombre de *Uranus* et *Neptune*. Enfin, en comprenant parmi elles la Terre, qui se meut aussi autour du Soleil, on compte aujourd'hui huit planètes principales. Voici les noms et les signes qui servent à les désigner.

Mercure	☿	Jupiter	♃
Vénus	♀	Saturne	♄
La Terre	♁	Uranus	♅
Mars	♂	Neptune	♆

Outre ces huit planètes principales, on en connaît un grand nombre d'autres, appelées *planètes télescopiques*, dont la découverte appartient tout entière à notre siècle : nous en parlerons plus tard.

199. Distances moyennes des principales planètes. — Puisque, d'après les idées de Copernic universellement admises aujourd'hui, toutes les planètes se meuvent autour du Soleil immobile au centre de la sphère céleste, il est important, pour se faire une idée du système planétaire, de connaître les distances qui séparent du Soleil les différents astres qui le composent. Ces distances sont considérables. Si l'on prend pour unité la distance du Soleil à la Terre, le calcul conduit aux résultats suivants qui sont consignés dans l'*Annuaire* du Bureau des Longitudes :

MERCURE.........	0 387	JUPITER..........	5,203
VÉNUS...........	0,723	SATURNE.........	9,539
LA TERRE........	1,000	URANUS..........	19,182
MARS............	1,524	NEPTUNE.........	30,040

Ces distances sont données approximativement par une règle facile à retenir, et connue sous le nom de loi de Bode.

200. Loi de Bode. — Écrivons à la suite les uns des autres les nombres,

$$0, 3, 6, 12, 24, 48, 96, 192, 384,$$

qui sont tels, qu'en faisant abstraction du premier, chacun est double du précédent. Ajoutons 4 à chacun d'eux et nous aurons les autres nombres :

$$4, 7, 10, 16, 28, 52, 100, 196, 388.$$

Si, enfin, nous prenons le dixième de chacun des termes de cette série, nous obtiendrons la suivante :

$$0,4\ ;\ 0,7\ ;\ 1,0\ ;\ 1,6\ ;\ 2,8\ ;\ 5,2\ ;\ 10,0\ ;\ 19,6\ ;\ 38,8.$$

Ces nombres, à l'exception de 2,8, représentent assez exactement les distances des planètes au Soleil dans l'ordre de leur éloignement. Il n'y a que Neptune qui semble faire exception à la loi de Bode : le nombre 38,8, donné par cette loi, serait trop fort de plus de 8 unités.

Le nombre 2,8 ne correspond à aucune planète ; mais, chose bien digne de remarque, c'est précisément dans cette région de l'espace que l'on a découvert les petites planètes, dont la distance moyenne est de 2,693, nombre qui diffère peu de 2,8.

201. Planètes inférieures. — Planètes supérieures. — Nous venons de dire que, dans le système de Copernic, toutes les planètes se meuvent autour du Soleil ; et le calcul, d'accord avec ce système, nous apprend que chacune d'elles *décrit d'occident en orient une orbite dont le plan est très-peu incliné sur l'écliptique*. Or, il résulte de l'examen du tableau de leurs distances respectives, que deux d'entre elles, Mercure et Vénus, ont leur orbite comprise dans celle de la Terre : cette dernière est, au contraire, comprise dans l'orbite des autres. Les deux premières sont appelées, pour cette raison, *planètes inférieures*, et les cinq autres, *planètes supérieures*.

Pour un observateur placé sur la Terre, les planètes inférieures ne s'éloignent jamais du Soleil qu'à des distances angulaires assez faibles ; les autres s'en éloignent à toutes les distances angulaires possibles.

202. Conjonction. — Opposition. — Quadratures. — Quand une planète et le Soleil sont du même côté de la Terre, sur le même cercle horaire, on dit que la planète est en *conjonction*. Il peut arriver deux cas : ou la planète est au delà du Soleil, ou elle est en deçà ; on dit, dans le premier cas, qu'il y a *conjonction supérieure*, et *conjonction inférieure* dans le second. On dit encore, *conjonction extérieure* et *conjonction intérieure*, pour mieux caractériser les distances de la Terre à la planète.

Une planète est en *opposition*, quand la Terre vient s'interposer entre elle et le Soleil. Il est évident que les planètes inférieures ne peuvent jamais être en opposition.

Les positions des planètes à 90° des conjonctions ou des oppositions sont dites les *quadratures*.

203. Lois de Képler. — Copernic, en faisant mouvoir les planètes et la Terre autour du Soleil, avait rendu à cet astre le rang qui lui appartient dans l'univers ; mais il ne put deviner les lois suivant lesquelles s'opérait ce mouvement. Cette découverte était réservée au génie de Képler.

En calculant les différentes positions de Mars et en comparant ses propres observations à celles de Tycho-Brahé, ce grand homme fut étonné des inégalités nombreuses de la marche de cette planète, et encore plus de celles de sa distance à la Terre. Il vit qu'il n'était pas possible d'admettre qu'elle décrit un cercle. Son orbite, telle qu'il la trouva, présentait une dépression très-sensible dans un certain sens, et il reconnut qu'*on pouvait la regarder comme une ellipse ayant un de ses foyers au centre du Soleil :* ce fut sa première loi.

Mais ce n'était pas assez d'avoir trouvé la véritable forme des orbites planétaires ; Képler rechercha la cause de cette forme : il crut la reconnaître dans une force magnétique dont le Soleil lui paraissait doué ; devinant ainsi, par la seule force de son génie, ce que Newton devait démontrer quatre-vingts ans plus tard.

La route de la planète une fois tracée, il s'agissait d'établir la loi des inégalités observées dans sa marche. Képler, ayant remarqué que la vitesse de l'astre devenait plus grande quand il se rapprochait du Soleil, et plus petite lorsqu'il s'en éloignait, parvint à constater que *la ligne qui joint son centre à celui du Soleil, ou le rayon vecteur, décrivait des aires égales dans des temps égaux ;* découverte importante qui devint sa seconde loi.

Il ne s'arrêta pas là : il étendit d'abord ces deux premières lois aux autres planètes et à la Terre elle-même; puis, voyant que les révolutions de ces astres autour du Soleil étaient d'autant plus longues que les orbites avaient plus d'étendue, il chercha s'il n'y avait pas une relation entre le diamètre des orbites et les temps employés à les parcourir. Après dix-sept années de travaux incessants et de fastidieux calculs, il fut assez heureux pour trouver ce rapport, et il posa sa troisième loi, que *les carrés des temps des révolutions planétaires sont entre eux comme les cubes des distances au Soleil ou des grands axes des orbites.*

Ces lois, dont les planètes ne s'écartent jamais et qui servent de base à l'astronomie moderne, peuvent donc s'énoncer ainsi :

I. *La courbe décrite par chaque planète est une ellipse dont le centre du Soleil occupe un des foyers.*

II. *Chaque planète se meut autour du Soleil dans une orbite plane, et le rayon vecteur, mené du centre de la planète au centre du Soleil, décrit des aires égales en des temps égaux.*

III. *Les carrés des temps des révolutions de deux planètes sont proportionnels aux cubes des grands axes de leurs orbites.*

La première de ces lois explique les variations de la distance de la Terre au Soleil et, en général, les variations de la distance des planètes à cet astre. La seconde rend compte des irrégularités que l'observation nous a fait découvrir dans la vitesse angulaire du Soleil autour de la Terre (89) ou, en admettant les mouvements réels, dans la vitesse angulaire de la Terre autour du Soleil. C'est cette loi que nous avons étudiée sous le nom de *principe des aires* (93).

Nous avons pu, au moyen de la parallaxe du Soleil, déterminer la distance moyenne de cet astre à la Terre ; cette distance une fois connue, la troisième loi de Képler permet de calculer immédiatement la distance moyenne, au même astre, de toutes les autres planètes. Soient, en effet, T la durée de la révolution de la Terre, T' celle d'une planète et D la distance de la Terre au Soleil : la distance x de la planète au même astre nous sera donnée par la proportion

$$\frac{x^3}{D^3} = \frac{T'^2}{T^2};$$

d'où nous tirons,

$$x^3 = \frac{D^3 \times T'^2}{T^2},$$

et par suite,

$$x = D . \sqrt{\frac{T'^2}{T^2}}.$$

Mais la conséquence la plus importante des trois lois de Képler, celle qui fera à jamais l'admiration des géomètres et la gloire de Newton, est la découverte du grand principe de la gravitation universelle.

204. Gravitation universelle. — Un corps tombe quand il est séparé de la Terre et abandonné à lui-même. La force qui le fait tomber s'appelle *pesanteur*. Or, cette force s'exerçant au sommet des plus hautes montagnes, à très-peu près de la même manière qu'à la surface de la Terre, Newton conjectura que son action s'étend jusqu'à notre satellite. Cette hypothèse lui parut d'autant plus admissible, qu'elle expliquait parfaitement le mouvement de cet astre. Car, puisque la Lune se meut, si aucune force extérieure n'agissait sur elle, son mouvement serait rectiligne et elle devrait s'éloigner indéfiniment de la Terre. L'observation nous la montrant toujours à peu près à la même distance, il faut qu'une cause étrangère modifie sans cesse sa direction et la ramène vers notre globe ou, en d'autres termes, la fasse tomber incessamment vers lui. La pesanteur est sans doute cette force qui, en se combinant avec la projection qui l'a lancée dans l'espace, fait décrire à notre satellite une orbe elliptique.

Mais, si la pesanteur terrestre retient la Lune dans son orbite, les planètes qui tournent autour du Soleil, et les satellites qui circulent autour des planètes, doivent également être retenus dans leurs orbes par leur pesanteur, les premières vers le Soleil, et les seconds vers leurs planètes respectives. Newton se confirma dans cette nouvelle conjecture, en appliquant le calcul aux deux premières lois de Képler. Il démontra, en effet, qu'une force attractive, émanée d'un point et agissant en raison inverse du carré des distances, fait nécessairement décrire au corps qu'elle sollicite une ellipse dont l'un des foyers est le point d'où émane la force ; que, de plus, le mouvement produit est exactement pareil aux mouvements planétaires, tant pour la vitesse en chaque point que pour la forme de l'orbite.

La troisième loi le conduisit à cette autre conséquence: toutes les planètes sont retenues dans leurs orbites par une seule et même force, modifiée seulement en raison des distances au Soleil ; si on la considère comme une attraction exercée par le globe solaire, elle agit sur tous les corps du système *proportionnellement à leurs masses*, sans égard pour l'espèce de matière dont ils sont composés. En sorte que, si la Terre était transportée au lieu occupé par une autre planète, et si on lui communiquait la même vitesse qu'à cette dernière, dans la même direction, elle décrirait, dans un temps égal, l'orbite même que la planète décrit actuellement.

Et, comme il n'y a pas dans la nature d'action sans réaction, il admit que le Soleil est attiré par les planètes, et que celles-ci le sont par leurs satellites ; que la Terre elle-même gravite vers tous les corps qui pèsent sur elle. Il étendit ensuite cette propriété à toutes les parties de la matière et établit, d'une manière générale, que *tous les corps matériels agissent par attraction les uns sur les autres, en raison directe de leurs masses et en raison inverse du carré de leurs distances* : c'est le principe de la gravitation universelle.

La généralité et la réciprocité de l'attraction entre tous les corps célestes a permis d'expliquer des irrégularités apparentes dans le mouvement des planètes, irrégularités connues sous le nom de *perturbations planétaires*, et qui sont à la fois la conséquence et la démonstration la plus complète du principe que nous venons d'exposer.

CHAPITRE II

Mouvements apparents des planètes. — Digressions. — Stations. — Rétrogradation. — Explication des mouvements apparents.

205. Mouvements apparents des planètes. — De tout ce que nous avons dit jusqu'ici, nous pouvons conclure qu'un observateur, placé au centre du Soleil, verrait toutes les planètes tourner autour de lui, d'occident en orient. Mais, pour l'observateur placé à la surface de la Terre, les choses ne se passent pas ainsi : n'étant plus lui-même le centre du mouvement, les planètes lui paraissent avoir une marche très-irrégulière et bizarre. Parlons d'abord des planètes inférieures.

A une certaine époque, la planète considérée, Vénus par exemple, est invisible pour nous : elle est en conjonction supérieure, c'est-à-dire que le Soleil nous la cache. Quelque temps après, nous la voyons apparaître à l'orient du Soleil, et elle semble s'éloigner jusqu'à une certaine distance qui ne dépasse pas 48° pour Vénus et 29° pour Mercure. Alors, après avoir paru quelque temps stationnaire dans le ciel, elle revient sur ses pas et passe à l'occident du Soleil ; puis s'en éloigne jusqu'aux distances angulaires que nous venons d'indiquer. Après avoir encore paru quelque temps stationnaire, elle se rapproche de nouveau du Soleil, pour passer ensuite à l'orient de cet astre, et ainsi de suite ; de sorte que la planète semble exécuter un mouvement oscillatoire, de l'est à l'ouest du Soleil, et *vice versâ*.

206. Digressions. — L'écart ou la distance angulaire de la planète au Soleil, quand elle est maximum, se nomme *digression* ou *élongation*. La digression est *orientale* ou *occidentale*, selon que la planète est à l'orient ou à l'occident du Soleil.

207. Stations, rétrogradations. — Quant aux planètes supérieures, elles offrent également des mouvements en sens contraires dont la composition est plus bizarre encore. En effet, après avoir marché pendant quelque temps d'un mouvement direct, c'est-à-dire, d'occident en orient, on les voit s'arrêter sur la voûte céleste ; puis prendre, quelques jours après, une marche rétrograde, c'est-à-dire, d'orient en occident. Elles s'arrêtent encore quelque temps pour reprendre ensuite leur marche directe qui, après une certaine durée, est encore interrompue par une *station* et une *rétrogradation*.

208. Explication des mouvements apparents. — Or, ce mouvement si bizarre n'est autre chose que le mouvement elliptique de la planète qui se projette pour nous sur la sphère céleste, suivant de simples arcs de cercle ; et rien n'est plus facile que de nous rendre compte des apparences, en partant de la troisième loi de Képler. Nous supposerons, pour simplifier, que les planètes se meuvent uniformément dans des orbites circulaires, ayant toutes le Soleil pour centre commun.

« Si toutes les planètes étaient animées d'une même

« vitesse, il est clair que les durées de leurs révolutions
« seraient proportionnelles aux longueurs des circon-
« férences de leurs orbites ou, ce qui est la même
« chose, à leurs distances moyennes au Soleil. Les
« carrés des révolutions seraient donc proportionnels
« aux carrés de ces mêmes distances ; en sorte que,
« pour des planètes dont les distances au Soleil seraient
« représentées par les nombres 1, 2, 3......, les carrés
« des temps des révolutions seraient entre eux comme
« les nombres 1, 4, 9......

« Mais, d'après la troisième loi de Képler, les carrés
« des temps des révolutions des planètes sont entre
« eux comme les cubes de leurs distances moyennes
« au Soleil. Pour des planètes situées à des distances
« du Soleil représentées par les nombres 1, 2, 3.... les
« carrés des temps de leurs révolutions seront entre
« eux comme 1, 8, 27..... Ainsi, on voit que les durées
« des révolutions des planètes, en les prenant dans
« l'ordre de leurs distances au Soleil, vont en augmen-
« tant plus rapidement que si leurs vitesses absolues
« étaient toutes les mêmes. Il en résulte, nécessaire-
« ment, que les vitesses des diverses planètes sont
« d'autant plus petites que celles-ci sont plus éloignées
« du Soleil. Dans le même temps, Vénus parcourt
« moins de chemin que Mercure, la Terre en parcourt
« moins que Vénus, Mars moins que la Terre et ainsi
« de suite (*). »

209. Ceci posé, considérons d'abord l'une des planètes inférieures, Vénus, par exemple, et soient T la
Terre, S le Soleil et VV'V"... l'orbite décrite par la
planète. Puisque, dans un même temps, la Terre fait

(*) Delaunay. *Cours d'astronomie.*

moins de chemin que Vénus, nous pouvons supposer, pour un instant, que la Terre est immobile en T, pendant une révolution de la planète. Quand Vénus se trouvera en V, elle se projettera pour l'observateur placé à la surface de la terre au point P de la voûte céleste. Passant en V', elle se projettera en P'; arrivée en V'', elle paraîtra en P'', et parvenue en V''', elle semblera placée en P'''. La planète paraîtra donc avoir parcouru un arc PP''' dans le ciel. Quand elle décrira la partie inférieure V'''mnV de son orbite, elle se projettera évidemment sur les mêmes points P''', P'', P', P et semblera parcourir, en sens contraire, le même arc P'''P. Et comme pour l'observateur terrestre le Soleil se projette en S', on voit facilement que

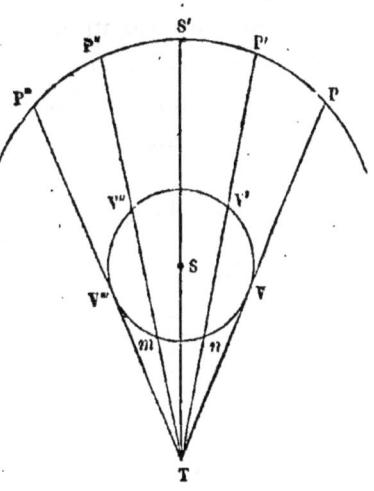

Fig. 86.

la planète lui présentera dans son mouvement les apparences que nous avons signalées.

Aux points V et V''' les rayons visuels TVP et TV'''P''' étant tangents à l'orbite de la planète, celle-ci se meut sur les tangentes elles-mêmes et doit, par conséquent, paraître immobile pendant un certain temps. C'est ce qui explique les quelques moments d'arrêt qu'elle éprouve dans son mouvement, lorsque sa distance angulaire au Soleil devient maximum.

Nous avons supposé la Terre immobile en T, pendant une révolution de la planète : dans la réalité il n'en est pas ainsi ; mais son mouvement, qui s'opère dans le même sens et plus lentement que celui de la planète, ne change rien à l'explication des apparences : il n'a d'autre effet que de retarder un peu l'époque de chaque station et d'allonger leur durée.

210. Considérons maintenant l'une des planètes supérieures, Mars par exemple. Sa vitesse étant plus petite que celle de la Terre, nous pourrons, pour simplifier, la supposer immobile, pendant que notre globe accomplit sa révolution.

Soient donc S le Soleil, TT'T''... l'orbite de la Terre et PP'P''... celle de Mars. Supposons, qu'au moment où notre globe est en T, la planète soit en P ; nous la verrons se projeter au point p du ciel. La Terre, passant de la position T à la position T', Mars, qui est toujours à l'extrémité du rayon visuel, semble marcher de p vers p' ; et ce mouvement rétrograde continue jusqu'à ce que la Terre soit parvenue en H. Notre globe parcourant alors sensiblement la tangente HPh à

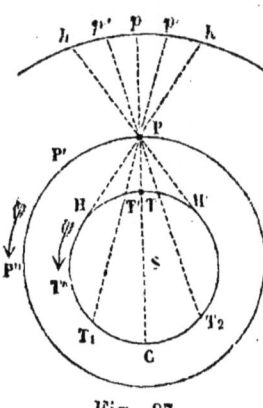

Fig. 87.

son orbite, la planète se projette pendant quelques jours, au même point de la voûte céleste et paraît ainsi immobile ou stationnaire.

A partir de cette époque et jusqu'à ce que la Terre arrive en H', le rayon visuel PH s'incline en sens inverse et la planète semble revenir de h vers p, et aller de p vers h' ; arrivée en H', la Terre se meut encore sensiblement sur la tangente H'Ph', à son orbite, et Mars se projette, pendant quelques jours, au point fixe h' : c'est la seconde station. Enfin, notre globe continuant son mouvement de H' vers T, la planète rétrogradera de h' vers p, et les mêmes apparences se reproduiront dans le même ordre.

Le mouvement de la planète, qui a lieu dans le même sens que celui de la Terre, ne change rien à l'explication que nous venons de donner ; il n'a d'autre effet que de rendre plus longue la durée des *stations* et des *rétrogradations*. En outre, par suite de ce mouvement, les stations n'ont pas toujours lieu dans la même région du ciel.

Une explication semblable rendrait compte des stations et des rétrogradations de toutes les autres planètes supérieures.

CHAPITRE III

Monographie des planètes. — Mercure. — Vénus. — Phases de Vénus. — Ses passages sur le Soleil. — — Mars. — Jupiter. — Ses satellites. — Vitesse de la lumière. — Saturne. — Son anneau. — Uranus. — Neptune. — Planètes télescopiques

211. Nous nous occuperons, dans ce chapitre, de chaque planète en particulier ; nous verrons ce que l'observation nous apprend de leur constitution physique. Parlons d'abord des planètes inférieures.

212. **Mercure.** — Cette planète nous apparaît comme une étoile de 4º grandeur. Elle est très-peu distante du Soleil dont elle ne s'écarte que de 29º au plus ; elle est donc presque toujours engagée dans les rayons solaires. A cause de cela, elle est rarement visible à l'œil nu ; on l'aperçoit cependant quelquefois à l'occident, après le coucher du Soleil, ou à l'orient, avant le lever de cet astre. Il a fallu, sans doute, une longue suite d'observations, pour reconnaître l'identité de deux astres que l'on voyait, alternativement le matin et le soir, s'éloigner et se rapprocher du Soleil ; mais, comme l'un ne se montrait jamais que l'autre n'eût disparu, on a fini par conclure que c'était la même planète qui oscillait de part et d'autre du Soleil.

Au télescope, Mercure présente des phases comme

la Lune et on le voit quelquefois parcourir le disque solaire sous la forme d'une petite tache noire ; ce qui prouve que cette planète emprunte sa lumière au Soleil. Elle tourne sur elle-même en $24^h 5^m 8^s$, et elle met 88 jours moyens environ à parcourir son orbite. Sa distance moyenne au Soleil est de 14700000 lieues ; son volume n'est que les $\frac{6}{100}$ de celui de la Terre.

Mercure tourne sur lui-même, et l'angle que fait le plan de son orbite avec celui de son équateur est très-grand. Il en résulte que les variations des saisons y sont considérables. La faible distance qui sépare cette planète du Soleil fait qu'à sa surface la chaleur et la lumière doivent être, d'après les calculs de Newton, au moins sept fois plus intenses qu'à la surface de la Terre.

213. **Vénus.** — C'est, à la vue, la plus belle des planètes ; ce qui lui a fait donner le nom qu'elle porte. Elle paraît dans le ciel, tantôt peu d'heures avant le lever du Soleil et tantôt peu d'heures après le coucher de cet astre. On la nomme aussi *Étoile du matin, Lucifer*, lorsqu'elle précède le lever du Soleil ; *Étoile du soir* ou *du Berger, Vesper*, quand on la voit à son coucher. Sa lumière est plus blanche que celle des autres corps célestes ; à de certaines époques, son éclat est si vif qu'on la voit en plein jour.

Quand on examine Vénus au télescope, au moment de sa plus grande élongation, on remarque sur le bord du croissant qu'elle nous présente une dégradation de lumière qui indique l'existence d'une atmosphère autour de cette planète. On pense que cette atmosphère a la même densité et la même étendue que celle de la Terre ; elle paraît avoir une plus grande pureté que cette dernière et n'être jamais chargée de nuages épais.

On aperçoit, sur le disque de Vénus, des taches qui font supposer qu'il existe des montagnes à sa surface. Le déplacement de ces taches a permis de conclure la rotation de la planète sur elle-même, rotation qui s'accomplit en 23 heures 21 minutes. Vénus parcourt son orbite en 225 jours environ ; sa distance moyenne au Soleil est de 27486000 lieues. La chaleur et la lumière y sont à peu près deux fois plus intenses qu'à la surface de la Terre ; son volume est sensiblement le même que celui de notre globe.

214. Ses phases. — Comme Mercure, Vénus a des phases ; mais elles sont beaucoup plus faciles à observer. Quand cette planète se trouve en V, lors de la conjonction inférieure, sa partie éclairée est invisible pour nous ; c'est l'époque de la *nouvelle planète*. Quelques jours après, on voit l'astre sous la forme d'un croissant qui va en s'élargissant. En V', au moment de sa plus grande digression occidentale, Vénus présente l'aspect d'un demi-cercle. C'est le *premier quartier*. Son disque s'élargit à mesure qu'elle s'approche de la conjonction supérieure V''' ; on ne la voit plus alors que difficilement, parce qu'elle est perdue dans les rayons du Soleil ; mais, dans les jours qui précèdent et dans ceux

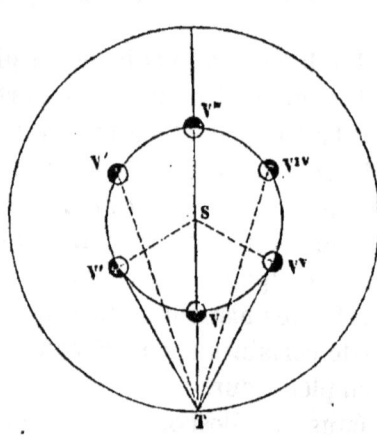

Fig. 88.

qui suivent, on l'aperçoit sous forme d'un cercle entier. Il est facile de voir qu'en V^v, c'est-à-dire, à l'époque de sa plus grande digression orientale, elle nous offrira encore l'aspect d'un demi-cercle : ce sera le *dernier quartier*. A partir de ce moment, son disque s'échancrera de plus en plus, jusqu'à la conjonction inférieure où elle redevient invisible.

215. Passages de Vénus sur le Soleil. — Lorsque, au moment d'une conjonction inférieure, la planète se trouve dans le plan de l'écliptique, elle passe sur le Soleil comme un point noir, puisque son hémisphère éclairé ne nous est pas visible. Ces phénomènes, désignés simplement sous le nom de *passages*, sont fort rares, les intervalles qui les séparent étant alternativement de 8 et de 113 ans. Ils ont, aux yeux des astronomes, une très-grande importance, puisqu'ils fournissent le moyen le plus exact que l'on connaisse de déterminer la parallaxe du Soleil et, par suite, la distance de cet astre de la Terre. Sans entrer, au sujet de ce problème, dans des détails de calculs fort compliqués, à cause de toutes les circonstances qu'il faut prendre en considération, nous croyons pouvoir indiquer ici l'esprit de la méthode employée.

Soient S le Soleil, V la position de Vénus au moment de la conjonction inférieure et T celle de la Terre. Deux observateurs placés en A et en B, sur un même méridien, verront au même instant l'astre projeté en *a* et en *b*, et il leur paraîtra décrire les cordes différentes *eaf*, *cbd*.

Supposons, pour plus de simplicité, que les stations A et B soient les extrémités d'un même diamètre terrestre perpendiculaire au plan de l'écliptique, et faisons abstraction du mouvement de rotation de notre globe.

Chaque observateur pourra, à l'aide d'un chronomètre, mesurer le temps que Vénus met à traverser le disque du Soleil ; et, comme le mouvement angulaire de cette planète est parfaitement connu, la durée des passages

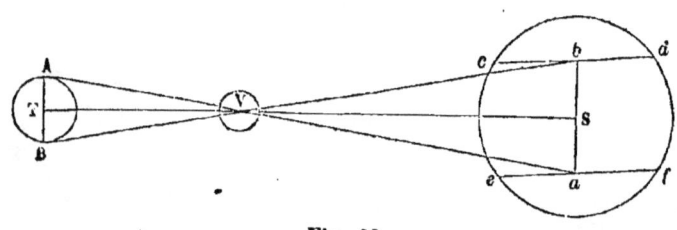

Fig. 89.

fournira l'espace parcouru. Les cordes *eaf*, *cbd* étant déterminées, il sera facile de calculer leurs positions relativement au diamètre du Soleil et, par suite, leur distance *ab*. Cela posé, la similitude des triangles VAB, V*ab* donne :

$$\frac{ab}{AB} = \frac{aV}{AV}.$$

En comparant les durées des révolutions sidérales de Vénus et de la Terre, on trouve au moyen de la troisième loi de Képler (203) que le rapport $\frac{aV}{AV}$ des distances de Vénus au Soleil et à la Terre est de 2,5 environ, au moment de la conjonction inférieure ; par conséquent,

$$ab = AB \times 2,5 = 5r,$$

désignant par *r* le rayon de la Terre. Ainsi, la distance *ab* des deux cordes vaut 5 fois le rayon de notre globe, et, par suite, l'angle sous lequel nous voyons cette distance vaut 5 fois l'angle sous lequel nous verrions du Soleil le rayon terrestre, ou 5 fois la parallaxe solaire. Cette dernière s'obtiendra donc en prenant le cinquième de la distance ab.

Le mouvement de rotation de la Terre, en tant qu'il peut affecter la durée des passages, ne fait que compliquer les calculs sans les rendre pour cela plus difficiles ; il en serait de même si les deux stations A et B n'étaient pas sur un même méridien ; mais ces détails ne peuvent intéresser que les astronomes de profession.

216. Mars. — Parmi les planètes supérieures, Mars est la moins éloignée du Soleil. Sa distance moyenne à cet astre est d'environ 58000000 de lieues ; il se meut dans une ellipse très-excentrique, qu'il met 686 jours 23 heures 30 minutes à parcourir. Son volume n'est que $\frac{1}{7}$ de celui de la Terre.

Observée au télescope, cette planète présente un disque arrondi et qui, n'étant jamais échancré, semble moins hérissés d'aspérités. Ses phases font voir qu'elle n'est pas lumineuse par elle même. On aperçoit sur sa surface des taches de nuances diverses, dont le déplacement a permis de reconnaître qu'elle tourne sur elle-même : cette rotation s'accomplit en $24^h 30^m 21^s$.

Mars brille comme une belle étoile d'une teinte rougeâtre très-prononcée, apparence que l'on attribue à l'atmosphère dont il est enveloppé. Cette atmosphère est si haute et si dense que, lorsque la planète s'approche de quelque étoile fixe, celle-ci change de couleur, s'obscurcit et disparaît souvent, quoiqu'elle se trouve encore à une certaine distance du corps de l'astre. L'éclat de Mars est très-vif lorsqu'il est en opposition avec le Soleil, parce qu'alors sa distance à la Terre est la plus petite possible.

Outre les taches qui ont servi à déterminer le mouvement de rotation de Mars, plusieurs astronomes ont remarqué que, vers le pôle sud, on aperçoit une partie blanchâtre dont l'éclat est bien supérieur à celui du reste du disque, et dont l'étendue augmente et diminue alternativement : un phénomène semblable s'observe au pôle nord. Puisque le globe que nous habitons a ses régions polaires glacées et des montagnes couvertes de glaces et de neiges, qui ne fondent qu'en partie, quand elles sont exposées à l'action du Soleil, on peut supposer que les mêmes causes produisent les mêmes effets sur Mars ; que ces taches polaires resplendissantes sont dues à la présence des neiges et des glaces amoncelées vers ces régions, et que la diminution de ces taches, lorsqu'elles sont exposées aux rayons du Soleil, est un effet de l'influence de cet astre. Cette hypothèse a été d'ailleurs confirmée par des expériences photométriques qu'on doit à Arago.

Le Soleil ne dispense à Mars que le tiers environ de la lumière qu'il répand sur la Terre. L'aplatissement de cette planète a été évalué par Arago à $\frac{1}{33}$; la théorie ne donne que $\frac{1}{250}$ environ.

217. Jupiter. — C'est la plus grosse et, après Vénus, la plus brillante des planètes ; elle est 1390 fois plus volumineuse que la Terre et, à l'œil nu, elle apparaît comme une étoile de 1re grandeur, d'une teinte un peu jaunâtre. Sa distance moyenne au Soleil est d'environ 200 millions de lieues.

Rotation, aplatissement. — Vu au télescope, le disque de Jupiter paraît toujours croisé par des bandes lumineuses et des bandes obscures, dont la direction est parallèle à l'équateur de la planète. L'observation attentive de ces bandes a permis de reconnaître que

Jupiter tourne autour d'un axe perpendiculaire à leur direction, avec une rapidité étonnante, en $9^h 55^m 26^s$. Cette énorme vitesse a fortement déformé la sphère de la planète et y a déterminé un aplatissement qu'on évalue à $\frac{1}{17}$: c'est près de 19 fois celui de la Terre.

Jupiter met douze ans à faire sa révolution autour du Soleil : il décrit à très-peu près 30° par an, et conséquemment en une année il passe d'une constellation zodiacale dans celle qui suit, en marchant vers l'orient. L'intensité de la chaleur et de la lumière doit être à sa surface 25 ou 26 fois moindre qu'à la surface de la Terre.

218. Satellites. — A côté de Jupiter, on aperçoit quatre petits corps lumineux, qui circulent autour de la planète comme la Lune autour de la Terre : on leur donne le nom de *satellites*. Ils accomplissent leurs révolutions dans des temps respectivement de durée constante, et ils offrent, dans leurs positions relatives, des phénomènes très-variés. Quand ils passent devant Jupiter, ils se projettent sur son disque, sous la forme de petites taches circulaires, visibles dans de bons télescopes. Lorsqu'ils passent, au contraire, derrière la planète, ils sont éclipsés soit par elle directement, soit par l'ombre qu'elle porte derrière elle.

219. Vitesse de la lumière. — Les éclipses des satellites de Jupiter sont d'un grand usage en astronomie. C'est de l'observation de ces phénomènes que Rœmer a déduit la vitesse de la lumière. Le mouvement de Jupiter autour du Soleil et celui d'un satellite autour de la planète étant connus, on peut, à chaque instant, déterminer les positions dans l'espace de ces trois corps, le Soleil, Jupiter et le satellite, et assigner le moment précis où une éclipse de ce dernier aura lieu.

224 LEÇONS ÉLÉMENTAIRES DE COSMOGRAPHIE.

Ceci posé, soit E le premier satellite de Jupiter. Le calcul et le résultat moyen des observations nous apprennent qu'il entre dans l'ombre projetée par la planète à des intervalles qui sont de 42ʰ 28ᵐ 32ˢ. Tant que la Terre T se trouve dans la partie *ab* de son orbite, c'est-à-dire, sensiblement à la même distance de Jupiter, on remarque que les intervalles entre deux immersions consécutives restent constants ; mais, à mesure qu'elle s'en éloigne, en tournant autour du Soleil S, l'intervalle entre deux immersions croît ; et, lorsqu'au bout de six mois, la Terre est passée de la position T à la position T', on observe un retard total de 16ᵐ 36ˢ entre l'instant où apparaît le phénomène et celui où, d'après le calcul, il a réellement lieu. Or, lorsque la Terre était dans la position T, pour arriver jusqu'à elle, la lumière réfléchie par le satellite E avait à parcourir la distance ET, tandis que dans la seconde position T', la lumière doit parcourir la distance ET' qui surpasse la première de la quantité TT' puisque les rayons ET et ET' peuvent être regardés comme parallèles, vu la grande distance du point E. Il faut donc à la lumière 16ᵐ 36ˢ pour parcourir le diamètre TT' de l'orbite terrestre, c'est-à-dire, deux fois la distance moyenne de la Terre au Soleil. Cette distance était d'environ

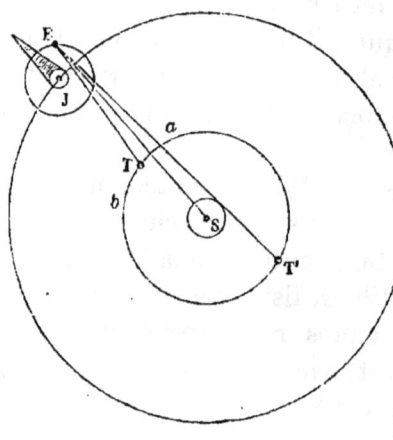

Fig. 90.

37000000 de lieues, il résulte que la lumière parcourt $\frac{37000000}{498}$ ou environ 77000 lieues par seconde.

220. Saturne, qui vient après Jupiter dans l'ordre des distances au Soleil, lui cède en éclat et ne rivalise, sous ce rapport, qu'avec les étoiles de 2° grandeur. Il nous montre un disque large, mais plombé : son volume est plus de 860 fois celui de la Terre, et sa distance moyenne au Soleil d'environ 362 millions de lieues ; la durée de sa révolution autour de cet astre est de 29 ans 1/2.

Rotation. — Aplatissement. — Quand on observe Saturne à l'aide d'un bon télescope, on remarque que son disque est couvert de bandes obscures, semblables à celles de Jupiter, mais plus larges et moins bien marquées : elles sont dues sans doute, comme ces dernières, à des circonstances atmosphériques. Les taches qui s'y forment ont permis de reconnaître que la planète tourne sur elle-même et que son mouvement de rotation s'effectue en $10^h\ 27^m\ 17^s$. Une si grande vitesse a déterminé, comme pour Jupiter, un aplatissement de la sphère de la planète qu'on évalue à $\frac{1}{9}$.

221. Satellites. — Anneau. — Ses dimensions. — Autour de Saturne circulent 8 satellites beaucoup moins étudiés que ceux de Jupiter, parce que leur grand éloignement rend leur observation plus difficile. Mais ce qui donne à Saturne un intérêt tout particulier, c'est l'anneau qui l'entoure. Cet anneau, composé lui-même d'anneaux plats et concentriques, est opaque. Il nous apparaît lumineux quand nous apercevons son côté éclairé par le Soleil ; quand son plan passe par cet astre, il se réduit à une ligne brillante, visible dans de fortes lunettes, parce qu'alors il nous présente sa circonférence, ou plutôt sa paroi latérale ; il disparaît, quand il tourne vers nous sa face non éclairée. Il possède un mouvement de rotation dont la durée est à peu près égale à celle de Saturne.

En mesurant l'angle sous lequel on voit la largeur de l'anneau et les distances angulaires de ses bords intérieur et extérieur au centre de la planète, on a pu calculer ses dimensions véritables, la distance réelle de Saturne étant d'ailleurs connue. Voici les résultats obtenus :

Rayon équatorial de la planète.......	16000 lieues.
Intervalle entre la planète et le bord intérieur de l'anneau	7500 —
Rayon extérieur de l'anneau	35500 —
Largeur de l'anneau................	12000 —

Quant à l'épaisseur de l'anneau, on ne la connaît pas, mais on suppose qu'elle n'a pas plus de 120 kilomètres ou 30 lieues.

222. **Uranus.** — Cette planète appelée aussi *Herschell*, du nom de l'astronome anglais qui la découvrit, se voit à l'œil nu comme une étoile de 6⁰ grandeur. Son volume est 75 fois celui de la Terre, et sa distance moyenne au Soleil vaut 728 millions de lieues environ. A une telle distance, la chaleur et la lumière doivent être extrêmement faibles.

Uranus met 84 ans à accomplir sa révolution autour du Soleil ; la durée de sa rotation sur elle-même est encore inconnue ; mais son aplatissement, qu'on évalue à $\frac{1}{9}$, suppose cette rotation très-rapide.

Des satellites, peut-être au nombre de huit, circulent autour d'Uranus. Deux d'entre eux ont leur orbite perpendiculaire au plan de l'écliptique et leur mouvement a lieu d'orient en occident. Ces circonstances, uniques dans le système solaire, sont tout à fait dignes de remarque.

223. Neptune. — Le 1er juin 1846, M. Leverrier annonça à l'Académie des sciences une nouvelle planète dont l'existence lui était révélée par les résultats de calculs auxquels il s'était livré. S'attachant à ce fait, déjà connu, que les positions réelles d'Uranus ne coïncidaient jamais avec celles que lui assignaient les tables astronomiques, d'après la théorie, il conclut que ce désaccord ne pouvait être attribué qu'à l'attraction d'une planète inconnue. Il chercha donc à déterminer par le calcul, la masse, la position et tous les éléments d'une planète capable de produire les perturbations dont il s'agissait, et finit par assigner une région du ciel assez étroite, dans laquelle l'astre hypothétique devait se tourner. Moins de trois mois après, M. Galle, directeur de l'observatoire de Berlin, découvrait la planète presque à la place indiquée par le géomètre français.

Neptune, qui a d'abord porté le nom de M. Leverrier, paraît comme une étoile de 9e grandeur. Elle est plus grosse qu'Uranus ; sa distance moyenne au Soleil est d'environ 12000 millions de lieues ; la chaleur et la lumière doivent y être, par conséquent, excessivement faibles. Son volume est 110 fois celui de la Terre et elle met 165 ans environ à accomplir sa révolution autour du Soleil. Quant à la durée de la rotation probable de la planète sur elle-même, elle n'a pu encore être déterminée. On a découvert à Neptune un satellite qui fait sa révolution en 6 jours.

224. Planètes télescopiques. — Képler avait

remarqué lui-même la lacune signalée par la loi de Bode (200) entre Mars et Jupiter. Il avait pensé qu'il pourrait bien exister une planète dont l'orbite serait comprise entre celles de ces deux astres. Ces conjectures ont été pleinement réalisés par la découverte de *Cérès* en 1801, de *Pallas, Junon* et *Vesta* de 1802 à 1807.

Ces quatre planètes sont appelées *petites planètes* ou *planètes télescopiques*, parce qu'elles ne sont visibles que dans les télescopes. Cérès et Pallas ont à peu près le même volume : il est $\frac{1}{1660}$ de celui de la Terre ; Junon est un peu moins grosse ; quant à Vesta, la plus brillante de toutes, elle est environ 17700 fois plus petite que notre globe.

225. Jusqu'en 1845 le nombre des petites planètes s'est réduit aux quatre que nous venons de nommer, mais depuis, les découvertes se sont multipliées, et l'on en connaît aujourd'hui plus de 100, toutes situées dans la région comprise entre Mars et Jupiter. Il n'est pas improbable que d'autres encore restent à découvrir. Dans un savant travail présenté à l'Académie des sciences en novembre 1853, M. Leverrier est arrivé à cette conclusion que *la somme totale de matière constituant les petites planètes ne peut dépasser environ le quart de la masse de la Terre.*

Les distances des petites planètes au Soleil varient entre les distances moyennes 2,20 et 3,16 ; leurs orbites sont des ellipses allongées dont le plan est très-incliné sur l'écliptique. D'après Olbers, elles ne seraient que les débris d'une planète plus grosse qui aurait fait explosion dans la région du ciel où on les aperçoit.

LIVRE SIXIÈME

DES COMÈTES

CHAPITRE PREMIER

Comètes. — Noyau, chevelure, queue. — Masse des comètes. — Nature de leurs orbites. — Comètes périodiques. — Comètes de Halley, de Biéla.

226. Comètes. — *Comète*, d'après l'étymologie du mot, veut dire *étoile chevelue*. Ces astres se distinguent des étoiles et des planètes par leur aspect et par leurs mouvements.

L'aspect extraordinaire des comètes, leurs mouvements rapides et en apparence irréguliers, les dimensions imposantes qu'elles acquièrent parfois, ce qu'il y a d'étrange et d'inattendu dans leurs apparitions et leurs disparitions, en ont fait, de tout temps, un objet d'étonnement, mêlé de frayeurs superstitieuses pour les ignorants, et une énigme pour ceux mêmes qui étaient familiarisés avec les merveilles de la création. Aujourd'hui encore, bien qu'on ait cessé de regarder leurs mouvements comme gouvernés par d'autres lois que celles qui retiennent les planètes dans leurs orbites, leur origine, leur nature, le rôle qu'elles jouent dans l'économie de notre système solaire, sont aussi inconnus que jamais.

227. Noyau, chevelure, queue. — Les comètes consistent, pour la plupart, en une masse de lumière large et éclatante, mais mal terminée, que l'on nomme la *tête*, laquelle offre ordinairement un centre ou *noyau* beaucoup plus brillant, et semblable à une étoile ou une planète. A partir de la tête et dans une direction opposée à celle du Soleil, par rapport à la comète, divergent deux trainées de lumière, qui deviennent et plus larges et plus diffuses, à mesure qu'elles s'éloignent du noyau : quelquefois, à une petite distance de celui-ci, elles se réunissent ; d'autres fois, elles restent distinctes dans une grande portion de leur cours, offrant l'apparence des trainées produites par quelque brillant météore, où par des fusées volantes, mais sans étincelles ni mouvement perceptible : c'est la *queue*.

Cependant, la queue n'est pas un appendice inséparable des comètes. Parmi les plus brillants de ces astres observés, plusieurs avaient des queues de peu de longueur et d'éclat ; d'autres, en assez grand nombre, en étaient complétement dépourvus. Les queues des comètes sont souvent courbées, la courbure étant, en général, tournée vers la région que l'astre vient de quitter, comme si ces queues se mouvaient tant soit peu plus lentement, ou bien éprouvaient une résistance dans leur course.

Les petites comètes, visibles seulement à l'aide des télescopes, n'offrent très-fréquemment aucune apparence de queue, et ne paraissent que comme des masses vaporeuses, rondes et un peu ovales, plus denses vers le centre, mais sans noyau distinct ni rien qui ressemble à un corps solide.

228. **Masse des comètes.** — La matière qui constitue les comètes réfléchit la lumière et obéit aux lois de la mécanique, comme toute autre matière de notre système ; mais elle est disséminée à un point

dont aucune substance terrestre ne saurait nous donner l'idée. « La plus légère fumée, le brouillard même, une brume légère, sont incomparablement plus denses ; car ils affaiblissent et éteignent, toujours en partie, les rayons de lumière qui les traversent. Mais les comètes, dont le volume énorme est bien plus comparable à celui du Soleil qu'à celui des planètes, laissent passer la lumière sans affaiblissement notable. » Les étoiles de moindre grandeur restent distinctement visibles, quoique recouvertes par la portion en apparence la plus dense de la comète. « Si les comètes étaient formées d'un gaz transparent, comme l'air qui entoure notre globe, on s'expliquerait, jusqu'à un certain point, le peu d'obstacle qu'elles opposent à la transmission des rayons lumineux ; mais alors il faudrait leur reconnaître un pouvoir réfringent quelconque, comme à l'air et à toutes les atmosphères formées de gaz ou de vapeurs ; or, elles ne réfractent pas les rayons de lumière qui les traversent, même dans cette partie plus dense qu'on appelle *noyau* (*). » Ajoutons enfin que, quelle que soit leur route à travers notre système solaire, les comètes n'exercent aucune attraction ni sur les planètes ni sur leurs satellites, tandis que les planètes et leurs satellites agissent sur elles et modifient leur marche à travers l'espace ; d'où l'on conclut que leur masse doit être d'une subtilité extrême.

229. Mouvements des comètes. — Les mouvements des comètes sont en apparence très-irréguliers et très-capricieux. Quelquefois, ces astres ne sont visibles que peu de jours ; d'autres fois, on les aperçoit

---

(*) Faye. *Leçons de cosmographie.*

pendant plusieurs mois. Quelques-unes se meuvent avec une vitesse extraordinaire. Il arrive fréquemment que la même comète offre l'exemple des deux cas, dans les diverses parties de sa course. Le mouvement des unes est direct, celui des autres rétrograde ; d'autres, enfin, suivent une route tortueuse et semblent n'obéir à aucune loi. En outre, elles ne sont jamais, comme les planètes, confinées dans certaines régions du ciel ; mais leur course à travers l'espace se fait indifféremment dans toutes les directions.

230. Si l'on fait attention aux variations des dimensions apparentes des comètes, elles ne sont pas moins remarquables que les variations de leurs vitesses. Souvent elles apparaissent d'abord comme de faibles nébulosités, douées d'un mouvement très-lent ; leur queue est petite ou même nulle. Par degrés, leur mouvement s'accélère ; elles s'élargissent et projettent derrière elles leur appendice qui, dans ce cas, va toujours en croissant de grandeur et d'éclat, jusqu'à ce qu'elles s'approchent du Soleil et se perdent dans ses rayons.

Quelque temps après, elles reparaissent de l'autre côté de l'astre. C'est alors qu'elles brillent de tout leur éclat et que les queues atteignent leur plus grand développement. L'action des rayons solaires semble donc être la cause de cette émanation extraordinaire. Lorsque les comètes ont dépassé le Soleil, leur vitesse, d'abord rapide, se ralentit, à mesure qu'elles s'en éloignent ; les queues se dissipent ou sont tout absorbées par les têtes, et ces dernières finissent par disparaître à leur tour.

231. **Nature des orbites cométaires.** — On a pensé longtemps que les comètes n'avaient point une marche régulière et que, sans être assujetties aux lois

qui régissent les autres astres, elles erraient au hasard à travers l'espace. Newton, s'appuyant sur la théorie de la gravitation universelle, démontra le premier qu'elles décrivent des ellipses très-allongées, dont le Soleil occupe un des foyers.

Le sommet de cette ellipse le plus voisin du Soleil s'appelle *périhélie* ; l'autre prend le nom d'*aphélie* ; la distance *périhélie* est l'intervalle qui sépare la comète du Soleil, au moment où elle en est le plus rapprochée.

Les comètes ne sont guère visibles de la Terre que pendant qu'elles sont voisines de leur périhélie ; et, comme leur orbite est une ellipse très-allongée, ne différant sensiblement d'une parabole qui a même sommet et même foyer qu'à une distance assez grande du sommet commun, on peut considérer l'arc qu'elles décrivent, pendant leur période de visibilité, comme un arc de parabole ayant pour foyer le centre du Soleil.

232. Comètes périodiques. — Si, en réalité, les comètes décrivent une ellipse dont le Soleil occupe un des foyers, il est évident que, quelque allongé que soit le grand axe de cette ellipse, une comète observée devrait avoir déjà visité le Soleil et devrait s'en rapprocher de nouveau, au bout d'un temps déterminé : en un mot, elle serait *périodique*. La périodicité peut se reconnaître à l'aide de certains caractères de position, désignés sous le nom d'*éléments paraboliques* de la comète. Ces éléments qui se déterminent au moyen de trois observations, sont au nombre de cinq, savoir :

1° *L'inclinaison du plan de l'orbite cométaire sur l'écliptique* ;

2° *La longitude du nœud ascendant*, c'est-à-dire, du

point où la comète rencontre l'écliptique, en passant du midi au nord de ce plan ;

3° *La longitude du périhélie,* qui sert à faire connaître la position du grand axe de l'orbite, et, par suite, la situation de la courbe dans son propre plan ;

4° *La distance périhélie ;*

5° *Le sens du mouvement.*

Il faut ajouter, aux éléments précédents, l'époque du passage de la comète à son périhélie, qui sert à indiquer, dans le temps, la position vers laquelle l'astre a été visible de la Terre.

233. Nous remarquerons que beaucoup de comètes pourraient ne pas décrire des ellipses ou, en général, des courbes fermées, de sorte qu'il n'y aurait aucune raison pour qu'elles reparussent. En outre, en conséquence des lois de l'attraction universelle, la marche de ces astres à travers l'espace peut être considérablement dérangée par l'action qu'exercent sur eux les planètes, quelquefois inconnues, près desquelles ils passent. Leurs orbites, après avoir très-peu différé de l'ellipse, pendant une partie considérable de leur course, pourront donc, par suite de cette action perturbatrice, être changées en des courbes dont les éléments diffèrent tellement, qu'il sera impossible de constater l'identité des comètes déjà observées. Leur aspect ne saurait d'ailleurs fournir un contrôle plus exact, puisqu'il peut changer à chaque instant.

Indépendamment des comètes dont la périodicité est inconnue, à cause des perturbations qu'elles éprouvent, il peut y en avoir qui, après s'être rapprochées du Soleil, jusqu'à une certaine distance, s'en éloignent indéfiniment et atteignent des régions lointaines où, n'étant plus attirées par cet astre, elles entrent peu à peu dans la sphère d'attraction d'une étoile, c'est-à-dire, d'un autre soleil, autour duquel elles se meuvent comme elles l'avaient fait autour de celui qui nous éclaire. Elles quittent ensuite ce nouveau soleil comme elles avaient quitté le nôtre ; puis, sans laisser aucune trace de leur passage, elles s'en vont de monde en monde visiter le reste de l'univers.

On ne s'étonnera donc pas, après ces considérations, si, parmi le grand nombre des comètes dont on a calculé les éléments paraboliques, il y en a à peine une dizaine dont la périodicité soit reconnue.

234. Comète de Halley. — La première comète dont on a prédit et vu se vérifier la périodicité est celle de Halley. Cet astronome, ayant calculé, en 1682, les éléments paraboliques d'une comète qui parut à cette époque, fut frappé de l'analogie qui existait entre ses résultats et ceux obtenus par Képler pour une comète qui s'était montrée en 1607. Il recourut aux observations plus anciennes, et vit que les éléments d'une comète aperçue par Apian, à Ingolstadt, en 1531, étaient fort semblables aux siens. Il en inféra que c'était le même astre qui reparaissait à des intervalles de temps à peu près égaux, c'est-à-dire, environ tous les 76 ans. Aussi se hasarda-t-il à prédire, d'après ces données, que la comète se montrerait de nouveau vers la fin de 1758, ou au commencement de 1759.

Halley n'avait pu tenir compte du ralentissement que la comète éprouverait dans sa marche, par suite de l'attraction des planètes. Le géomètre français Clairaut calcula que l'action combinée de Saturne et de Jupiter retarderait de 618 jours le retour au périhélie, et annonça que le passage aurait lieu du milieu de mars au milieu d'avril 1759. L'événement justifia toutes ces annonces ; car la comète passa au périhélie le 12 mars 1759, et ses éléments paraboliques furent tels que les calculs de Clairaut les avaient donnés.

Aucun doute n'était plus permis sur la périodicité de la comète de 1759. M. Damoiseau, du Bureau des Longitudes, calcula son prochain retour et fixa son passage au périhélie au 4 novembre 1835. Un autre astronome français, M. de Pontécoulant, qui fit les mêmes calculs, indiqua le 7 novembre. Un calcul plus complet de l'action de la Terre, et surtout la substitution d'un nombre plus exact pour la masse de notre globe, amenèrent M. de Pontécoulant à ajouter six jours à son ancienne détermination : le passage ne devait plus arriver que le 13 novembre. Postérieurement, l'observation directe a donné le 16, c'est-à-dire, trois jours seulement de différence.

Les éléments paraboliques de la comète de Halley avaient été calculés devoir être en 1835 :

Inclinaison	17° 44'
Longitude du nœud	55° 30'
Longitude du périhélie	304° 33'
Distance périhélie	0, 58
Sens du mouvement	rétrograde.

Les premières observations du nouvel astre donnèrent, pour ces mêmes éléments, les valeurs suivantes :

Inclinaison	17° 47'
Longitude du nœud	55° 6'
Longitude du périhélie	304° 33'
Distance périhélie	0, 58
Sens du mouvement	rétrograde.

En comparant ces valeurs à celles des éléments de la comète de 1759, on obtint une vérification semblable à celle que Halley employa jadis.

La même comète avait été remarquée, en 1456, peu de temps après la prise de Constantinople. Elle causa alors une grande épouvante dans les États chrétiens menacés d'une ruine totale par les armées des Turcs.

235. Comète d'Encke. — Cette comète fut découverte à Marseille, le 26 novembre 1818, par M. Pons. Ses éléments paraboliques, déterminés par Bouvard, la firent reconnaître pour celle observée en 1805 ; et M. Encke, directeur de l'Observatoire de Berlin, démontra qu'elle revient tous les 3 ans 1/4. C'est pourquoi elle est dite à *courte période*.

236. Comète de Biéla. — Son dédoublement. — La troisième comète périodique a été aperçue d'abord à Johannisberg par Biéla, capitaine autrichien, le 27 février 1826, et, dix jours après, par Gambart, à Marseille. Ce fut ce dernier qui, après en avoir calculé les éléments sur ses propres observations, reconnut qu'elle avait été déjà vue en 1805 et en 1772 ; et qu'ainsi, elle était périodique. La durée de sa révolution est de 6 ans 3/4.

Cette comète est celle qui effraya si fort quelques personnes, parce qu'on avait annoncé qu'elle viendrait choquer la Terre à son retour, en 1832. Il est vrai que, le 29 octobre, elle perça le plan de l'orbite terrestre, en un point où notre globe se trouva un mois après, mais dont il était alors éloigné de plus de 20 millions de lieues. En 1805, elle passa 10 fois plus près de nous. Nous parlerons d'ailleurs plus tard de la possibilité du choc de la Terre par une comète.

Lorsqu'elle reparut, en 1846, la comète de Biéla se trouva plus éloignée de notre globe et affectée d'un singulier changement. Dans sa période d'invisibilité elle s'était dédoublée ; il y avait deux comètes au lieu d'une ; puis l'une d'elles diminua peu à peu d'éclat, comme si sa matière était absorbée par l'autre. Le dédoublement a persisté en 1852 : on ne sait à quelle cause l'attribuer.

234. Comète de Faye. — M. *Faye* a découvert à Paris en 1843, une comète dont il a calculé les éléments. Sa révolution est de 7 ans 3 mois environ ; elle a été revue en 1851, 1858 et en 1865. Son mouvement est direct.

Telles sont les comètes dont la périodicité est certaine, puisqu'on a déjà vérifié leur retour. Il en est quelques autres que l'on croit périodiques ; mais il faut attendre leur réapparition pour constater l'accord du calcul et de l'observation.

CHAPITRE II

Influence des comètes. — Choc de la Terre par une comète.

238. Influence des comètes. — Les comètes ont-elles une influence sur les saisons et doit-on leur attribuer les événements heureux ou malheureux qui accompagnent leur apparition ? Les préjugés populaires ont déjà répondu d'une manière affirmative à la première de ces questions. On n'a pas encore oublié la belle comète de 1811, la température élevée de cette année, l'abondante récolte qui en fut la suite, et surtout les excellentes qualités du vin de la comète. Peu de mots suffiront pour réfuter cette erreur.

On a calculé, depuis 1735 jusqu'à nos jours, les températures moyennes des années à comètes et des années sans comètes. Le résultat de ces nombreuses observations montre que, si les températures moyennes des années marquées par l'apparition d'une ou plusieurs comètes sont plus élevées que celles des années où aucun de ces astres n'a été visible, la différence n'est pas assez sensible pour pouvoir en inférer l'influence des comètes sur les saisons.

La théorie s'accorde d'ailleurs avec l'observation. Une comète peut agir sur la Terre de trois manières seulement : 1° par voie d'attraction ; 2° par les rayons calorifiques et lumineux qu'elle lance ou réfléchit dans tous les sens ; 3° par l'introduction, dans notre atmosphère, de la matière gazeuse de sa queue.

La force attractive d'un astre dépend de sa masse : or, nous avons vu, dans le chapitre précédent, que la masse des comètes est très-petite ; l'action qu'elles exercent sur notre globe ne peut donc pas être considérable. En admettant même que cette action fût sensible, on ne voit pas comment elle pourrait déterminer une élévation de température, puisque les effets produits sur notre atmosphère par l'attraction lunaire, qui est incontestablement plus grande que celle exercée par les comètes, sont jusqu'à présent regardés comme fort douteux, nous pourrions dire comme nuls.

D'un autre côté, les rayons calorifiques et lumineux que les comètes lancent ou réfléchissent ont beaucoup moins d'intensité que ceux qui nous sont envoyés par notre satellite. Ces derniers, concentrés au foyer des plus larges lentilles et agissant sur la boule noircie d'un thermomètre à air, n'ont jamais donné de résultat sensible. Et cependant, remarque Arago, cette expérience rendrait largement appréciable une élévation de température qui ne dépasserait pas un centième de degré du thermomètre.

Il n'est pas impossible que la queue d'une comète vienne à pénétrer dans l'atmosphère terrestre. On conçoit, en effet, que notre globe, dont la masse est si supérieure à celle de ces astres, puisse attirer à lui, aspirer et s'approprier entièrement les parties extrêmes de leurs queues. La conséquence inévitable de cette introduction serait-elle une influence quelconque sur la température ? Nous ne le pensons pas : et la science, d'accord avec nous, n'a eu encore à enregistrer aucun fait qui puisse détruire notre assertion. D'ailleurs, ce ne serait pas à cette cause qu'il faudrait attribuer la température élevée de 1811, puisque la queue de la comète, qui parut à cette époque, n'atteignit jamais la terre, mais s'en trouva toujours à plusieurs millions de lieues.

Quelquefois, il est vrai, et spécialement en 1811 et en 1835, l'apparition de la comète a été suivie d'une élévation de température dans certains pays. Ceux qui seraient tentés de l'attribuer à ces astres voudront bien remarquer qu'en même temps, il faisait froid dans d'autres contrées ; ce qui conduirait à admettre cette étrange conséquence, qu'une même comète peut souffler à la fois le chaud et le froid. Au reste, que penser de la comète de 1860, qu'un ciel toujours couvert n'a laissé voir que quelques jours seulement ? Une température constamment froide et pluvieuse aurait-elle été aussi la conséquence de son apparition ? Ajoutons, enfin, que les instruments thermométriques les plus délicats, dirigés sur le noyau et sur les parties les plus brillantes de plusieurs comètes, sont restés insensibles à l'action de leurs rayons, et nous pourrons juger si les vignerons sont autorisés à fonder quelque espoir sur l'apparition d'un de ces astres.

239. Mais, si nous refusons aux comètes une influence sur les saisons, ne devons-nous pas admettre du moins que leur apparition a une liaison avec les événements contemporains ?

Il y a longtemps déjà qu'on a dit : « Pas de désastres sans comètes, pas de comètes sans désastres. » Il y a bien plus longtemps encore que Virgile faisait prédire par une comète la mort de César et que Claudien écrivait : Que les comètes n'apparaissent jamais impunément. « *Nunquam visos impunè cometas.* » Ce ne sont pas seulement les préventions populaires que nous avons à combattre ici ; c'est une opinion partagée, défendue par des hommes d'un savoir incontestable. Supposons avec eux que l'influence de la comète devance un peu l'apparition et se prolonge un peu après, le nombre des comètes étant en moyenne d'une par année environ, un de ces astres ne manquera jamais, quelle que soit l'épidémie, la catastrophe, l'événement, en un mot, qu'on veuille lui imputer. Mais, quand, pour appuyer une telle opinion, on voit accoler à la date d'une comète, qu'en Westphalie tous les chats furent malades, que l'on vit en Amérique des pigeons sauvages par nombreuses volées, tout cela mis sur le même rang que les épidémies, les éruptions de volcans, les inondations, les tremblements de terre, etc., on est tenté de se demander si ceux qui avancent ou écrivent de semblables choses ne se moquent point de leurs lecteurs.

« Il eût été vraiment à désirer, remarque Arago,
« pour l'honneur des sciences et de la philosophie
« moderne, que l'on pût se dispenser de prendre au
« sérieux toutes ces idées bizarres ; mais, continue
« l'illustre astronome français, j'ai acquis personnelle-
« ment la certitude que cette réfutation n'est pas inu-
« tile. Sous un vernis brillant et superficiel, qui fait
« croire à une instruction solide et soignée, on trouve
« presque toujours, tranchons le mot, une ignorance
« complète de ces beaux phénomènes, de ces grandes
« lois de la nature, qui sont notre meilleure sauve-
« garde contre les préjugés. »

240. Choc de la Terre par une comète. —

On ne s'est pas contenté d'attribuer aux comètes une influence sur les saisons et sur les événements contemporains, on s'est encore préoccupé, dans ces derniers temps surtout, de la rencontre d'un de ces astres avec le globe que nous habitons.

Disons d'abord que, les comètes se mouvant, à travers l'espace, dans toutes les directions et d'une manière capricieuse, une telle rencontre n'a rien qui dépasse les bornes de la possibilité ; mais hâtons-nous d'ajouter qu'elle est peu probable. Cela paraîtra évident au premier coup d'œil, si l'on compare l'immensité de l'espace, à travers lequel notre globe et les comètes se meuvent, au peu de volume de ces corps. Le calcul des probabilités permet d'aller plus loin : il démontre qu'il y a 281 millions à parier contre un que le choc n'aura pas lieu.

Toutefois, en admettant comme réelle la rencontre de la Terre par une comète, nous pouvons nous demander ce qui en résulterait pour le genre humain. Assurément ce n'est pas chose facile à décider ; mais si nous considérons la subtilité de la matière qui constitue les comètes et la petitesse de leur masse, nous croyons avoir droit de ne pas partager l'opinion de ces rêveurs qui ont écrit que la destruction de toute vie sur la Terre serait la conséquence d'un tel choc, et de dire avec M. Faye que la moindre toile d'araignée opposerait peut-être plus d'obstacle à une balle de fusil.

Au reste, pour nous rassurer contre la possibilité théorique de la rencontre de la Terre par une comète, et contre les catastrophes plus ou moins probables qui en seraient la suite, n'avons-nous pas la sagesse du Créateur ? En lançant les astres dans l'espace, il a mesuré ses jours à la Terre, et, tant que l'homme y devra vivre pour remplir les desseins qu'il a sur lui, les comètes et tous les autres agents de destruction respecteront ce séjour dont sa main toute-puissante leur défend l'abord(*).

(*) D'après M. Liais, la Terre aurait rencontré en 1861 la queue d'une comète, sans qu'aucun accident fâcheux soit résulté de cette rencontre.

LIVRE SEPTIÈME

MARÉES — ÉTOILES FILANTES

CHAPITRE PREMIER

Haute et basse mer. — Flux et reflux. — Marées lunaires. — Marées solaires. — Marées aux syzygies et aux quadratures. — Marées aux équinoxes. — Établissement du port.

241. Marées. — La surface des eaux de la mer ne reste pas immobile : deux fois par jour, ou plus exactement, deux fois en $24^h\,50^m\,20^s$, elle s'élève et s'abaisse, au delà d'une certaine hauteur moyenne.

242. Haute et basse mer. — Flux et reflux. — Lorsque la mer atteint sa hauteur maxima, on dit qu'elle est *haute* ou *pleine* ; elle est *basse*, au contraire, quand elle atteint sa hauteur minima. Ainsi, deux fois par jour, on voit les vagues se succéder sur le rivage, le couvrir peu à peu et refouler l'eau des fleuves, en leur donnant un cours opposé : ce mouvement ascendant se nomme le *flux* ou le *flot*. Mais, à peine la haute mer a-t-elle eu lieu, qu'un mouvement inverse commence ; chaque vague recule sur la précédente et les rivages se découvrent peu à peu ; c'est le *reflux*.

Le flux et le reflux se succèdent après un intervalle de $6^h\,12^m\,37^s$; il s'écoule donc $12^h\,25^m\,14^s$ entre deux hautes mers ou deux basses mers consécutives. Ce temps est précisément celui qui sépare le passage de la Lune au méridien supérieur et son passage au méridien inférieur. L'analogie, qui existe entre les retours périodiques des marées et le mouvement de notre satellite, permet de penser que l'attraction lunaire doit être la cause principale du soulèvement et de l'abaissement des flots. Voyons comment cette hypothèse peut expliquer le phénomène.

243. Marées lunaires. — Soit donc L la Lune ; représentons par T la Terre et, pour plus de simplicité, supposons-la d'abord immobile et composée d'un noyau solide complétement recouvert d'une masse liquide. Les molécules liquides situées en a, sur la droite TL, sont plus voisines de la Lune que le centre

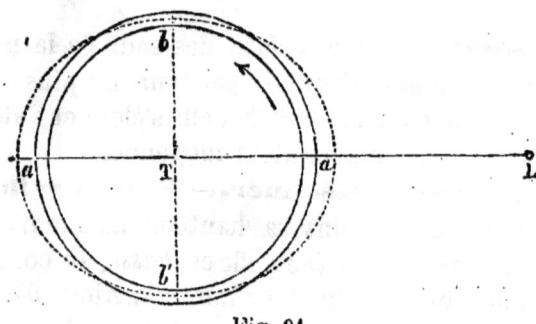

Fig. 91.

de la Terre ; l'attraction s'exerçant en raison inverse du carré de la distance, elles sont plus fortement attirées que ce point. Elles tendent donc, à cause de leur mobilité extrême, à abandonner la partie solide du globe ; mais elles sont, en même temps, retenues par leur poids que cette tendance diminue cependant.

Quant aux molécules situées en a', sur le prolongement du diamètre TL, l'attraction qu'elles éprouvent de la part de la Lune est moins énergique que celle exercée par cet astre sur le centre de la Terre ; cette dernière tendra à s'éloigner d'elles : c'est comme si ces molécules elles-mêmes tendaient à abandonner le noyau solide du globe supposé fixe. Mais elles sont encore retenues par leur poids que cette tendance diminue, de la même manière qu'en a. Ainsi, les molécules, situées immédiatement sous la Lune, tendent à se détacher de la Terre, en même temps que la Terre solide tend à son tour à se détacher de celles qui sont diamétralement opposées à notre satellite. Ces deux tendances égales et contraires déterminent, en a et en a', un renflement égal de la masse liquide.

D'un autre côté, sur le diamètre perpendiculaire à la direction TL, les molécules en b et en b' étant sensiblement à la même distance de la Lune que le centre de la Terre, l'action exercée sur elles et sur ce centre sera aussi sensiblement la même. Il n'y aura donc, pour cette raison du moins, aucun mouvement de la masse liquide vers ces régions. Mais, en vertu des lois de l'équilibre des fluides, si cette masse s'élève dans certaines parties, il faut qu'elle s'abaisse dans d'autres : conséquemment, sa hauteur en b et b' sera moindre qu'en a et a' ; et elle prendra ainsi la forme d'une sphère allongée dans le sens aa'. comme l'indique la figure, ou, plus exactement, d'un ellipsoïde dont le grand axe aa' est dirigé vers le centre de l'astre attirant.

244. Influence du mouvement de rotation de la Terre. — La Terre tourne sur elle-même en 24 heures : elle n'est donc pas immobile, comme nous l'avons supposé. Nous pouvons cependant la regarder comme telle, et attribuer à la Lune un mouvement fictif et en sens contraire, en vertu duquel elle tourne autour de notre globe en $24^h 50^m 28^s$. Alors, le grand axe de l'ellipsoïde aqueux suivra notre satellite et tournera comme lui, élevant les eaux partout où cet astre sera, soit au zénith, soit au nadir, et les abaissant partout où il se trouve à l'horizon. Il suit de là qu'un même lieu aura deux fois par jour la haute mer et deux fois la basse mer. La haute mer, quand la Lune est à son zénith ou à son nadir, et la basse mer, quand elle se lève et se couche.

C'est à peu près ainsi que les choses se passent dans les régions équatoriales. Dans nos climats, la Lune ne vient jamais au zénith, et nous n'avons pas le sommet du renflement produit par la marée ; mais la différence est très-faible. En tout cas, l'onde de la marée atteint, au même instant, les lieux situés sur le méridien dans lequel la Lune se trouve actuellement ou sur le méridien diamétralement opposé. Il faut excepter cependant les régions polaires, qui voient la Lune à l'horizon ou très-près de l'horizon. Là, il n'y a jamais de marée proprement dite, car le sommet du renflement en reste toujours très-éloigné.

245. **Marées solaires.** — Le Soleil produit sur la masse liquide, dont nous avons supposé le globe recouvert, un effet analogue à celui de la Lune ; mais, à cause de sa distance 400 fois plus grande, la marée solaire est plus faible que la marée lunaire, quoique la masse et, par conséquent, la puissance d'attraction du premier astre l'emporte de beaucoup sur celle du second. En tenant compte des circonstances de la masse et de la distance, on a trouvé que *la marée solaire n'est pas tout à fait la moitié de la marée lunaire* (*).

246. **Effets combinés des deux astres.** — Le

(*) Voir la note IV, à la fin du volume.

Soleil et la Lune agissant en même temps, chacun d'eux produit le même effet que s'il agissait seul : la marée solaire se combine donc avec la marée lunaire, et il en résulte pour la surface de la masse liquide un mouvement complexe dont voici les principales circonstances.

247. Marées aux syzygies et aux quadratures. — A l'époque des conjonctions et des oppositions, l'action du Soleil concourt avec celle de la Lune ; les deux marées solaire et lunaire coïncident et par conséquent s'ajoutent. La marée totale est la plus forte possible, quand les deux astres sont dans leur plus grande proximité de la Terre et précisément dans la même direction : cette dernière condition est remplie au moment des éclipses.

Si la Lune est en quadrature avec le Soleil, c'est-à-dire, si elle est à 90° de cet astre, il est évident, d'après ce que nous venons de dire, que la plus grande hauteur des marées qu'elle occasionne correspond au point où le Soleil produit le plus grand abaissement ; en sorte que l'action de ce dernier détruit en partie l'action de la Lune, et la marée résultante n'est plus alors que la différence des marées solaire et lunaire ; elle est donc faible.

Dans l'intervalle d'une syzygie à une quadrature, et *vice versâ*, la marée est plus faible qu'à la première époque et plus forte qu'à la seconde. Le point culminant du renflement n'est pas immédiatement sous la Lune, mais entre cet astre et le Soleil, plus près du premier que du second, puisque l'attraction de la Lune sur la masse liquide est plus considérable que celle du Soleil.

248. Marées aux équinoxes et aux solstices.

— Le Soleil et la Lune se déplacent chaque jour sur la sphère céleste et avec eux le sommet du renflement produit par la marée. Nous avons vu que ce sommet, qui n'est que l'extrémité du grand axe de l'ellipsoïde, suivant lequel la surface liquide se dispose à chaque instant, tend toujours à se placer perpendiculairement sous l'astre attirant : sa hauteur doit donc varier avec les déclinaisons du Soleil et de la Lune. On sait, en effet, que la force soulevant les flots consiste tout entière dans la diminution de poids qu'éprouvent les molécules liquides sous l'action du Soleil et de la Lune : cette diminution sera d'autant plus faible qu'à son tour l'attraction terrestre se fera sentir plus énergiquement sur ces mêmes molécules. Or, c'est précisément ce qui arrive, à mesure qu'on s'éloigne de l'équateur. Voilà pourquoi les plus fortes marées ont lieu à l'époque des équinoxes, lorsque la Lune est à son périgée et voisine de l'équateur, et les plus faibles aux solstices, quand la Lune est à son apogée et à sa plus grande déclinaison.

249. **Etablissement du port.** — Le phénomène des marées, tel que nous venons de le décrire, d'après la théorie, n'est pas tout à fait identique avec ce que nous apprend l'observation. La haute mer, sur les côtes et dans les ports, n'arrive pas à l'instant où la force résultante des actions du Soleil et de la Lune y est parvenue à sa plus grande intensité. Ainsi, au jour de la nouvelle Lune, l'instant de la plus grande intensité de cette action est celui du passage simultané des deux astres au méridien. Cependant, la haute mer n'arrive ordinairement que quelques heures après. Ce retard, variable d'un lieu à l'autre d'une même côte, a pour cause la cohésion des molécules liquides entre

elles, les frottements qu'elles éprouvent contre leur lit, la vitesse qu'elles ont acquise dans le reflux auquel doit succéder le flux. Les causes dont il s'agit ici étant de leur nature essentiellement constantes, il doit en être de même des retards qu'elles occasionnent. Aussi, dans chaque port, le temps qui s'écoule entre le passage de la Lune au méridien et la haute mer, à l'époque des syzygies, a-t-il toujours la même durée : il se nomme *établissement du port*. A Cherbourg, il est de $7^h 58^m$, de $6^h 10^m$ à Saint-Malo, de $3^h 46^m$ à Brest, de $9^h 53^m$ au Havre, de $11^h 8^m$ à Dieppe, de $7^h 45^m$ à Bordeaux, de $4^h 5^m$ à Bayonne.

L'observation nous apprend encore que la plus haute marée n'arrive pas au moment précis de la conjonction ou de l'opposition, mais seulement 36 heures plus tard, ou un jour et demi après les phénomènes astronomiques qui la déterminent. La cause de ce nouveau retard consiste probablement en ce que notre globe n'est pas complétement recouvert par les eaux de la mer, comme nous l'avons supposé dans la théorie précédente ; on peut aussi l'attribuer à l'inertie dont sont douées les molécules liquides ; d'où il suit que le mouvement, pour se communiquer d'une onde à une autre, exige un certain temps.

250. Les lacs et les petites mers, telles que la me Noire, la mer Caspienne, n'ont pas de marées ; cela se comprend, puisque le renflement, en deux points opposés, suppose un abaissement correspondant en deux points situés à 90° des premiers, dans une masse liquide non interrompue. La Méditerranée est loin d'avoir l'étendue nécessaire pour la production du phénomène : sa communication avec l'Océan, par le détroit de Gibraltar, est d'ailleurs trop restreinte pour

qu'elle puisse ressentir l'effet du soulèvement de l'Atlantique.

251. La configuration des côtes, les découpures des rivages et d'autres circonstances locales peuvent faire varier considérablement la hauteur des marées sur les différents points d'un même littoral. A Saint-Malo et à Grandville, la différence entre la haute mer et la basse mer atteint quelquefois jusqu'à **15 mètres**; à Brest elle ne dépasse jamais 6 mètres.

CHAPITRE II

Étoiles filantes. — Bolides — Aérolithes. — Poussières météoriques.

252. Étoiles filantes. — Souvent, pendant une belle soirée, on voit un point lumineux briller tout à coup dans le ciel, se mouvoir avec une très-grande rapidité, laisser après lui un sillon de feu et lancer parfois des étincelles ; puis diminuer d'éclat et s'évanouir tout à fait un instant après son apparition : ce curieux météore a reçu le nom d'*étoile filante*. Mais quelle est son origine, sa nature, et comment expliquer son incandescence ?

253. Les savants avaient supposé d'abord que les étoiles filantes n'étaient que des traînées de gaz hydrogène, s'enflammant dans notre atmosphère. Cette explication a non-seulement l'inconvénient de ne rien expliquer, mais elle est de plus inadmissible. — Notre atmosphère, en effet, ne s'étend certainement pas à plus de quinze ou seize lieues ; or, on a pu mesurer la hauteur de plusieurs étoiles filantes, et on a trouvé qu'elles se meuvent bien au delà de cette limite : d'ailleurs, cette hypothèse fût-elle admissible, elle s'avoue impuissante à donner la raison d'un grand fait digne surtout de remarque : c'est la périodicité des étoiles filantes.

L'observation suivie nous apprend qu'il est des mois dans l'année, et des années, dans une certaine période de temps, où ces météores brillent en plus grand nombre. — A certaines époques, suivant le récit des chroniqueurs, on vit dans le ciel des traits de différentes couleurs : les étoiles se prirent à voler comme des nuées d'oiseaux ; un grand serpent se déroula en replis de feu dans le firmament. En l'an 1000, où les hommes séchaient de frayeur dans l'attente de la fin du monde, des lances de feu apparurent dans le ciel, se firent entre elles une guerre épouvantable et n'ajoutèrent pas peu au trouble et à la consternation des esprits.

Mais cette périodicité parfaitement constatée reste sans explication possible, si l'on ne suppose qu'il existe, dans les espaces planétaires, une nébuleuse, une sorte d'anneau plus ou moins épais, formé d'astéroïdes ou petits astres animés d'un mouvement rapide de circulation autour du Soleil, et trop petits pour être aperçus, même avec les meilleures lunettes. Cet anneau couperait le plan de l'écliptique sur une certaine largeur ; et lorsque la Terre arriverait vers ces régions, elle rencontrerait ces masses errantes, les ferait pénétrer dans son atmosphère où elles subiraient une incandescence momentanée. Mais, douées d'une force de rotation assez puissante pour échapper à l'attraction de notre globe, elles poursuivraient leur route, s'éteindraient et disparaîtraient alors.

A l'aide de cette hypothèse, la périodicité des étoiles filantes s'explique facilement. Il suffit d'admettre que les astéroïdes qui composent l'anneau ne sont pas distribués d'une manière uniforme dans l'espace ; qu'ils sont réunis par amas comme des bancs de sable et que, lorsque la Terre vient à traverser un de ces amas, on voit une pluie de météores. A toute autre époque, ils tombent rares et isolés ; non pas cependant si isolés ni si rares que leur moyenne, par heure et pour un seul observateur, ne soit encore de quatre à cinq.

254. En consultant les catalogues où sont consignées les apparitions de météores lumineux, on remarque, parmi les nuits particulièrement riches en étoiles filantes, celles du 18 au 27 juillet, du 10 août, du 11 au 20 octobre, du 12 au 13 novembre. Toutefois, le phénomène ne se reproduit pas chaque année avec la même intensité. Il est même des averses, indiquées pour certains mois, qui nous manquent depuis huit ou neuf siècles. On comprend aisément que, ces pluies de météores n'ayant lieu que lorsque la Terre vient à rencontrer les amas d'astéroïdes composant l'anneau dont nous avons parlé, cette rencontre doit dépendre de la révolution de l'anneau lui-même et de celle de la Terre.

255. L'hypothèse, que nous avons faite sur l'origine des étoiles filantes, explique non-seulement leur périodicité, mais elle peut seule nous donner le secret de l'obscurcissement momentané du disque solaire, obscurcissement dont l'histoire a relaté des exemples. A l'époque de la bataille de Muhlberg, entre Charles-Quint et les confédérés de Smalcalde, la lumière du Soleil s'affaiblit à un tel point qu'on voyait les étoiles fixes en plein midi. Le phénomène persista pendant trois jours : à quoi l'attribuer ? Le fait suivant semble résoudre la question. Des astronomes ont vu passer, en plein jour, sur le disque solaire, une quantité de globules noirs. Après controverse, on est tombé d'accord pour admettre que ces globules appartenaient à des masses météoriques, qui s'interposaient entre le Soleil

et nous, et devenaient visibles en projetant leur ombre sur le disque de l'astre.

256. Une nébuleuse, un anneau d'astéroïdes circulant autour du Soleil, tout cela n'est pas une hypothèse purement spéculative, puisqu'elle explique suffisamment les phénomènes météoriques dont nous sommes les témoins. Du reste, elle n'est pas seulement une invention de la science moderne. Selon Plutarque, certains philosophes de l'antiquité regardaient les étoiles filantes, non comme des parties enflammées détachées de l'Éther, mais comme des corps célestes, qui, soustraits à la force de rotation générale, sont précipités sur la Terre, quelquefois aussi dans la grande mer, d'où vient qu'on ne les retrouve pas. Diogène d'Apollonie est plus précis encore : « Parmi les étoiles visibles, dit-il, « se meuvent des étoiles invisibles, auxquelles par con- « séquent on n'a pu donner de nom : celles-ci tombent « souvent sur la Terre, comme cette *étoile de pierre*, « qui tomba tout en feu, près d'Ægos-Potamos. »

257. Il nous reste maintenant à expliquer l'incandescence des étoiles filantes. Puisqu'elles font tache sur le Soleil, il faut admettre qu'elles sont, comme les planètes, des corps obscurs.

On a d'abord attribué l'inflammation de ces météores à une combinaison de leur matière avec celle de l'atmosphère, à la suite d'une élévation de température, élévation causée par la résistance de l'air et l'énorme vitesse dont ils sont animés. Mais, s'ils ne se meuvent pas toujours dans les régions supérieures de notre atmosphère, si même l'un d'eux se brisa un jour contre les Alpes, il n'en est pas moins vrai que leur hauteur moyenne, déterminée par les astronomes, est de près de trente lieues. Ici donc se présente une difficulté l'illustre Poisson s'est chargé de la résoudre ; nous citerons ses propres paroles :

« A une distance de la Terre où la densité de l'atmo-
« sphère est tout à fait insensible, il serait difficile,
« comme on le fait, d'attribuer l'incandescence des
« étoiles filantes à un frottement contre les molécules
« de l'air. Le fluide électrique, à l'état neutre, forme
« une espèce d'atmosphère qui s'étend beaucoup au
« delà de la masse d'air qui est soumise à l'attraction
« de la Terre, quoique physiquement impondérable,
« et qui suit, en conséquence, la Terre dans son mou-
« vement. Dans cette hypothèse, les corps dont il s'agit
« décomposeraient le fluide électrique neutre par leur
« action inégale sur les deux électricités, et ce serait
« en s'électrisant qu'ils s'échaufferaient et devien-
« draient incandescents. » Cette explication n'a pas été
donnée sans réflexion ; il nous semble qu'il n'y a pas
témérité à l'admettre, après une autorité aussi respectable que celle de Poisson.

258. **Bolides.** — Les étoiles filantes, qui approchent le plus de l'atmosphère terrestre, apparaissent sous une forme circulaire et présentent un diamètre sensible. Ces globes enflammés ont reçu le nom de *Bolides*. Ils lancent de tous côtés des étincelles et de la fumée ; quelquefois, ils sont accompagnés d'appendices ou de queues, dans lesquelles l'imagination et la crédulité ont vu des formes fantastiques, comme des lances de sang, des épées flamboyantes, etc. Les bolides vont souvent par bonds ; souvent aussi ils font des stations au milieu et vers la fin de leur course. Ils ont la même périodicité que les étoiles filantes, et on cite des nuits où plus de quarante de ces globes se firent une guerre de feu dans le ciel.

Ordinairement les bolides éclatent en faisant entendre un bruit analogue à celui de plusieurs violents coups de tonnerre. Quelle est la cause de cette explosion? C'est là une des questions sur lesquelles la science n'a pas dit encore son dernier mot. Peut-être existe-t-il, dans l'intérieur de ces globes, des substances qui, se transformant en gaz, comme la poudre en brûlant, déterminent l'explosion. Peut-être ce phénomène doit-il être attribué à la grande vitesse dont sont animés les bolides, vitesse qui est quelquefois de dix-huit lieues et, en moyenne, de huit lieues à la seconde. On pourrait aussi supposer qu'ils possèdent une atmosphère inflammable et même explosible, lorsqu'elle est en contact avec l'atmosphère terrestre. Quoi qu'il en soit, les bolides éclatent en fragments qui poursuivent leur route, éclatent à leur tour, et donnent ainsi naissance aux aérolithes.

259. **Aérolithes.** — Les *aérolithes* sont donc des fragments de bolides : est-ce là l'unique origine des pierres météoriques ? Quelques savants les ont attribuées à l'action de la foudre, d'où vient l'expression *pierre de tonnerre* ; d'autres, à des condensations de vapeurs métalliques qui, après s'être élevées dans l'atmosphère, s'y réunissent et deviennent solides ; d'autres encore les font provenir de nos volcans. Toutes ces hypothèses sont aujourd'hui complétement abandonnées. Une dernière opinion, soutenue autrefois par Laplace, donne pour origine aux aérolithes les volcans de la Lune. Nous allons en examiner la possibilité.

Nous savons que la Lune présente à sa surface une constitution éminemment volcanique. On n'y voit que des cratères immenses, qui ont dû vomir et qui vomissent peut-être encore une quantité considérable de matières ; mais ces matières peuvent-elles parvenir jusqu'à nous ?

« Concevons, dit Arago, une ligne droite qui joigne « le centre de la Lune et le centre de la Terre. Il y a « nécessairement une région intermédiaire entre ces « deux globes, où les corps qui s'y trouveraient placés « seraient en équilibre, étant également attirés par la « Terre et par la Lune. En deçà de ce point, tout corps « pesant tomberait vers la Terre ; au delà, la chute au- « rait lieu vers la Lune. » C'est donc cette barrière qu'un corps provenant de la Lune devrait franchir pour arriver jusqu'à nous ; et pour cela, il faudrait qu'il fût doué d'une vitesse telle, qu'il pût échapper à l'attraction lunaire, pour entrer dans la sphère de l'attraction terrestre. Cette vitesse, déterminée par le calcul, devrait être de deux kilomètres par seconde. Elle n'est pas extraordinaire, puisque nos volcans produisent des effets aussi considérables, et que la poudre fulminante peut faire plus encore. N'oublions pas d'ailleurs, qu'à la surface de la Lune, la pesanteur est environ six fois plus faible que sur notre planète ; en sorte que celui qui voudrait sauter de bas en haut, avec une force musculaire égale à celle que nous possédons, s'élèverait à une grande hauteur.

On pourrait donc croire, avec Laplace et d'autres savants, que les aérolithes sont projetés par notre satellite. Que tous nous soient envoyés par lui, l'identité de composition qu'on leur avait d'abord reconnue l'avait fait penser ; mais depuis, une analyse chimique plus complète a démontré, dans les pierres météoriques, une variété de composition accusant une diversité d'origine. Où la chercher ? L'opinion que nous avons énoncée en tête de cet article est fort simple, en même temps qu'elle résout toutes les objections et explique d'une manière satisfaisante les observations astronomiques. Pourquoi donc ne pas admettre que les aérolithes sont des fragments de bolides attirés par la pesanteur sur la Terre ?

260. On a longtemps nié la possibilité que des pierres tombassent du ciel ; mais l'existence des aérolithes est aujourd'hui démontrée par des faits nombreux et incontestables. Des accidents occasionnés par leur chute, en différents pays, des chariots fracassés, des matelots tués en pleine mer, des chaumières renversées, etc., sont des témoignages qu'il n'est pas permis de récuser. Et, comme les pierres météoriques sont toujours accompagnées ou précédées de globes enflammés, il en résulte parfois des incendies, comme cela eut lieu, en 1618, à Paris, pour la grande salle du palais de Justice, et, en 1835, pour une ferme du château de Laugières dans l'arrondissement de Belley (Ain). On retrouva un aérolithe, sur la place même du sinistre, pour témoigner de la cause qui l'avait produit.

Les aérolithes affectent, ordinairement, la forme de pyramides ou de prismes à cinq faces inégales. Dans leur composition, d'ailleurs très complexe, prédomine le fer métallique avec un peu de nickel, de cobalt et des silicates. L'aspect de ces pierres est bleuâtre et terreux ; leur poids est parfois effrayant : on en trouve qui pèsent jusqu'à 750 kilogrammes. Il existe, près de la source de la rivière Jaune, une masse de quinze mètres de haut : les Mongols, qui connaissent son existence météorique, l'appellent *pierre du pôle*.

261. Tous les aérolithes ne sont pas d'une texture aussi solide : on en a trouvé d'extrêmement friables :

ils établissent le lien de transition avec les poussières météoriques.

On a vu quelquefois le ciel s'obscurcir d'une manière extraordinaire ; la Terre recevait de vives commotions ; on entendait des détonations, comme des explosions d'artillerie. Au milieu de ce désordre des éléments, apparaissaient des feux qu'on prenait pour des éclairs. Puis, enfin, tombait une poussière neigeuse ressemblant à du sang coagulé. Soumise à l'analyse chimique, cette poussière donne les mêmes éléments que les aérolithes ; sa coloration est due à la présence de l'oxyde de fer.

COMPLÉMENTS

NOTE I (n° 38, page 44).

Distance des étoiles à la Terre (*).

1. Les efforts des astronomes, pour déterminer la parallaxe annuelle des étoiles et, par suite, leur distance à la Terre, ont été longtemps infructueux. On savait seulement que cette parallaxe était, pour chacune, inférieure à une seconde de degré. C'est en 1838 que, pour la première fois, *Bessel*, directeur de l'observatoire de Kœnigsberg, est parvenu à un résultat positif. Nous allons exposer succinctement, dans cette note, les idées qui l'ont guidé dans ses recherches et la méthode qu'il a suivie.

2. Le mouvement annuel de la Terre autour du Soleil change évidemment la direction du rayon visuel mené à l'étoile; de là résulte un déplacement apparent de cette étoile sur la sphère céleste. Soient, en effet, TT'T'' l'orbite de la Terre et A la position d'une étoile. L'observateur placé en T voit l'étoile dans la direction TA ; lorsque le mouvement de la Terre l'amène en T', il voit l'étoile dans une direction différente T'A. Pour apprécier l'effet de ce changement de direction,

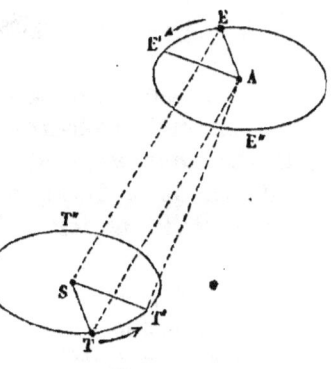

Fig. 92.

concevons qu'un observateur fictif soit immobile sur le Soleil

---

(*) Les deux notes qui suivent sont dues à l'obligeance de M. H. Garcet; elles sont empruntées à ses *Leçons nouvelles de Cosmographie*.

S, et cherchons comment l'étoile doit se déplacer pour qu'il la voie de la même manière que l'observateur réel la voit de la Terre.

Pour cela, menons une droite SE égale et parallèle à TA; c'est évidemment en E que devra se trouver l'étoile, pour être vue du point S de la même manière qu'on la voit du point T. Mais, comme AE est alors égale et parallèle à TS, il en résulte que, pour avoir la position cherchée de l'étoile, il suffit de mener, par sa position réelle A, une droite AE égale et parallèle au rayon vecteur ST de la Terre, mais de sens contraire. Par suite, lorsque la Terre sera venue en T', on mènera AE' égale et parallèle à T'S; et l'on aura la position E' que devrait occuper l'étoile, pour être vue du point S, comme on la voit du point T'. Ainsi, lorsque la Terre parcourt son orbite, les directions successives, suivant lesquelles l'observateur aperçoit l'étoile A, sont les mêmes que s'il était immobile au centre du Soleil, et que l'étoile parcourût une certaine courbe EE'E", déterminée comme on vient de le voir. D'ailleurs, cette courbe est égale à TT'T" et elle est située dans un plan parallèle au plan de l'écliptique, puisque les secteurs TST', EAE' sont évidemment égaux, quels que soient les angles décrits, et qu'ils ont leurs plans parallèles.

On peut, sans erreur sensible, considérer la courbe EE'E" comme un cercle. L'observateur se croyant immobile, *chaque étoile doit donc lui paraître*, en vertu du mouvement de la translation de la Terre, *décrire en un an, autour de sa position réelle, un cercle égal à l'orbite terrestre*. Mais il rapporte tous les mouvements à la sphère céleste; or cette sphère coupe généralement suivant une petite ellipse le cône qui a pour sommet son œil et pour base le cercle EE'E". *Il doit donc voir l'étoile décrire annuellement une ellipse, dont le grand axe est parallèle au plan de l'écliptique.* Cette courbe, d'ailleurs, devient un cercle, pour une étoile située au pôle de l'écliptique; elle se réduit à son grand axe, quand l'étoile est dans le plan même de l'écliptique. Dans tous les cas, *ses dimensions sont extrêmement petites*, à cause de la grande distance de l'étoile à la Terre. De plus, *elles sont d'autant moindres*, toutes choses égales d'ailleurs, *que l'étoile est plus éloignée de nous;* car le cône qui les fournit par son intersection avec la sphère céleste a toujours pour sommet l'œil de l'observateur, et sa base est constante et égale à l'orbite terrestre.

3. La détermination de l'ellipse apparente décrite par une étoile conduit à la mesure de sa parallaxe annuelle. En effet, l'angle sous lequel un observateur, placé en S (*fig.* 92), verrait deux positions quelconques E, E' de l'étoile, est évidemment égal à l'angle sous lequel un observateur placé en A verrait les positions correspondantes T et T' de la Terre. Par conséquent, l'angle sous lequel, du point S, on verrait le grand axe de l'ellipse apparente est égal à l'angle sous lequel, du point A, on verrait celui des diamètres de l'orbite terrestre qui est parallèle à ce grand axe. Or ce dernier angle est le double de ce qu'on appelle la *parallaxe annuelle* de l'étoile. Donc, pour connaître cette parallaxe, il suffira d'évaluer le *diamètre apparent* du grand axe de l'ellipse et d'en prendre la moitié.

4. **Méthode de Bessel.** — Il est naturel de penser que les distances des étoiles au Soleil, toujours fort grandes, sont très différentes. Les ellipses qu'elles paraissent décrire, toujours très-petites, doivent donc avoir aussi des dimensions très diverses ; et, pour la plupart d'entre elles, ces dimensions doivent être totalement insensibles. Ces dernières étoiles peuvent, par suite, être considérées comme fixes. Mais s'il existe, dans une région du ciel, une étoile assez voisine de nous pour avoir une parallaxe appréciable; si, en même temps, il y a, dans la même région, d'autres étoiles trop éloignées pour que leur mouvement apparent soit sensible, il est évident que la première paraîtra se déplacer par rapport aux autres, et que celles-ci pourront servir de point de repère fixes pour mesurer son mouvement annuel.

266 LEÇONS ÉLÉMENTAIRES DE COSMOGRAPHIE.

Or, certaines considérations, tirées des mouvements propres des étoiles, conduisirent Bessel à supposer que la 61e du *Cygne* était l'une des moins éloignées de la Terre. Il chercha donc à mesurer, à diverses époques de l'année, les distances angulaires qui la séparaient de deux étoiles voisines, éloignées d'elle, l'une de 8′ environ, l'autre de près de 12′ ; et il reconnut qu'à certaines époques, elle se rapprochait constamment de l'un des repères, en s'éloignant de l'autre, tandis que, six mois plus tard, elle s'éloignait du premier pour se rapprocher du second.

Mais la mesure des distances ne pouvait être effectuée à l'aide des lunettes ordinaires à réticule ; car, quoique très-fins, un des fils du réticule eût peut-être couvert toute la région du ciel où s'opérait le mouvement de l'étoile. Bessel se servit d'un instrument spécial, appelé *héliomètre,* que nous allons décrire.

5. **Héliomètre.** — Cet instrument est une lunette astronomique sans réticule, dont l'objectif O est coupé en deux parties égales par un plan AB passant par son axe de figure (*fig.* 93). L'une des moitiés ACB est fixée au corps de la

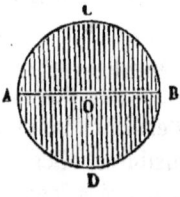 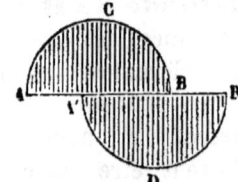

Fig. 93.   Fig. 94.

lunette, tandis que l'autre ADB peut glisser sur la première suivant le plan AB, à l'aide d'une vis à tête graduée, et venir occuper une position différente (*fig.* 94).

Lorsque la lunette est dirigée vers une étoile, de telle sorte que cette étoile soit dans le plan de séparation AB, chaque partie de la lentille réfracte la lumière et fait converger les rayons en un point qui est l'image de l'astre, et qui est situé dans ce même plan. Ces deux images se confondent, lorsque les deux moitiés sont dans la position qu'indique la figure 93. Mais elles se séparent et se distinguent l'une de l'autre, sans sortir du plan AB lorsque les bases des deux demi-lentilles ne coïncident plus (*fig.* 94) ; il arrive seulement que chacune d'elles a moins d'éclat que lorsqu'elles sont superposées.

Cela posé, concevons que l'on dirige l'héliomètre vers les deux étoiles voisines dont on veut mesurer la distance angulaire, et qu'on fasse tourner l'objectif autour de l'axe de figure, de manière à amener le plan AB à contenir les deux astres. Les deux demi-lentilles, d'abord superposées, ne donnent qu'une image pour chaque étoile ; mais lorsqu'on fait glisser la moitié mobile, on voit chaque image se dédoubler, la première étoile donnant lieu aux deux images A et A′, et la seconde aux images B et B′ (*fig.* 95). A mesure que ce mouvement se continue, on voit les images mobiles A′ et B′ s'écarter des images fixes A et B ; et il arrive un moment où A′ vient coïncider avec B. A ce moment, l'image A′ a parcouru la distance AB que l'on veut évaluer ; et cette distance est mesurée avec précision par le nombre de divisions dont la vis a tourné.

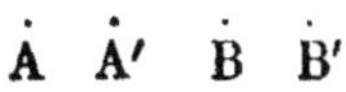

A   A′   B   B′
Fig. 95.

6. Parallaxe annuelle. — C'est par des observations nombreuses de cette nature que Bessel est parvenu à constater l'existence du mouvement annuel et périodique de la 61° étoile du Cygne, à le mesurer et à fixer 0″,35 pour valeur de sa parallaxe annuelle, en supposant insensible celle des deux étoiles qui servait de repère. Depuis, MM. Struve et Peters ont déterminé celle de Wéga et l'ont trouvée égale à 0″,23. On a pu encore en mesurer quelques autres ; mais on n'a pas obtenu pour elles le même degré d'exactitude que pour les deux parallaxes dont nous venons de parler.

NOTE II (n° 58, p. 59).

Du sextant.

7. Principe du sextant.

— Soient deux miroirs M et M', dont les plans sont perpendiculaires au plan de la figure

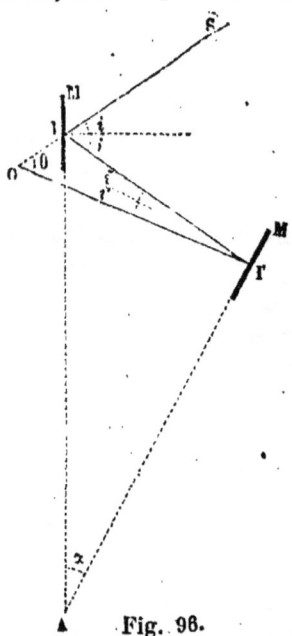

Fig. 96.

et qui font entre eux un angle MAM' que nous désignerons par α; un rayon SI tombe en I sur le premier, s'y réfléchit suivant II', tombe en I' sur le second et s'y réfléchit suivant la direction I'O. Soit θ l'angle que fait la dernière direction avec la première, c'est-à-dire l'angle SOI' : il est facile de voir que $\theta = 2\alpha$. En effet, appelons i et i' les angles d'incidence sur les deux miroirs : le triangle IOI', dans lequel l'angle extérieur SII' = $2i$, et l'angle intérieur II'O = $2i'$, donne

$$\theta = 2i - 2i' ; \qquad (1)$$

et le triangle IAI', dans lequel l'angle A = α, l'angle I = $90° - i$ et l'angle extérieur II'M' = $90° - i'$, donne :

$$\alpha = (90° - i') - (90° - i),$$

ou

$$\alpha = i - i'. \qquad (2)$$

En comparant les deux formules (1) et (2), on voit que $\theta = 2\alpha$. Ainsi l'angle compris entre la première et la dernière direction du rayon est double de l'angle formé par les deux miroirs.

8. Description du sextant. — Le *sextant* est fondé sur ce principe. Un châssis, en forme de secteur circulaire ACB, porte un limbe AB divisé en demi-degrés (ce limbe comprend 60° : de là le nom de *sextant*). Une alidade CL, mobile dans son plan, autour de son centre C, porte en ce point C un miroir étamé MM, qui se meut avec elle, et dont le plan est normal; c'est le *grand miroir*. Elle porte à son

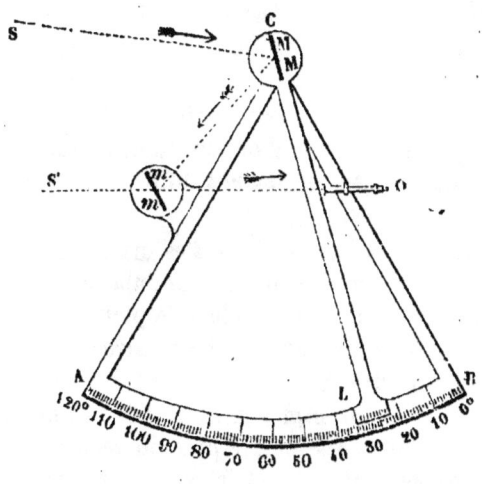

Fig. 97.

autre extrémité un vernier qui subdivise les divisions du limbe. Un autre miroir fixe, plus petit, *mm*, est placé sur le rayon CA de l'instrument, un peu en dehors, pour ne pas gêner le mouvement de l'alidade; il est perpendiculaire au plan du limbe, comme le premier, et parallèle au rayon CB ; c'est le *petit miroir :* sa face extérieure est étamée seulement sur une moitié de sa superficie, afin qu'on puisse voir à la fois par réflexion sur l'une des parties du miroir et par vision directe à travers l'autre partie. A cet effet, une lunette O est fixée sur le rayon CB, de manière que son axe va rencontrer la ligne de séparation des deux parties du miroir *mm*.

Quelle que soit la position de l'alidade CL, l'angle des deux miroirs est égal comme alterne interne à l'angle LCB, et se mesure à l'aide du vernier L sur la partie BL du limbe. Mais, comme l'angle qu'on mesure avec cet instrument est double de l'angle des miroirs, d'après le principe précédent, on a doublé les nombres qui représenteraient la graduation réelle ; de sorte que l'on lit sur l'instrument le véritable angle qu'on veut avoir : c'est pour cela que l'arc AB contient 120°, quoiqu'il ne soit que le sixième de la circonférence.

Cet instrument ne peut pas fournir tous les angles : aussi *Borda* a-t-il étendu ce mode d'observation, en lui substituant un *cercle entier*. Mais le sextant suffit pour l'usage auquel nous allons l'appliquer.

9. Usages du sextant. — Les marins emploient cet instrument pour mesurer la distance angulaire de deux astres S et S′ (*fig.* 97). Pour cela, on place le plan de l'instrument de manière qu'il contienne ces deux astres, et l'on dirige la lunette vers l'astre S′, en regardant à travers la partie non étamée du miroir *mm* ; puis on fait tourner l'alidade CL au moyen d'une vis placée près du vernier, jusqu'à ce que les rayons de l'astre S, réfléchis successivement sur MM et *mm*, entrent dans la lunette, suivant la même direction S′O que ceux de l'astre S′. Alors les deux astres se trouvent dans le champ de la lunette, et l'on peut obtenir la coïncidence rigoureuse des deux images. Il est évident qu'alors la distance angulaire des deux astres S et S′ est double de l'angle LCB des deux miroirs et se lit, par suite, sur l'arc LB.

Cet instrument sert encore à mesurer la hauteur d'un astre au dessus de l'horizon de la mer. Car cet horizon apparaît comme une ligne circulaire bleuâtre, très-nettement définie : on peut donc, en plaçant le sextant dans le vertical qui contient l'astre S, pointer la lunette vers cette ligne, de manière que la direction de son axe soit une tangente OT à la surface de la mer; puis on peut amener l'image de l'astre à coïncider avec cette ligne après sa double réflexion. Alors, l'angle lu sur l'instrument est la hauteur de

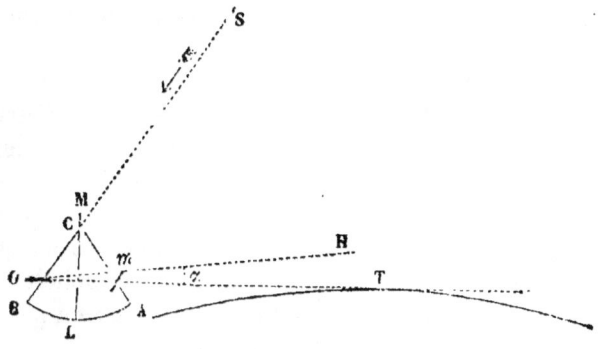

Fig. 98.

l'astre au dessus de l'horizon visuel; mais il faut corriger cet angle de la dépression apparente de l'horizon, c'est-à-dire de l'angle α, qui augmente la hauteur d'environ 4′19″, quand on est placé à 5 mètres au dessus du niveau de la mer.

Le sextant est extrêmement précieux pour les observations à la mer; dès que la coïncidence des images a été obtenue, les oscillations du navire ne sauraient la détruire, pourvu que les deux points observés soient à peu près dans le plan perpendiculaire aux deux miroirs; car cette condition, que suppose le théorème du n° 7, étant remplie, la distance angulaire des deux points est exactement double de l'angle des miroirs: ce dernier ne peut donc varier, puisque la distance angulaire est invariable.

Nous avons vu que, pour mesurer la latitude en mer (58), on détermine avec le sextant la hauteur méridienne du Soleil, dont la déclinaison, pour le jour de l'observation, est donnée par la *Connaissance des temps*. Sans doute le marin, à bord, ne peut pas la déterminer rigoureusement ; car il ne connaît pas le plan méridien avec une précision bien grande. Mais le sextant lui permettra de suivre l'astre dans le voisinage de ce plan, et d'apprécier sa hauteur maximum, parce que décrivant alors un arc parallèle à l'horizon, sa hauteur ne varie pas pendant quelque temps à l'époque de son passage. C'est cette hauteur qu'il prend pour valeur de l'angle cherché.

Il ne faudrait pas croire que le sextant qu'on tient à la main, qui participe à tous les mouvements de l'observateur, qui subit toutes les oscillations du navire, ne donne pas une approximation suffisante. Quand on s'en sert pour mesurer les longitudes et les latitudes en mer, la perfection du procédé est telle, que la position du navire se détermine à chaque instant, avec une incertitude moindre que l'étendue de l'horizon que l'œil peut embrasser du pont du navire.

NOTE III (n° 76, p. 76).

Démonstration des propriétés des projections stéréographiques.

10. Première propriété. — *Tout cercle de la sphère a pour projection stéréographique un autre cercle.*

Soient, en effet, O le centre de la sphère, ASB le tableau, V le point de vue et EGF, le cercle donné. La droite OI qui joint le centre de la sphère au centre du cercle EGF est

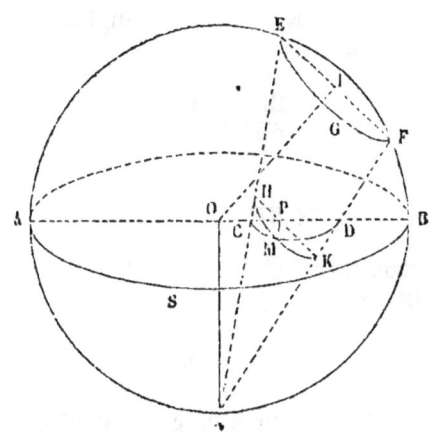

Fig. 99.

perpendiculaire au plan de ce dernier; par suite, le plan VOI est à la fois perpendiculaire au tableau et au cercle EGF qu'il coupe, le premier suivant le diamètre AB, et le second suivant le diamètre EF.

Cela posé, soient C la perspective du point E, D celle du point F et CMD celle du cercle EGF; nous allons prouver que CMD est un cercle dont le diamètre est CD. Pour cela, d'un point quelconque M de cette courbe, menons MP perpendiculaire sur CD et, par cette perpendiculaire, faisons passer un plan parallèle à celui du cercle EGF ; ce plan coupe le cône projetant VEF suivant un cercle HMK dont HPK est un diamètre. Nous avons donc, d'après un théorème connu de géométrie

$$\overline{MP}^2 = HP \times KP. \qquad (1)$$

Mais les angles E et PDK, ayant pour mesure l'un $\dfrac{BV+FB}{2}$, l'autre $\dfrac{AV+FB}{2}$, sont égaux, puisque BV = AV comme quadrants. D'ailleurs, à cause des parallèles EF et HK, l'angle E égale l'angle CHP, donc CHP = PDK ; de plus CPH = DPK. Les triangles CPB, DPK, ayant deux angles égaux chacun à chacun, sont semblables et donnent

$$\frac{HP}{DP} = \frac{CP}{KP} ;$$

d'où nous tirons

$$HP \times KP = DP \times CP.$$

Remplaçant dans l'égalité (1) le produit $HP \times KP$, par le produit égal $DP \times CP$, elle devient

$$\overline{MP}^2 = DP \times CP.$$

Le point M appartient donc à un cercle dont CD est un diamètre.

Remarque. — Il y a exception pour les cercles dont le plan passe par le point de vue ; ceux-là ont pour projection des lignes droites.

11. Deuxième propriété. — *Si deux lignes courbes, tracées sur la sphère, se coupent sous un certain angle, leurs projections stéréographiques se coupent sous le même angle.*

Soient encore ASB le tableau, V le point de vue ; considérons deux courbes quelconques, tracées sur la sphère et se coupant en M'; l'angle de ces courbes n'est autre chose que l'angle de leurs tangentes MC et MD; en joignant le point m, perspective de M, aux points c et d où ces deux tangentes percent le tableau, nous avons deux droites mc, md tangentes évidemment aux courbes perspectives; il s'agit de démontrer que l'angle $cmd = $ l'angle cMd. Par le point V menons un plan parallèle au tableau; ce plan, étant perpendiculaire à l'extrémité du rayon OV, est tangent à la sphère. Prolongeons les droites Mc, Md jusqu'à leur rencontre en C

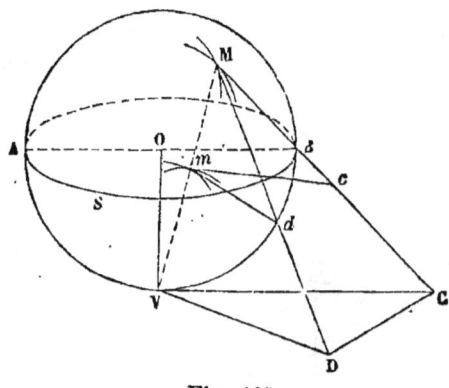

Fig. 100.

et D avec ce plan et joignons VC, VD. Les droites VC et mc sont parallèles, comme intersections de deux plans parallèles par un même plan; pour la même raison, VD et md sont aussi parallèles; les deux angles CVD et cmd, ayant leurs côtés respectivement parallèles, sont égaux. Or, il est facile de voir que l'angle CVD égale l'angle CMD; en effet, les droites CM et CV, tangentes menées à la sphère d'un même point C, sont égales; il en est de même des droites DM et DV; donc les deux triangles CMD et CVD sont égaux comme ayant leurs trois côtés égaux; donc l'angle CMD égale l'angle CVD et, par suite, l'angle cmd.

NOTE IV (n° 245, p. 248).

Rapport de la marée solaire à la marée lunaire.

12. Pour déterminer le rapport de la marée solaire, à la marée lunaire, nous allons d'abord calculer la valeur des attractions exercées par la Lune et par le Soleil sur un même point de la surface terrestre.

Soient donc d la distance TL de la Lune au centre de la Terre, r le rayon de notre globe, m la masse de notre satel-

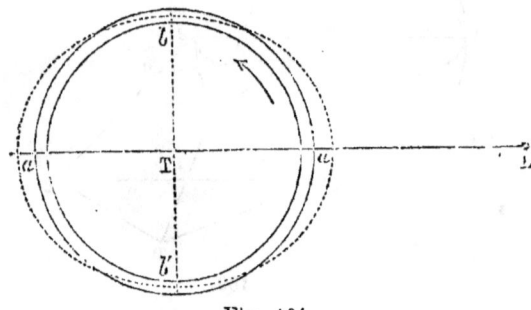

Fig. 101.

lite et f l'attraction de l'unité de masse à l'unité de distance; les actions de la Lune sur le point T et sur le point a sont respectivement, d'après la loi de Newton,

$$\frac{fm}{d^2} \quad \text{et} \quad \frac{fm}{(d-r)^2},$$

et leur différence est

$$\frac{fm}{(d-r)^2} - \frac{fm}{d^2} = \frac{fm[d^2 - (d-r)^2]}{d^2(d-r)^2} = \frac{fm(2dr - r^2)}{d^2(d-r)^2}.$$

Nous savons qu'en moyenne $d = 60r$; d'où $r = \dfrac{d}{60}$; nous pouvons donc, sans trop grande erreur, négliger r^2 vis-à-vis de $2dr$ au numérateur, et r vis-à-vis de d au dénominateur, d'autant plus que les effets de cette modification se compensent en partie. Alors la valeur de l'attraction lunaire sur le point a est approximativement

$$\frac{2fm\,dr}{d^4} = \frac{2fmr}{d^3}.$$

Nous trouverons de même pour l'attraction lunaire sur le point a', diamétralement opposé à a,

$$\frac{fm}{d^2} - \frac{fm}{(d+r)^2} = \frac{fm[(d+r)^2 - d^2]}{d^2(d+r)^2} = \frac{fm(2dr + r^2)}{d^2(d+r)^2},$$

valeur qui, d'après les mêmes considérations, peut être exprimée approximativement par le même nombre

$$\frac{2fmr}{d^3}. \qquad (1)$$

Ce que nous venons de dire pour la Lune s'applique également au Soleil; il suffira donc, pour obtenir approximativement la valeur de l'attraction que cet astre exerce sur les points a et a', de remplacer, dans l'expression (1), m par la masse M du Soleil et d par sa distance D au centre de la Terre; nous trouvons ainsi

$$\frac{2fMr}{D^3}.$$

La valeur des attractions respectives du Soleil et de la Lune sur un même point, une fois connue, leur rapport

$$\frac{\dfrac{2fMr}{D^3}}{\dfrac{2fmr}{d^3}} = \frac{Md^3}{mD^3}$$

est aussi celui de la marée solaire à la marée lunaire. Or, la masse de la Terre étant prise pour unité, nous savons que $M = 355500$ et $m = \dfrac{1}{88}$; d'ailleurs, $D = 400d$. Si nous remplaçons M, m et D par ces valeurs, le rapport $\dfrac{Md^3}{mD^3}$ devient

$$\frac{355500 \times 81}{(400)^3} = 0{,}449.$$

Ainsi, *la marée solaire n'est pas la moitié de la marée lunaire.*

FIN.

TABLE DES MATIÈRES

LIVRE PREMIER. — Des Etoiles.

Chapitre premier. — Étoiles. — Distances angulaires. — Sphère céleste. — Verticale. — Zénith, Nadir. — Horizon. — Axe du monde. — Équateur. — Cercles horaires. — Cercles parallèles. — Vertical, Méridien. — Culmination. — Étoiles circompolaires. — Distance zénithale d'un astre. — Hauteur du pôle. — Lois du mouvement diurne. — Jour sidéral.. 1

Chapitre II. — Mouvement de la Terre autour de l'axe du monde.. 12

Chapitre III. — Ascension droite. — Déclinaison. — Lunette méridienne. — Cercle mural. — Micromètre............. 22

Chapitre IV. — Description du ciel. — Constellations. — Étoiles de diverses grandeurs. — Étoiles périodiques, temporaires, doubles, coloriées. — Révolutions des étoiles doubles. 30

Chapitre V. — Distance des étoiles à la Terre. — Mouvements propres des étoiles. — Translation du Soleil dans l'espace. — Nébuleuses — Voie lactée........................... 41

LIVRE DEUXIÈME. — De la Terre.

Chapitre premier. — Phénomènes qui donnent une première idée de la forme de la Terre. — Parallèles, équateur, méridien terrestre. — Longitude et latitude géographiques ... 51

Chapitre II. — Valeurs numériques des degrés mesurés en France, en Laponie, au Pérou et rapportés à l'ancienne toise. Leur allongement à mesure qu'on s'approche des pôles. — Aplatissement de la Terre. — Longueur du mètre.......... 64

Chapitre III. — Cartes géographiques. — Projections orthographiques et stéréographiques. — Mappemonde. — Carte de France.. 72

LIVRE TROISIÈME. — Du Soleil.

Chapitre premier. — Mouvement annuel apparent du Soleil. — Écliptique. — Points équinoxiaux. — Constellations zodiacales 81

Chapitre ii. — Diamètre du Soleil variable avec le temps. — Orbite elliptique du Soleil — Principe des aires.......... 88

Chapitre iii. — Temps solaire vrai et moyen. — Principes élémentaires des cadrans solaires. — Année tropique. — Calendrier. — Réformes julienne, grégorienne............ 94

Chapitre iv. — Distance du Soleil à la Terre. — Rapport du volume à celui de la Terre. — Rapport des masses. — Densité du Soleil rapportée à celle de la Terre 115

Chapitre v. — Taches du Soleil. — Sa rotation sur lui-même. — Sa constitution physique........................... 124

Chapitre vi. — Du jour et de la nuit.— Leur durée aux différentes époques de l'année et en un lieu déterminé de la Terre. — Crépuscules. — Saisons. — Inégalité de la durée des saisons.. 132

Chapitre vii. — Précession des équinoxes. — Conséquences. — Nutation. — Aberration........................... 142

Chapitre viii. — Mouvement réel de la Terre autour du Soleil. 147

LIVRE QUATRIÈME. — De la Lune.

Chapitre premier. — Diamètre apparent. — Phases. — Syzygies — Quadratures. — Lumière cendrée. — Révolution sidérale. — Révolution synodique.................. 157

Chapitre ii. — Orbite décrite par la Lune. — Nœuds. — Distance de la Lune à la Terre. — Son volume. — Sa masse.. 167

Chapitre iii. — Taches. — Rotation. — Libration. — Montagnes de la Lune. — Sa constitution volcanique. — Absence d'eau et d'atmosphère........................... 173

Chapitre iv. — Éclipses de Lune. — Leur cause. — Ombre et pénombre. — Influence de l'atmosphère terrestre. — Éclipses de Soleil, partielles, totales, annulaires.......... 183

Chapitre v. — Lune rousse. — Influence de la Lune sur le temps, sur les maladies................................. 196

LIVRE CINQUIÈME. — Des Planètes.

Chapitre premier. — Planètes. — Noms des principales. — Leurs distances moyennes. — Leur mouvement autour du Soleil s'effectue suivant les lois de Képler. — Principe de la gravitation universelle 201
Chapitre II. — Mouvements apparents des planètes. — Digressions. — Stations. — Rétrogradation. — Explication des mouvements apparents 210
Chapitre III. — Monographie des planètes. — Mercure. — Vénus. — Phases de Vénus. — Ses passages sur le Soleil. — Mars. — Jupiter. — Ses satellites. — Vitesse de la lumière. — Saturne. — Son anneau. — Uranus. — Neptune. — Planètes télescopiques.. 216

LIVRE SIXIEME. — Des Comètes.

Chapitre premier. — Comètes. — Noyau, chevelure, queue. — Masse des comètes — Nature de leurs orbites. — Comètes périodiques. — Comètes de Halley, de Biéla.......... 229
Chapitre II. — Influence des comètes. — Choc de la Terre par une comète.. 239

LIVRE SEPTIEME. — Marées — Etoiles filantes.

Chapitre premier. — Haute et basse mer. — Flux et reflux. — Marées lunaires. — Marées solaires — Marées aux syzygies et aux quadratures. — Marées aux équinoxes. — Établissement du port.. 245
Chapitre II. — Étoiles filantes. — Bolides. — Aérolithes. — Poussières météoriques... 253

TABLE DES MATIÈRES.

COMPLÉMENTS.

Note I. — Distance de étoiles à la Terre.................. 263
Note II. — Du sextant................................. 268
Note III — Démonstration des propriétés des projections stéréographiques.. 273
Note IV. — Rapport de la marée solaire à la marée lunaire.. 276

Abbeville. — Typ. et stér Gustave Retaux.

A

MONSEIGNEUR DUPANLOUP

ÉVÊQUE D'ORLÉANS

MEMBRE DE L'ACADÉMIE FRANÇAISE

A

M. L'ABBÉ SURIEUX

ANCIEN SUPÉRIEUR DU PETIT SÉMINAIRE DE SAINT-JEAN (LYON)

Hommage d'une filiale et respectueuse reconnaissance

www.ingramcontent.com/pod-product-compliance
Lightning Source LLC
Chambersburg PA
CBHW050632170426
43200CB00008B/979